TRAITÉ

DE

MATÉRIAUX MANUSCRITS

DE DIVERS GENRES D'HISTOIRE.

TRAITÉ

DE

MATÉRIAUX MANUSCRITS

DE DIVERS GENRES D'HISTOIRE,

PAR AMANS-ALEXIS **MONTEIL.**

TOME SECOND.

NOUVELLE ÉDITION.

PARIS
IMPRIMERIE DE E. DUVERGER,
RUE DE VERNEUIL, N° 4.
1836

PÉTITION

De l'auteur à Messieurs les Pairs de France et à Messieurs les Députés des départements.

MESSIEURS,

Vous êtes la volonté de la Nation. La Nation veut la conservation des matériaux manuscrits de son histoire que partout on détruit; elle veut qu'on arrête cette destruction. J'ai pensé, et sans doute vous penserez aussi qu'un des meilleurs moyens est la publication d'un traité de conservation, de classification et d'appréciation de manuscrits. J'ai fait ce traité; j'ai l'honneur de le joindre ici, dans l'espoir que vous le recommanderez à l'attention publique par le renvoi de ma pétition au conseil des ministres, avec invitation de favoriser l'expansion de cet ouvrage. La France, l'Europe entendront votre voix. L'histoire notera votre patriotique sollicitude et vous saura gré d'avoir, par votre bon accueil, vengé ce traité des dédains de l'ignorance et du mauvais vouloir de ceux qui, sans vous le dire, en craignent les théories historiques et redoutent dans l'auguste science des temps la subite apparition de l'analyse et de la raison.—Fait à Passy, près Paris, le 13 février 1835.

M. le baron Barthélemy, pair de France.

MONSIEUR,

Je desirerais que cet exemplaire fût remis à la bibliothèque publique de la commune où vous avez pris naisssance, ou, s'il n'y a pas de bibliothèque, aux archives de la mairie, par les mains de celui qui pourrait lui donner le plus d'importance et en consacrer le plus long-temps la durée. Comme ce sont incontestablement les vôtres, j'espère que vous voudrez bien déférer à ma prière de vous charger de cette mission locale.

J'ai l'honneur d'être avec respect,

Monsieur,

Votre très humble et très obéissant serviteur.

A Passy, le 17 Mars 1836.

Monteil

AVIS SUR LA TROISIÈME ÉDITION A FAIRE.

Je prie les lecteurs de cette seconde édition de m'adresser, maison de M. Duverger, imprimeur, rue de Verneuil, n° 4, leurs observations avec les additions, les rectifications qu'ils désirent, afin que j'en profite dans une troisième édition ; car il faut que les nouvelles éditions de ce traité se succèdent jusqu'à ce qu'on ne détruise plus les matériaux manuscrits de notre histoire.

Le gouvernement, le corps législatif me refuseraient leur secours, ce qui est invraisemblable, impossible, que je n'en poursuivrai pas moins cette entreprise, soutenu que je serais par mon amour pour la France, ma patrie, pour ce qu'elle a de plus durable, ses annales, sa gloire, la gloire de ses divers états, des premiers hommes de ses divers états.

Prix des deux volumes. { Papier ordinaire 15 fr.
Papier collé . . 16 fr.

Et pour les bibliothécaires, les archivistes, les greffiers-archivistes, les professeurs, les instituteurs, les gens de lettres, les étudiants :

Prix des deux volumes. { Papier ordinaire 6 fr.
Papier collé. . . 6 fr. 50 c.

Cet ouvrage se vend chez les principaux libraires de Paris, des départements et de l'étranger.

Le dépôt des exemplaires se trouve à l'imprimerie, rue de Verneuil, n. 4.

TRAITÉ
DE
MATÉRIAUX MANUSCRITS
DE DIVERS GENRES D'HISTOIRE.

CHAPITRE XIV.

HISTOIRE DES HOPITAUX ET DES PAUVRES.

Quel rapport y a-t-il entre l'histoire de France et de vieux titres, ou de vieux comptes d'hôpital? cette question que j'entends faire assez souvent, que je n'ai point rapportée dans la première, que je veux rapporter dans la seconde édition de ce traité, annonce que les manuscrits de ce genre ne sont ni cherchés, ni conservés; c'est que des milliers d'histoires de France, qu'on imprime journellement, s'interposent entre la nation et son histoire nationale. Mais bientôt les inextinguibles lumières de la raison pénétreront dans les bibliothèques et l'on demandera enfin à l'histoire de France, l'histoire de toutes les parties de la nation, sans excepter la partie pauvre, malheureusement de plus en plus nombreuse.

Titres et actes concernant les hôpitaux, les aumônes, au nombre de cinquante-trois pièces originales, depuis l'année 1344 jusqu'à l'année 1803, renfermés dans un portefeuille. . . . . . . 40 fr.

On y voit combien la piété a été ingénieuse à

doter les hôpitaux. Au XIVe siècle : indulgence de quarante jours accordée aux bienfaiteurs du petit Hôtel-Dieu de Pleurs en Champagne. Cent francs de rente annuelle donnés à l'Hôtel-Dieu de Falaise, sur les amendes de Normandie. Au XVe : la maladrerie d'Orbec a la dîme des forfaitures. Si je connaissais quelqu'un d'Argentan, je lui lirais une charte de 1417 et lui demanderais qu'était-ce que le Merecq de Grantmont, que portait sur sa robe un homme élu par douze notables de la paroisse de Saint-Sulpice, à ce titre qu'il n'était *ne le plus pauvre ne le plus riche ;* je lui demanderais encore quels étaient les droits attachés à cette marque distinctive, accordée non à la mendicité, non à la richesse, mais à la médiocrité. Dans ce même siècle : grandes aumônes royales de mille pains de froment et de touselle faites à Montpellier. Je passe au XVIe siècle : Trois mille francs donnés à l'Hôtel-Dieu de Paris, sur les deniers levés pour la croisade. Il était donc encore question de croisades au XVIe siècle? Oui sans doute, car voilà l'ordonnance des généraux des finances, année 1517. Je passe au XVIIe siècle : la religieuse munificence de Louis XIV vient au secours des hôpitaux de Gravelines et de Chinon.

Comptes de recettes et dépenses des hôpitaux d'Arras, de Hesdin, de Gonay, depuis l'année 1307 *jusqu'à l'année* 1336. *Compte de la table des pauvres de Saint-Omer.* Un vol. in-fol., basane, racine bleue, filets. . . . . 60 fr.

Le premier compte, c'est celui de l'hôpital de Saint-Jean-en-l'Estrée d'Arras, gouverné par un maître, des frères et des sœurs. Je conclus de ces mots : « Frais kemuns pour III^{xx} et XIIII cors portés « enfouir, XXXI sols XI deniers; pour les fosses de « ces cors XXXVIII sols IIII deniers. » qu'il y avait huit, neuf cents ou mille malades, ce qui était hors de proportion avec la population d'Arras, d'où je conclus aussi que cette année 1307 fut une année de maladies, ou peut-être encore que cet hôpital recevait les malades des campagnes. Je lis dans un autre article de ce compte : « Salaire de trois mes- « hines, servantes... de trois varles... » Mais comment ces six personnes pouvaient-elles faire pour servir tant de malades? Oh! les nombreux frères et sœurs étaient les vrais et pieux serviteurs de l'hôpital. Les revenus de cette maison ne s'élevaient qu'à seize cents livres; et cependant elle trouvait le moyen d'entretenir un capelain avec son clerc pour canter à le sale des malades et de plus d'avoir quelques jours de bonne chère, de réjouissance. Les frères, aux grandes fêtes, recevaient une portion de bœuf, au lieu de recevoir une portion de porc dont la consommation était fort grande. En ces jours tout le monde avait part à la joie, les malades, même les saints, car on donnait des capiaux neufs aux apostoiles. J'ajoute succinctement quelques petits détails qui peut-être plairont : il y avait des cardes pour faire de la charpie ; il y avait une verrine pour éclairer la salle; il paraît que les autres fenêtres étaient en papier ou en toile. Je n'ai pas d'espace pour en dire davantage. Les autres comptes de cet hôpital offrent la même administration avec quelque variété. Par exemple, en 1320 il n'y a pas tout à fait la moitié des morts de l'année 1307. Les comptes de l'Hôtel-Dieu d'Hédin, de l'hôpital de Gonay présentent d'autres parties de l'administration des hospices. Le compte de la table des pauvres du Saint-Sépulcre, à Saint-Omer, est un manuscrit de la fin du XIIIe siècle ou du commencement du XIVe, mentionnant les dons en terre, en meubles, en argent, faits aux pauvres de cette église. Ces dons, avec le temps, deviennent si nombreux que les régisseurs achètent plusieurs possessions territoriales. Sans doute les noms de ceux qui ont et qui donnent à ceux qui n'ont pas, est écrit dans le ciel, je suis toutefois bien aise d'avoir sauvé ce registre d'hommes bons qui vivaient, il y a cinq ou six cents ans, et de l'avoir placé dans un volume d'une solide reliure. Que de matériaux pourrait venir chercher ici l'histoire des hôpitaux, qui n'est pas à refaire, qui est à faire!

Délibération du bureau de la maison des orphelins de la paroisse Saint-Sulpice de Paris, depuis l'année 1679 *jusqu'à l'année* 1793, manuscrit original. Un vol. in-fol., basane, racine verte, dentelles. . . . . 30 fr.

Il est très rare de trouver un registre d'administration d'un hospice qui, comme celui-ci, s'étende à tout le temps de son existence. Le bon Olier, curé de Saint-Sulpice, recueillit en 1648 les petits orphelins de la paroisse et les plaça chez des maîtres artisans; vers le même temps il ouvrit une maison aux petites orphelines. Le roi autorisa cette institution naissante, sous le nom de maison des orphelins, par ses lettres de 1679. A cette année commence son existence publique; c'est aussi à cette année que commence ce registre d'administration, revêtu des signatures des bons et désintéressés administrateurs qui se sont succédés durant un si long espace. Je me félicite d'avoir recueilli les actes de leur gouvernement, tous empreints des pieuses habitudes des temps où ils ont été écrits. Sur le frontispice on lit: « Au « nom de la Sainte-Trinité... année 1679 fait par « moi René d'Humeroy, secrétaire indigne... » Et au premier feuillet: « Du vendredy 14 août 1679, « de relevée en la maison des orphelins où étoient... « et après avoir fait la prière accoutumé a été deli- « béré ce qui suit... » Le dernier feuillet porte:

« En l'assemblée tenue en la maison des pauvres « enfants orphelins de la paroisse Saint-Sulpice, le « 12 avril 1793, où se sont trouvés les citoyens... » Encore une fois l'histoire des hôpitaux de France serait bien bonne à faire; et, quant à moi, il me semble aussi qu'elle serait bien bonne à lire.

Portefeuille contenant trois dossiers de manuscrits relatifs aux hôpitaux. . . . . . . 20 fr.

Premier dossier.

« Mémoire sur la confirmation des priviléges de « l'Hôtel-Dieu de Lyon. » Bien que complet, ce mémoire ne consiste qu'en trois demi-feuilles de papier attachées ensemble avec une épingle : Qu'en auriez-vous fait si elles étaient tombées entre vos mains, je vous le demande à vous tous qui lisez ceci. Il y a cent à parier que vous les auriez abandonnées. Je les ai conservées, et j'y ai trouvé, entre autres faits, que l'Hôtel-Dieu de Lyon avait, au commencement du siècle dernier, le privilége d'écrire ses actes sur papier libre et de ne payer qu'une partie des droits de contrôle, aujourd'hui les droits d'enregistrement.

« Etat des personnes entrées, nées, mortes, sorties, tant à l'Hôtel-Dieu de Paris qu'à l'hôpital Saint-« Louis, pendant le mois de juin 1773. » Cet état est imprimé, mais les blancs sont remplis à la main; il ne consiste qu'en une seule feuille volante : Qu'en auriez vous fait, vous tous qui lisez ceci? je vous le demande encore. Vous l'auriez aussi abandonnée; comme on a sans doute abandonné les autres feuilles. Celle-là, en tombant entre mes mains, m'apprend qu'au siècle dernier les femmes pauvres venaient accoucher dans les Hôtels-Dieu; elle m'apprend quel était le nombre des malades de ces deux grands hôpitaux de Paris, l'Hôtel-Dieu et Saint-Louis, hôpitaux si grands que tous les autres y envoyaient leurs malades quand ils ne pouvaient les garder, ou quand ils ne pouvaient les guérir; elle m'apprend enfin quel y était le nombre, à cette époque, des guérisons et des morts.

« Seconde partie du rapport des commissaires de « la Faculté de médecine, sur les nouvelles infirme-« ries de la Salpêtrière, année 1787. » Voilà qui est incontestablement incomplet, auriez-vous dit; portez cela à l'épicier! et vous auriez perdu un des meilleurs documents pour l'histoire de ce grand hôpital, document d'ailleurs complet pour les infirmeries, et pour tout l'intérieur; car ce second rapport vous avertit que le premier ne concerne que les bâtiments. Celui-ci entre dans les plus petits détails du service; il s'adresse successivement aux sœurs, aux infirmières, aux garde-malades, aux lingères, même aux balayeuses. Rien ne paraît petit aux commissaires, lorsqu'il s'agit de la vie et de la santé des hommes. Ah! que les docteurs Bourru, Desessarts, Guillotin, viennent ici recevoir la récompense de leur gratuit, long et monumentaire travail.

Second dossier.

« Projet pour l'amélioration des hôpitaux et du « sort des indigents. » Ces projets, dont plusieurs ont été revêtus d'apostilles ou notes de hauts fonctionnaires, sont au nombre de six. Les plus anciens touchent au commencement du XVIIIe siècle, les plus récents touchent à notre temps.

Troisième dossier.

« Consultation pour l'hôpital des Enfants-Trouvés « de Paris, année 1784, relative à l'allaitement arti-« ficiel, où les administrateurs soumettent à la Fa-« culté de médecine le projet de supprimer l'éta-« blissement des nourrices sédentaires et de les « remplacer par un allaitement artificïel... »

« Mémoire sur le bureau des nourrices, an-« née 1785, par Cadet de Vaux. » Ce bon pharmacien, bon dans tous les sens de cette expression, y propose une nouvelle salle de la Crèche, qu'il construit, qu'il meuble à sa manière, qui était celle d'une raison éclairée par une grande expérience.

« Lettres originales du lieutenant de police Sar-« tines et d'autres personnages, relatives à des « dettes de mois de nourrices. »

État général des débiteurs des mois de nourrices de Paris, des enfants rendus par les nourrices, des enfants décédés chez elles, et des contraintes décernées, depuis l'année 1783 *jusqu'à l'année* 1791, manuscrit original. Un vol. in-fol., cartonné. . . . . 15 fr.

Auteurs statisticiens, ce sont là des données pour calculer la plus ou moins grande détresse de la société parisienne. Auteurs dramatiques, au lieu de vos drames hargneux, déclamatoires, dont l'effet est d'ébranler les imaginations et la société, faites *Le prisonnier pour mois de nourrice*, et montrez-en le côté plaisant, le côté vrai, où le Parisien soit toujours plus pressé de s'unir à une jeune épouse féconde que de se faire un état pour nourrir ses enfants, où le plus souvent on le voie mangeant et buvant chez le marchand de vin, chez le cafetier, l'argent du lait de la jeune famille.

Registre de l'officier de police des meneurs de nourrices de Paris, année 1788, manuscrit original. Un vol. in-fol., cartonné. . . . . . . 10 fr.

On apprend dans ce manuscrit comment, par arrondissements et par communes, sont recrutées les vingt mille nourrices des petits Parisiens. Mais faut-il à Paris vingt mille nourrices? Oui, au moins, et c'est tous les ans environ six millions qui vont vivifier les campagnes de la Seine et de la Marne, sans compter les tendres et durables liens qui s'établissent entre les maisons de la riche capitale et les chaumières des villages qui l'entourent. Je me souviendrai toujours d'avoir vu dans le salon, à la table d'un honorable ami que j'ai grande envie de nommer, son ancienne et toujours fraîche nourrice, assise à la plus honorable place. Oh! tout n'est pas mauvais dans la société! Oh! tout n'est pas corrompu à Paris!

Lettre d'un solitaire à un magistrat sur les Monts-de-Piété. Un vol. in-fol., cartonné. 6 fr.

Cette lettre de quarante pages fort serrées offre l'histoire des Monts-de-Piété, dont l'origine remonte au XVe siècle, à Paul II. L'auteur y dit que, sous Louis XIII, on proposa d'établir en France des Monts-de-Piété, avec intérêt des sommes prêtées; qu'on rejeta d'abord cette proposition comme usuraire; qu'elle fut reproduite pendant la minorité de Louis XIV, et que, par les mêmes motifs, elle fut encore rejetée. Enfin les lettres-patentes du mois de décembre 1777 homologuèrent ces établissements; et c'est contre ces lettres, en ce qu'elles autorisent l'intérêt, que l'auteur crie tantôt en français, tantôt en latin.

Exposicion historica del stablicimento de Ham-

burgo per socorer à los indigentes... traducido del aleman al castellano, Dresde, 1803. Un vol. in-4°, cartonné, avec le dessin d'un poêle économique. 8 fr.

Vouloir importer en Espagne et en tous lieux les principes de l'art de secourir les indigents, annonce la bonté du cœur et de l'ame; et l'ambassadeur d'Espagne à la cour de Saxe doit être loué d'avoir fait les frais de cette traduction. Et moi, dois-je par économie de temps ou par indifférence pour les générations futures, taire l'histoire de l'avenir qui s'offre à ma pensée? Non, non! Je prévois les temps où la société anglaise, et ensuite, à son imitation, la société européenne, irritée contre cette effrayante propagation de la classe indigente qui menace de nous faire recommencer, dans le sang et dans les cendres, un nouveau cours de civilisation d'une durée de plusieurs milliers d'années de ruines, de reconstructions, de malheurs, de mal-être, imposera des conditions territoriales ou pécuniaires de mariage, en même temps qu'elle exportera dans des plages lointaines cette jeune et vigoureuse population d'enfants trouvés, dont les cruels et injustes parents ont brisé les liens paternels, maternels et tous les liens sociaux. La presse vigilante dit et elle dira de plus en plus à la société que l'homme qui n'a pas est six fois fort comme l'homme qui a; elle dit et elle dira que la société se hâte d'aviser aux moyens de sa conservation.

Plan général de l'hôpital de Bicêtre, avec lettres de renvoi à la marge, année 1761. Deux pieds de long sur trois de large.

Ce plan et le suivant renf. dans un portef. 30 fr.

Il n'est rien de tel que les plans pour conserver l'histoire des bâtiments; or l'histoire des bâtiments fait partie de celle des hôpitaux, comme celle des hôpitaux, surtout des hôpitaux de Paris, surtout de l'hôpital de Bicêtre, qui renferme autant d'hommes que plusieurs de nos villes capitales de département, fait partie de l'histoire de la société. On verra dans ce plan qu'était, il y a quatre-vingt ans, Bicêtre que les Parisiens n'ont pas voulu appeler Vinchestre, pas plus qu'ils n'ont voulu appeler Londres, London, ben que ce nom soit plus agréable et plus facile à prononcer.

Plan du nouveau puisard pour recevoir les eaux de la maison royale de Bicêtre, fait par les ordres de l'administration, et sous la conduite et dessin de M. Viel, architecte de l'hôpital, le 12 *novembre* 1787.

Ce grand et superbe plan, de cinq pieds en carré, est dessiné et lavé avec beaucoup de soin et de délicatesse. Les différentes espèces de pierres de la maçonnerie sont indiquées par les différentes couleurs. Il doit indispensablement être conservé dans les archives de Bicêtre; et s'il en est sorti, il doit y rentrer.

CHAPITRE XV.

HISTOIRE DE LA LANGUE ET DES GRAMMAIRIENS.

Je lis quelquefois dans ma pensée les historiens qui, aux temps futurs, écriront l'histoire nationale. Ils rient tous de ce qu'aucune histoire de France, avant l'*Histoire des Français des divers états*, ne parle des progrès et des variations de la langue. Ils ont raison. En effet la langue n'opère-t-elle pas tous les progrès de la raison, tous les progrès de la société? de plus n'est-elle pas la seule dépositaire de ces progrès? de plus ne s'incorpore-t-elle pas, ne charrie-t-elle pas avec elle nos plus antiques et nos plus riches matériaux historiques, ainsi que je n'ai cessé et ne cesse d'en faire l'observation, soit autre part, soit dans ce traité? Notre langue a été successivement celtique, gauloise, romaine, romane, française; elle a été successivement la langue des Polythéistes des âges latins, des théistes des âges chrétiens; elle a été la langue des académiciens grecs de Marseille, des académiciens latins de Lyon, des conquérants latins, des conquérants féodaux. Quel intérêt n'ont donc pas les antiquaires à en recueillir les monuments, surtout ceux des temps où, sous le nom de langue romane, elle était la langue universelle d'une très grande partie de l'Europe : ces monuments tous les jours dépérissent; maintenant ils ne sont que dans la proportion d'un à cent relativement à ceux de la langue française; bientôt ils ne seront que dans la proportion d'un à mille; bientôt ils n'existeront plus que dans le Vocabulaire de la langue provençale, grand édifice littéraire dont la construction, je veux dire l'impression vient enfin d'être reprise pour n'être plus discontinuée. O M. Raynouard de qui j'ai été tenté, au commencement de ce chapitre, d'invoquer le nom, comme celui du génie de l'analyse des langues, de leur formation, de leur syntaxe, quel plaisir n'ont pas les savants des diverses régions de l'Europe, à vous communiquer les manuscrits de l'ancienne langue d'*oc*; et moi-même, quel plaisir n'ai-je pas eu à vous avoir communiqué ceux que ce chapitre mentionne! Vous en avez cité plusieurs dans votre lexique, avec l'indication de *bibliothèque Monteil*, et vous leur avez donné une valeur monumentale.

Depuis la première édition de mon traité, ce lexique a paru, et, aussitôt, a été prendre place dans les grandes bibliothèques de l'Europe. Voilà donc la langue romane des diverses parties de la société, des divers états; voilà cette langue, mère de la française, fille de la latine, petite-fille d'une grand'-mère inconnue dont il est impossible, avec le peu de traits qui nous en restent, de dessiner la face, la voilà pour les âges futurs éternellement sauvée.

Grammaire espagnole de Pergel. . . . 5 fr.

Ce manuscrit n'est ici que comme moyen de comparaison entre l'ancienne langue française et les autres langues dérivées de la latine.

Sermons en vieux français, manuscrit sur vélin, du XIIIe siècle. Deux vol. in-8°, maroquin bleu, filets. . . . . 400 fr.

Combien avons-nous de grands et anciens monuments de la langue française moderne? comptons :

La traduction du Livre des rois, manuscrit du XIIe siècle, qui appartenait à la sœur de Saint-Louis, abbesse de Long-Champ;

L'histoire de la prise de Constantinople par Villehardouin, manuscrit du commencement du XIIIe siècle;

Le psautier des Cordelières du faubourg Saint-Marceau, manuscrit du XIIIe siècle;

La traduction française des sermons d'Eudes de Sulli, évêque de Paris, manuscrit du même âge;

La traduction française des sermons de Saint-Bernard, du même âge;

La chronique de Saint-Denis, jusqu'à Saint-Louis, et peut-être quelques autres chroniques du même âge;

La traduction de Guillaume de Tyr, jusqu'à la mort de Philippe-Auguste, du même âge;

Le Saint-Graal, Tristan, Artus et quelques autres romans de la table ronde, du même âge;

Les Etablissements de Saint-Louis et quelques autres ordonnances de ce prince qui ne nous sont parvenues, comme le Joinville, que dans une orthographe et un français défigurés.

C'est tout; car parmi les bons monuments de la langue, je ne compte que les monuments en prose et non les fabliaux en vers du XIe, du XIIe et du XIIIe siècle; ni même le Marbodée rimé, à cause des ellipses et des tours qui sont hors de son génie.

D'où l'on peut affirmer que les sermons contenus dans ces deux volumes, écrits au moins au XIIIe siècle, doivent être considérés aussi comme un des anciens monuments de notre langue moderne. Sont-ils des originaux? rien ne le prouve; rien ne prouve non plus qu'ils soient des traductions. Le seul doute ajoute beaucoup à leur prix. Mais on désire sans doute un extrait ou échantillon de ce manuscrit; je vais copier l'oraison dominicale, cette divine prière qui, de tous les points de la terre, monte continuellement vers le ciel. On va entendre nos religieux et vénérables aïeux : « Sire pere qui es es ciels : « seintefiez soit li tuens nuns : advienge li tuens « regnes : soit faite la toie voluntez; si com ele faite « el ciel, soit ele faite en terre : nostre pein de cascun jor nos done hui : e pardone nos nos mesfais, « si com nos pardonuns a cexls qui meffait nos ont : « ne soffrez mie que nos soruns tempté par le temp- « tateur al diable, et par malveise char mené à « mal : mais délivres nos du mal. Amen. »

Et maintenant voici quelques observations à faire suivant les différents rapports sous lesquels on considère ce manuscrit. Observations grammaticales: ellipses de lettres, de syllabes ; *il* pour ils ; *e* pour et, pour est; *hom* pour homme : ellipses de mot, de prépositions ; *passèrent à le voie* pour passèrent par cette voie. Observations historiques sur la civilité : le prédicateur ne dit pas mes frères, mes sœurs, mais, segnors et dames. Observations sur les usages : mention des réjouissances du premier de l'an, du premier janvier ; d'où il faut induire que le peuple ne faisait pas, comme l'église, la chancellerie, et les tribunaux, l'année de pâques en pâques, mais comme les anciens Gaulois, les anciens Romains, du premier du mois de Janus au dernier décembre. Observations sur les écoles. Il est parlé dans ces anciens sermons, de bacheliers. Observations sur les arts mécaniques. « E li princes « soloient chevauchier en char cuirez (garnis de cuir) « et coverts richement par dehors et par dans de « paites (pailles) d'or et d'argent... » Les nombreuses observations qu'on pourrait faire sur ces deux in-octavo rempliraient plus de deux in-folio.

On me demandera peut-être à quelle partie de l'histoire de la langue appartient ce manuscrit; il appartient à la partie de la langue théologique : et ce qui le rend plus précieux, c'est que très souvent le prédicateur, pour faire connaître l'inconnu par le connu, parle la langue vulgaire, pour faire entendre la langue théologique.

J'avertirai ici le lecteur, puisque j'en ai l'occasion, que les différents manuscrits de ce traité offrent des matériaux pour l'histoire de toutes les différentes langues que parle la langue française; et ils y sont classés de manière qu'on peut voir les progrès ou les variations de la langue de l'agriculture, de la langue des arts mécaniques, des beaux-arts, de l'art militaire, du commerce, de la féodalité, des finances et de chacune des autres parties de l'ordre social.

Mais ne dois-je pas aussi dire quelle langue parle l'histoire, afin qu'on sache quels matériaux manuscrits lui conviennent? Je le dois. Je dirai d'abord que s'il s'agit de l'ancienne histoire batailles, siéges, naissances et décès des rois, elle ne parle qu'une seule langue, deux au plus, la langue militaire et la langue chronologique. Que si au contraire il s'agit de la vraie histoire d'une nation, de l'histoire de toutes les parties du système social, je dirai qu'elle parle toutes les langues; mais il est difficile de les lui faire bien parler: qu'on y prenne garde; moi, j'y ai pris garde pendant quarante ans.

Les voyes chrestiennes, manuscrit du XIVe siècle, sur vélin, avec miniatures. Un vol. in-fol., basane, racine verte, dentelles. . . . . . . 90 fr.

Ce manuscrit était fort délabré quand il m'est parvenu : je crois bien qu'il a le premier chapitre; mais je ne répondrais pas qu'il ait le dernier; toujours n'en a-t-il pas le dernier feuillet. Veut-on savoir pourquoi je n'ai pas porté dans le chapitre des beaux-arts ce manuscrit à miniatures ? C'est que l'histoire de la langue doit être préférée à celle de toutes les autres parties de la société, et qu'ici, dans l'oraison dominicale et un peu dans sa paraphrase, on trouvera des moyens de comparaison matérielle, mot par mot, entre la langue française au XIIe ou XIIIe siècle et la langue française à la fin du XIVe ; on en trouvera aussi dans les autres chapitres qui traitent des mêmes matières. Ce que j'ai dit, à l'article précédent, sur les faits que l'histoire peut recueillir dans ce genre de livres théologiques peut s'appliquer à celui-ci. Je viens aux miniatures : Si l'on a craint que je n'en parlasse pas, c'est mal à propos. Elles sont au nombre de six ; elles ont presque toutes trois grands pouces en carré. La première représente la création. La seconde représente Saint-Jean, ayant devant lui la bête de l'apocalypse. La troisième le jugement dernier ; Saint-Pierre tient la grande clé du Paradis et emmène les élus ; à l'opposite, le Diable emmène les damnés, tous ensemble liés par une grande chaîne qu'il tient. Le jardin des vertus est le sujet de la quatrième ; il est entouré d'un mur de brique, chaperonné, et il est planté de bouquets d'arbres : au milieu un docteur séraphique, car de sa longue robe violette sort une belle paire d'ailes, institue, endoctrine un personnage vêtu de blanc. A la cinquième un roi est assis sur son trône entre les quatre vertus cardinales ; le pavé est triangulaire, à deux couleurs tranchantes. A la sixième une reine lave les pieds à des pélerins ; ici le pavé est également triangulaire, à deux couleurs tranchantes, blanc et noir ; le banc ou chaise à plusieurs places est aussi à remarquer ; il en est de même des habillements des pélerins, tous en rochet, de la soubre-veste de la reine et de la volumineuse coiffure de la suivante ; les progrès de la perspective sont à mon avis ce qu'il y a de plus étonnant. Le titre de ce manuscrit n'est pas du

XIVᵉ siècle, il est du XIXᵉ; il est de moi, et l'écriture de ce titre, ainsi que celle de la table est de M. Frédéric de Fontannois, qui a écrit aussi les quatre premières lignes du terrier de Sailhans. J'ai déjà parlé de ce jeune écrivain des vieux siècles, j'en parlerai encore; c'est-à-dire que j'ai dévoilé et que je dévoilerai encore le secret des manuscrits où les lignes restaurées paraissent aussi anciennes, aussi vraies que si elles étaient du temps des autres.

Dictionnaire Italien et Arabe, manuscrit autographe du XVIIᵉ siècle. Un vol. in-fol., maroquin rouge, et probablement maroquin de Maroc. 60 fr.

Ce joli manuscrit est sur papier lissé; il paraît écrit dans les échelles du Levant, et plutôt par un Arabe que par un Italien. A mesure que notre conquête de la Régence d'Alger se consolide, se francise, l'arabe devient, comme le basque, comme le bas-breton, une des langues des provinces de la France, et donne une valeur croissante à ce dictionnaire, qui d'ailleurs peut servir à la lecture des anciens manuscrits.

CHAPITRE XVI.

HISTOIRE DES LOIS ET DES HOMMES DE LOI.

Recueil de neuf cent vingt-quatre actes originaux, de notaires de différentes villes de France, depuis le XIIe *jusqu'au* XIXe *siècle.* Deux vol. in-fol., mar. bleu, dentelles. 800 fr.

S'il est un beau manuscrit, on voit bien que je veux dire un manuscrit précieux, c'est celui-là. Et cependant il n'aura probablement qu'un petit nombre d'enchérisseurs, qui peut-être seront des libraires commissionnés par le ministre de la Justice, par la chambre des Notaires de Paris et de deux ou trois grandes villes de France, de deux ou trois capitales de l'Europe, par les bibliothécaires des deux chambres législatives. Je voudrais me tromper ; mais je crois qu'au lieu de ne pas en dire assez, j'en dis trop. Voici d'où je prends mes inductions. Je me trouvai, il n'y a pas long-temps, dans un grand salon d'un des riches quartiers de Paris ; j'aperçois sur la tablette de la cheminée un prospectus de l'histoire des notaires; personne n'y touchait, j'en fus un peu surpris, un peu irrité. Sans faire semblant de rien et avec plus ou moins de peine, j'amenai la conversation sur les notaires, et je demandai quelles étaient leurs fonctions. Comme on ne se hâtait pas de répondre, je répondis qu'ils étaient chargés de constater les principales époques, les principaux changements, les principaux actes de notre vie, soit que nous devinssions propriétaires, soit que nous cessassions de l'être, soit que nous prissions une compagne, soit que nous fissions testament, soit que nous fissions, soit qu'on nous fît donation, soit que nous nous chargeassions de gérer les affaires des autres, soit que les autres se chargeassent de gérer les nôtres, soit que nous nous associassions, soit que nous réglassions nos comptes, soit que nous transigeassions, le notaire! le notaire! toujours le notaire! Le salon demeura d'accord qu'il n'y avait pas d'officiers publics dont le ministère fût plus important: Nous avons donc grand intérêt à connaître leur état, dis-je; et aussitôt je demandai : depuis combien de temps il y avait des notaires? combien en France il y avait de notaires? Le salon garda le silence: Qui autrefois instituait, qui aujourd'hui institue les notaires? Qui était, qui est notaire? Le salon ne répondit rien: A quel âge, à quelles conditions, à quel titre était-on, est-on notaire? Enfin je crus devoir cesser mes questions, et, me haussant un peu sur ma chaise, je dis qu'il y avait maintenant dix mille notaires; que vraisemblablement il y en avait deux fois plus dans les anciens temps, où cependant il y avait deux fois moins de population; et cela parce qu'ils étaient, dans les campagnes, institués par les seigneurs et qu'ils l'étaient en partie dans les villes par les évêques, les chapitres; parce que beaucoup d'officiers publics, notamment d'officiers municipaux, exerçaient le notariat; parce qu'autrefois rien de plus commun que les prêtres, les moines, les notaires; parce que dans les xe, xie et xiie siècles, on trouve des seigneurs, même des dames, qui en remplissaient quelquefois les fonctions. Rien n'est plus poli qu'un beau salon; aussi écouta-t-il, ou fit-il semblant d'écouter jusqu'à la fin mon histoire du notariat que je sais assez bien, non pour l'avoir lue, car nous ne l'avons pas, car nous n'avons que des compilations de réglements, mais pour l'avoir apprise dans mon grand recueil auquel j'ai long-temps travaillé, dans l'espoir qu'aussitôt que nous aurions de bons matériaux, aussitôt nous aurions une bonne histoire.

Manière de formuler les contrats de mariage, les donations, les testaments, les partages des successions, les transactions, les ventes, aux XIIIe XIVe, XVe, XVIe *et* XVIIe *siècles, ou recueil de quatre-vingt-cinq de ces différents actes, tous remarquables par la grande dimension du parchemin.* Un vol in-fol., maroquin rouge, dentelles. . . . . 300 fr.

Il n'était pas possible d'employer de grandes pièces dans le précédent recueil, à moins de vouloir le former de quarante gros volumes in-folio. On a donc été obligé de n'y admettre que de très petits actes d'un ou deux pouces de hauteur sur cinq ou six de largeur, où le rédacteur n'avait guère pu donner carrière aux formules et au développement des clauses. On a donc cru devoir former un second recueil spécial de grands actes, classés suivant leurs divers caractères, annoncés par ce titre. Je voulais en donner quelques extraits ; j'y ai renoncé à cause qu'il y a cinq divisions et qu'il faudrait cinq plus ou moins longues citations. Qu'il suffise de savoir que dans le préambule des articles des mariages, les notaires prêchaient, tantôt en français, tantôt en latin, sur la nécessité de conserver la race humaine ; dans le préambule des testaments, sur l'inévitable fin de l'homme ; dans le préambule des transactions, sur les maux des dissensions, les biens de la concorde ; ainsi des autres espèces d'actes. Je viens de dire qu'un grand nombre de prêtres, de moines étaient notaires ; j'ajoute que, pour les testaments, tous les curés l'étaient de droit ; j'ajoute que presque tous les notaires étaient clercs : « Par devant le notaire,

« le tabellion clerc juré... » Les lettres, et par lettres j'entends non pas la belle littérature, l'éloquence, la poésie, mais la lecture, l'écriture, étaient, dans le temps de Philippe-Auguste, dans ce temps où l'on bâtissait Notre-Dame de Paris, presque exclusivement entre les mains des clercs.

Ancien protocole des échevins de Tournay, faisant les fonctions de Notaires, ou Recueil de diverses sortes d'actes originaux par eux reçus aux XIIIe *et* XIVe *siècles.* Un vol. petit in-fol., basane, racine verte, dentelles. . . . . . . 60 fr.

Plusieurs municipalités du nord faisaient les fonctions de notaire; telle était celle de Tournay, dont j'ai recueilli un grand nombre d'anciens actes du XIIIe et du XIVe siècle. Ceux du XIIIe siècle semblent tous être de la plume d'habiles écrivains, et ils pourraient pour ainsi dire servir de cartables. J'ai classé les uns et les autres, et les ai systématisés comme il suit. Ventes : « Sacent tout à ki cest escript verront et « oront que Katerine, majeure fille mestre Jake- « mon de Saint-Pière, vendut, werpit et clamet, « quitte à tousjours hiretaulement à Henry... la « maison... » On ne peut se plaindre de la prolixité de ces formes, qui sont d'une rondeur et d'un laconisme, d'ailleurs prescrits par les dimensions du parchemin, format in-4°, plus souvent in-8°, quelquefois in-12, même in-16, même au-dessous, et toujours écrit d'un seul côté, et toujours cependant contenant tous les énoncés, toutes les précautions, toutes les clauses nécessaires; et de plus toujours terminées par les nombreux noms des échevins ainsi qu'il suit : « Pour ke ce soit ferme cose et stavle, si en « est cis escris fais par le volontet des parties devant « dites ki présentes furent au délivrer en le main « et en le warde des eskevins de Tournay, dont li « noms sont tels : Jakemes de Brusfait, Richoles; « Vilains... l'an de grasse M. CC. IIII^{xx} et XVII, le « dimence d'où karesme, sauves les droictures de « le vile. » Cet acte est, comme tous les autres, chirographé, et au verso il est étiqueté du nom de la partie intéressée ou la plus intéressée. Celui des deux originaux qui demeurait à la garde de l'échevinage était serré dans les coffres, les huches. Que d'observations aurait à faire l'antiquaire! Il trouverait dans ces actes l'ancienne topographie de la ville, l'histoire des familles, des usages, des finances, du mouvement commercial, surtout de la langue. Mais combien plus de faits, pour les comparaisons, les variations de la législation y recueillerait un notaire qui aimerait à connaître les annales locales de son important et respectable état. Obligations : « Cou « (cela) sacent chil ki cest escrit veront et oront « que Jakemes Willuke et Jakemes de Vesonciel

« doivent à Jehan Derangy, XLIIII rasières d'avaine « et de cou ont il asenet à aus et alleur. A ceste « conniscance fu Gilles Remis et Voirs jurés et « Vatiers de le Porte et Jakemes de le Rivele et « autre home. En l'an del incarnacion Jhesu crist « M. CC et LIIII, el mois de jenvier. » On voit que parmi les actes de ce genre, je n'ai pas choisi le plus long. Quant aux faits historiques, mêmes observations que dessus. J'en dis autant pour les autres divisions de ce recueil. Quittances. Procurations. Baux emphithéotiques; il y en a un de l'année 1288 qui est fort remarquable par la manière de purger alors les hypothèques : « ... Et ci furent les heri- « tages ci-devant dis criés par III dimences, et de « même par loy à l'assens des eskievins; et nus ne « viunt, avant ki niut i fueist (qu'il fut nuit), à deman- « der, ne clamer, ne ki nient empeecast l'arrantement « devant dit. Et por cou que ce soit ferme cose et « estavle, si en est cis escrit fais en III parties, Sen- « warde, Watiers, Boine, Borneayne une partie, Je- « hans Potiers de Charchem, une partie; et li moyene « partie est mise et livrée en la main, et en le warde « des eskievins de Tournay dont li non sont tel : Ri- « choles, Vilains au poc, Jehans de Halvin... » Combien d'autres divisions n'aurais-je pas encore à faire connaître! Je suis forcé de me borner aux trois suivantes : Articles de mariage; celui que j'ai sous les yeux n'a que douze lignes ; il est intitulé Convenanches, et toutes les conventions y sont fort clairement stipulées. Au nombre des biens donnés sont, les cateux, espèces de meubles ou d'immeubles, tenant des uns et des autres. Dans ces convenanches, les joyaux ne vont pas seuls; il y est dit : draps et joyaux. Je remarquerai cette clause : « Si advenoit que li dis « Pierars alast de vie à trespassement devant le « dicte Marguerite, sans avoir hoir de leur char... » Sûrement les notaires parisiens de ce temps s'exprimaient plus élégamment. Donations ; les formes des donations ordinaires n'ont rien de bien notable ; mais le genre de donation appelé ravestissement, où les deux époux allaient déclarer devant la justice qu'ils se donnaient mutuellement leurs biens meubles et cateux, est à remarquer. Testaments; ce n'est pas le plus gai des actes de la vie de l'homme; c'est ordinairement le dernier, et celui qui le fait vouloir, lorsque les organes de sa volonté sont en poussière, lorsqu'il a passé les limites de ce monde visible. Je vais transcrire ici tout un de ces antiques testaments; il n'est que de quelques lignes : « Sacent « tout cil ki cest escrit veront et oront que Jehans « Esarins en se plaine vie, de boin sens et de boin « entendement, a donnet por dieu et en aumosne « premièrement à le tierc d'outre mer XL sols, as « freres meneurs XL sols, à Fierin son oste XX sols,

« à sen curet II sols, au clerc XII deniers, as povres « de Sainte-Katerine x sols, à frère Jéhan de Guy « III sols, à frère Antone II sols. Et si reconnoist « qu'il doit à Helames v sols et v deniers, à le « femme Macecher XXII deniers; à Hillet XXVI de- « niers. Tout cil deniers devant dit sont tournois. « Et prent à testamenteur por ceste besoigne faire « frère Jéhan Fouke... et lor assenne à prendre à « tous les plus apparans biens qu'il ara au jor de « sen trespas où kils soient, et sauves les droictures « de le vile... » Je reviens à la première ligne; elle est des derniers temps des croisades qui occupaient encore l'esprit des vivants et des mourans; je remarquerai que les testaments sont d'ailleurs des actes très curieux, j'ai manqué à dire très romantiques. Je voudrais pouvoir en copier ici entièrement un où le testateur, après avoir donné aux églises, même à leurs fenêtres qu'il appelle verrieres, après avoir donné à toutes les corporations ecclésiastiques, à leurs Hostelleries, à leurs Pitances, *aux malades assis devant les portes*, à des compagnons de métier, lègue à ses fils nés ou à naître des habits, des surcots dont il détermine d'avance la qualité et la couleur de l'étoffe.

Ancien protocole des échevins de Tournay, faisant les fonctions de notaire, ou Recueil de diverses sortes d'actes originaux, par eux reçus aux XIIIe *et* XIVe *siècles*, basane, racine violette, dentelles. . . . . 60 fr.

Je me tromperais bien, s'il n'y avait qu'une seule personne qui tînt beaucoup à posséder un pareil recueil. J'ai pensé qu'il y en aurait au moins deux ; et j'ai fait deux recueils.

Collection d'actes originaux de procédure, depuis le XIIIe *siècle jusqu'au* XVIIIe *siècle, chronologiquement placés dans leurs classes respectives, au nombre de trois cent quatre-vingt deux*, contenus dans une boîte. . . . . 300 fr.

Ce qui effraie le plus les gens de lettres, qui seraient tentés de reconnaître que l'histoire d'une nation n'a pu, ou du moins ne pourra être que l'histoire des divers états, lorsqu'à l'avenir chaque état voudra, avec raison, y lire la sienne, ce n'est pas tant la marine, les finances, ni même la médecine, la chirurgie, que la procédure. A cause de la procédure, ils haïssent la jurisprudence, et, à cause de la jurisprudence, les lois; mais espérons qu'à mesure que le temps et la raison étendront et mûriront le goût, l'entier ordre judiciaire deviendra successivement historique. Alors cette belle et nouvelle collection, qu'on peut regarder aussi comme un formulaire successif des avoués et des avocats pendant cinq ou six cents ans, sera bien autrement recherchée, aura une bien autre valeur. Je vais maintenant dire comment je l'ai composée et, ce me semble, dû la composer. N'est-ce pas d'abord qu'en général les procès viennent des volontés exprimées par écrit, ou ce qui est la même chose des conventions écrites, bien comprises, mal comprises par les personnes qu'elles intéressent? Et, cela étant, on ne manquerait pas de m'imputer à omission de ne pas avoir donné pour base à cette collection d'actes de procédure, les actes sous seing-privé et les actes notariés, aussi n'y ai-je pas manqué; il y a des ventes, des échanges, des baux à ferme, des baux à cens, des contrats de mariage, des donations, des testaments, des partages; et, si je puis emprunter cette expression au commerce, j'ajouterai qu'il y a un assortiment d'actes entre particuliers. Je continue. Quelquefois on se querelle, on dispute sur ces actes et on finit bientôt par s'entendre, s'accorder; il y a des transactions. Quelquefois on ne peut pas s'accorder qu'on ne se brouille pas, que, de part et d'autre, on convient de s'en rapporter à des arbitres; il y a des sentences arbitrales. Quelquefois et le plus souvent on se querelle qu'on ne veut ni s'accorder ni s'en rapporter amiablement à des arbitres, qu'on veut plaider à outrance, entrer dans la lice judiciaire et aller jusqu'au bout; il y a tous les principaux actes qui marquent les nombreuses stations de cette lice: mais je m'aperçois qu'on ne m'écoute plus, car, en ce moment, il me semble qu'au lieu de parler à des lecteurs, je parle à un auditoire qui insensiblement m'abandonne, excepté cependant un élégant huissier en beau frac noir, en beau linge empesé, qui autrefois aurait été pris pour un jeune conseiller en vacances. Il attend avec impatience le moment de me demander à voir comment, il y a plusieurs siècles, on dressait un exploit : jeune homme, lui dis-je, votre prédécesseur du XIVe siècle va parler, soyez attentif. « A noble homme et saige « mon très honoré seignieur et maistre monseigneur « le bailli de Bourges, Thiébault de Lachapelle, ser- « gent du roy nostre sire et le vostre, honneur, ré- « vérence avec service et toute obéissance; mon « chier seignieur plaise à vous savoir que je... à la « requeste de... ai adjourné... en parlant à... le... « M CCC IIII^xx VII. » Je passe ensuite aux autres actes de son ministère; je les compare, il les compare avec ceux du code de procédure; je lui en fais voir, il en voit les différences de forme, et les différences successives, dans les siècles suivants. Un avoué est tout à côté, qui alors demande aussi à voir la série des actes de la procédure des vieux siècles, depuis l'assignation jusqu'à la requête civile, à l'arrêt définitif; je les lui montre: Oh! oh! dit-il d'un air satisfait, nos pères les procureurs en savaient bien plus que nous; ils faisaient bien plus d'actes, et ils les faisaient bien plus volumineux. La chambre des avoués fera acheter cette collection, la conservera dans ses armoires grillées, ne fût-ce que pour la montrer à tous les criards, à tous les Selves. Je me plais alors à lui faire remarquer les variations amenées par cinq ou six siècles dans le nombre, le fond, la forme des actes judiciaires. Il m'arrête assez souvent; il me les fait lui-même bien mie uxremarquer. Un avocat qui est aussi resté, se montre alors; il ne témoigne pas d'impatience; il me laisse.terminer avec l'avoué. Enfin je le vois qui examine les mémoires, les défenses, les griefs, les contredits, les salvations, les grandes requêtes; je le vois qui examine surtout le mémoire original pour la marquise de Verneuil, maîtresse de Henri IV. Ensuite, après avoir parcouru les différentes parties de cette collection, avec la rapidité du coup d'œil des hommes de son état; après en avoir saisi les détails et l'ensemble, il me dit: Monsieur l'auteur! votre collection n'est pas complète: Monsieur l'avocat! lui répondis-je, sans doute elle n'est pas, et à beaucoup près, complète, mais où y en a-t-il une plus complète? où y en a-t-il une pareille? une analogue? une autre? Cet avocat a l'esprit vif, toutefois comme en même temps il l'a juste, il ne trouve pas de réplique. Il examine ensuite la procédure criminelle; il fait les mêmes remarques, sur un ton de voix moins élevé, et de lui-même il ajoute : si cette collection n'est pas complète on pourra la compléter ; c'est beaucoup d'avoir jeté les fondements, élevé les différents étages. Dès ce moment il ne fait plus guère d'observations que sur les anciennes informations du XIIIe et du XIVe siècle, pour ainsi dire, toutes peintes de forts châteaux, de seigneurs armés, exterminant les seigneurs leurs voisins, ou en étant exterminés. Il remarque sur la forme des enquêtes du XIVe siècle, que les questions faites à chaque témoin finissent de cette manière : *Enquis s'il en sait plus, respond que non. Requis s'il est suborné, respond que non.* Aux confiscations cependant une pièce le frappe, c'est l'antique *memoranda* d'un procureur fiscal, où il se rend compte de ce qu'il a à faire : Je suis fort content, dit-il, que vous ayez mis ici pour comparaison quelques pièces de procédure anglaise. Le peuple insulaire, ainsi que le peuple montagnard, conserve bien les usages ; en Angleterre on écrit encore sur parchemin les pièces des procès criminels ; on les timbre en plomb de même que les étoffes. Dans ce pays, les huissiers, comme autrefois les nôtres, touchent de leur verge l'homme qu'ils assignent : nous, peuple plaisant et moqueur, craignant avant tout le ridicule, avons abandonné beaucoup d'anciennes bonnes formes ; la raison nous en fera repentir, et le temps nous les fera reprendre.

Formule d'actes de procédure devant le conseil du roi, suivant le nouveau réglement de 1737 et 1738, manuscrit du XVIIIe siècle. Un vol. petit in-fol., cartonné. . . . . 15 fr.

On dit qu'une chose vient comme Mars en carême, quand elle vient à propos; ce manuscrit vient ici de même. Il est le tableau fort exact d'un combat animé entre deux plaideurs dans le champ clos du grand conseil, aujourd'hui la cour de cassation. Toutes les bottes judiciaires qu'ils portent et qu'ils parent, depuis l'assignation jusqu'à l'arrêt définitif de distribution des biens saisis, passent successivement sous les yeux du lecteur. Tous les actes successifs s'offrent avec leur titre, leur forme briève et cependant entière; c'est un fort bon travail.

Peines et supplices de la justice criminelle de France, aux cinq derniers siècles, manuscrit formé de cent vingt-sept pièces originales, des anciennes cours, depuis l'année 1391 jusqu'à l'année 1762. Un vol. in-fol., basane, racine rouge, dentelle. . . . . 200 fr.

L'avocat n'est pas sorti; il est encore là. Il veut examiner ce recueil, il lit : Arrêt du parlement, 23 septembre 1391... « C'est assavoir que les dictes lec-« tres sont fausses... les dicts prinsonniers seront mis « en l'eschielle, mitrez chascun d'eux d'une mitre de « papier, où il sera escript en grosses lettres, faul-« saire... seront flastriz en la fleur de lis chaude qui « leur sera appliquée sur le front... » Mandement au bailli d'Evreux, 1er mars 1403 : « Bailli d'E-« vreux, payez à maistre Pierres François, exécu-« teur de la haulte justice... la somme de dix solz « tournois pour son salaire d'avoir traîné et pendu « Gardin Hachevrol... » Mandement du 10 août 1411 ; homme traîné sur une claie, et ensuite pendu. Jugement du mois de mars 1430 ; homme traîné, décapité, et ensuite pendu. Taxation de salaire, 18 février 1430 : « ...xx solz pour décapiter, « x solz pour pendre, v solz pour charette, v solz « pour lance (où la tête devait être exposée)... « et xii deniers pour gants (du bourreau)... » Quittance faite par-devant notaire, le 20 juillet 1492, par le bourreau de La Rochelle au receveur : « Pre-« mièrement, Petit-Jehan Foulquet, laboureur, fut « le tiers jours... par les échevins, conseillers et « pairs de ladite ville condampné, à estre battu et « fustigué par les carrefours... pour raison de la-« quelle exécution est dû audit Jalot, sept solz six « deniers, d'une part, et vingt deniers pour les gants « nécessaires pour icelle exécution... » Mandement au receveur de Carcassonne, 5 février 1538 : « Bail-« lez à maistre Pierre de Laforest, exécuteur de la « haulte justice, pour avoir exécuté à mort, massé, « et brisé, Pierre Palanguy, en ses bras hault et bas, « reins, jambes et cuysses... et à l'exécuteur de « Châteauneuf, pour avoir aidé à exécuter ledit « Palanguy, le mectre sur une roue le visage contre « le ciel... » Mandement du parlement de Toulouse, 17 mai 1539 : « ...Payez à l'exécuteur de la haulte « justice la somme de v livres huit solz pour avoir « fourni tant en gros boys, fagots, paille, chaîne de « fer, trémentine (térébenthine), soufre, cordes, « que potence, avec une poliche (poulie), pour « mettre à exécution l'arrêt de la court à l'encontre « de frère Anthoine Ricardi, religieux, condamné à « estre brûlé tout vif... » Peste! peste! a dit l'avocat, je vois que nos pères ne badinaient pas; il y en a là cent vingt-sept terribles preuves. Ce recueil est une fenêtre sur l'ancienne place de Grève.

Procès entre Philippe de Montauban, vicomte du Bois-de-la-Roche, chancelier du pays de Bretagne et Gilles de Champagne sieur de Bonepay, manuscrit de l'année 1511, écrit sur un rouleau de parchemin, de dix pieds de long.

Je comprends maintenant, m'a dit l'avocat, d'où vient l'origine de cette locution, dérouler une affaire, dérouler ses preuves; et il se met à dérouler ce procès, et, un moment après, à l'enrouler : Voici, m'a-t-il dit, de quoi il s'agit. Montauban prétend que Bonepay lui a occasionné des pertes pour plus de cinquante mille écus d'or qu'il veut lui faire bien payer, car il est chambellan du roi et en sa sauvegarde : mais quelles sont donc ces pertes? Bonepay a chassé scandaleusement dans ses terres, à chiens, à cors et à cris; il a pris et défait bestes noires et rousses... abattu quelques arbres. Combien voulez-vous mettre pour les arbres? combien pour les bêtes rousses? tout le reste des cinquante mille écus d'or est pour le scandale.

Procès entre noble escuyer Gilles Dugué, seigneur de Bonnesdamel et Charles Lechanoine, escuyer seigneur de la Joudière, manuscrit du XVIe siècle, écrit sur un rouleau en parchemin de quatorze pieds.

Ces deux rouleaux renf. dans une boîte. 40 fr.

L'avocat déroule, enroule encore cet autre procès, et dit : voilà une belle collection d'actes de procédure, successivement écrits à la suite l'un de l'autre. Les termes de la première pièce, la procuration, sont à noter : « ...lequel nomme... ses procureurs « généraux et spéciaux dans toutes les causes tant « spirituelles, criminelles, que civiles, contre tous

« ses adversaires... donne pouvoir, de poursuivre, « demander, bailler, libeller, articles, positions, res- « pondre, ouïr.... appeler, contredire, plaiger, « contre-plaiger... avouer, désavouer... » L'élection de plusieurs avocats du barreau faite, un à un, successivement et alternativement par les deux parties, est aussi à noter dans ces deux procès.

Portefeuille contenant quarante-deux états ou pièces originales de frais de justice civile et de justice criminelle, aux cinq derniers siècles. 30 fr.

Après avoir légèrement promené ses regards sur les extrémités finales des lignes, l'avocat a dit : Ce sont là des taxes vénérables par leur date et qui deviennent aujourd'hui de plus en plus curieuses : Il a ensuite lu : Justice civile. Frais d'ajournement taxés par le fils du roi de Navarre, 29 novembre 1377. Salaire d'une copie d'information, 2 septembre 1379, Lettres de Charles VI, relatives à des dépens judiciaires, 5 août 1397. Exploit d'une évocation faite par le parlement, 25 septembre 1405. Loyer d'une maison à Mortemer où se tiennent les plaids du roy, 8 mai 1411. Encans de blé et de bétail, 15 mars 1415. Frais de sceau, de présentation, de signification d'une requête, d'une consultation. Justice criminelle; salaire du lieutenant du sénéchal de Périgord, qui, pendant plusieurs jours, avait poursuivi un malfaiteur. Frais d'arrestation, de conduite de prisonniers, de nourriture de prisonniers, de confrontations, d'arrestations d'hérétiques, de vacations à jugements d'hérétiques : n'est-ce pas, monsieur l'avocat, que c'est varié ? — Fort varié !

Ferme, vente d'offices de justice, portefeuille contenant soixante-quatre pièces originales, depuis l'année 1387 jusqu'à l'année 1764. . . . . 50 fr.

L'avocat s'est mis à rire en voyant ces dates : Je l'avoue, a-t-il dit, j'ai cru autrefois, comme tout le monde, que la vénalité des offices avait été introduite par François Ier ; mais ici la voix permanente des vieux temps, c'est-à-dire leurs écrits, m'assurent que cette vénalité existait plusieurs siècles auparavant. Il est vrai qu'elle était bien plus restreinte. Je vois dans cette collection, je savais d'ailleurs que sous Charles-le-Sage, et sans doute long-temps avant lui, on mettait en ferme les sergenteries, les greffes, les prévôtés, et qu'il en a été ainsi jusqu'à la révolution de 1789. Quant aux ventes d'offices elles deviennent de plus en plus fréquentes du XIVe au XVIe siècle ; toutefois la période où elles le sont le plus est le XVIe, le XVIIe et le commencement du XVIIIe siècle. Il paraît même que la vente des offices était alors passée dans l'agiotage et le commerce ; car, ici, je lis un acte du 12 septembre 1630, souscrit par le procureur de l'adjudicataire général de tous les offices de commissaire des vivres des différentes élections de France, vendus en 1622 : il y avait beaucoup de ces commerçants en 1636. En 1641, il y avait des porteurs de provisions en blanc de lieutenant, de président des greniers à sel ; il y avait de ces porteurs qui signaient leur quittance au trésor, non comme officiers, mais comme propriétaires d'offices. Aux années suivantes, j'en vois d'autres pour les greffes et pour les recettes des consignations. Je vois même des propriétaires d'office, par moitié, par quart, par fractions. Ce n'est pas toujours dans le présent, c'est quelquefois dans le passé qu'il faut chercher les choses nouvelles.

Provisions de magistrats et d'officiers de justice, depuis l'année 1554 *jusqu'à l'année* 1787, *au nombre de vingt-huit pièces originales*, contenues dans un portefeuille. . . . . 30 fr.

L'avocat ouvrit et ferma ce portefeuille sans la plus petite déclamation ; je fus surpris : ah ! lui dis-je, vous n'avez donc pas fait attention à ces lettres de provisions d'office, portant exemption des charges civiques, municipales, locales ; que de priviléges, que de violations des lois de la justice dans l'institution des officiers chargés de la rendre ! — C'était un temps. — Aujourd'hui les provisions d'institution des juges ne leur donnent d'autres priviléges que ceux de juger. — C'en est un autre.

Gages de juges et d'officiers de justice, collection de six cent quarante-quatre pièces originales des cinq derniers siècles, renfermées dans une boîte. . . . . 300 fr.

Mais, continue l'avocat, j'ai vraiment plaisir à voir ici juges et officiers de justice, tenant tous la bourse ouverte : juges chatelains, juges sergents, juges viguiers, juges prévôts, juges vicomtes, juges royaux, juges baillis, juges sénéchaux, juges présidiaux ; ensuite greffiers, huissiers ; ensuite juges des parlements, des conseils souverains, du grand conseil, des cours d'église ; ensuite greffiers, huissiers; aucun ne fait défaut. Je suis d'ailleurs bien aise de trouver ici le ministère public de ces cours, c'est-à-dire les avocats du roi : mais combien peu ils étaient payés ! Ceux de Montrevilliers, au XIVe siècle, n'avaient que trois livres par an ; plus d'un siècle après, ceux de Coutances n'avaient que cent sous. Et les procureurs du roi, les juges royaux des petites justices étaient-ils mieux payés ? Non, certes. Là est une quittance du procureur du Roi et du duc de Bourgogne à Roie, 7 décembre 1450, de la somme de six livres, pour les gages d'une année. En 1434, le juge d'Aigues-mortes était à vingt livres chaque année, et en 1517, le juge de Rioupeyrous en Rouërgue était à dix livres de gages annuels, tandis qu'au XIVe siècle les gros baillis de Caen, de Rouen, d'Amiens, de Sens, avaient par jour vingt sous, ce qui était un setier de froment ou la valeur d'un setier de froment. Les conseillers au parlement de Paris, vers le même temps, avaient aussi à manger par jour un demi-setier, et ils avaient là de quoi vivre. Mais je m'aperçois, a ajouté l'avocat, que ces différents manuscrits forment tous ensemble une collection systématisée. Le ministre vous l'achètera. — Vous le croyez? — J'en suis sûr!

Carte bailliagère du Berry, trois pieds en carré, renfermée dans un portefeuille. . . . . . 12 fr.

Cette carte manuscrite, sans doute dressée par un procureur, est un peu fumée, ai-je dit à l'avocat; elle paraît avoir été clouée à la muraille de son étude; elle offre les huit bailliages du Berry, sous une figure approchante de huit soleils, dont les extrémités des lignes ou des rayons vont aboutir aux diverses petites villes sujettes à la juridiction de ces bailliages. Pendant que j'étais à regarder et à expliquer ces positions, l'avocat s'est sauvé légèrement sur la pointe des pieds; et lorsqu'il m'a vu tourner la tête, il m'a crié: Et la carte aussi! et la carte aussi!

Recueil de trente-neuf pièces originales concernant les seings, et les contre-seings, renfermées dans un portefeuille. .. . . 40 fr.

Il paraît qu'autrefois on ne signait qu'avec un cachet, un sceau ; de là sans doute le nom de *signum*, signe qu'on a donné à la signature qui le remplace.

J'ai cité dans l'*Histoire des Français des divers états* un assez grand nombre de signatures ne consistant que dans l'empreinte d'un sceau, où était gravé le nom de la personne qui signait. Ce recueil en offre plusieurs de l'année 1582, où on lit le nom de Loys de Rohan, d'Eléonore de Rohan et celui du notaire. Il y a aussi une quittance du 20 juillet 1574, au bas de laquelle deux entrepreneurs de maçonneries, ne sachant pas signer, ont chacun figuré un marteau à la suite desquels le notaire a écrit leur nom. On trouvera dans ces collections de chartres un assez grand nombre de signatures composées de lettres imitant celles de l'imprimerie. On en trouvera un plus grand nombre, et bien antérieures, ne consistant qu'en une simple croix, même qu'en un simple crochet, une simple barre, suivie de ces mots écrits par le notaire ou l'officier public, qui signe au-dessous, qui contre-signe : *signum Guillelmi*, *signum Théodobaldi*, *signum Henrici*. Il y a apparence que ces seings apposés au bas de ces signes de seings ont été une des origines des contre-seings. Je dis une des origines, car l'empereur Justinien faisait contresigner ses édits par un questeur; et d'ailleurs on a naturellement dû vouloir depuis long-temps, pour l'authenticité des actes importants, plusieurs signatures: cela est si vrai, que dans les actes notariés les signatures du notaire et des témoins ne seraient guère que des contre-seings, s'il plaisait à ceux qui expriment par acte public leur volonté privée ou leurs conventions de les écrire eux-mêmes dans la forme légale. Quand les contre-seings terminent un acte d'une autorité publique ou d'un haut personnage, ils ajoutent à son caractère respectable; et ils ajoutent à son caractère auguste, quand ils terminent un acte d'une autorité royale. Dans cette collection il n'y a que de ceux-là, mais il y en a de fort curieux et de fort rares. Il y a de ceux-ci dans la collection qui est l'objet du premier article du chapitre de la royauté, dont le commencement fait comme partie de cet article et le complète.

Chancellerie ou Recueil de soixante-dix sceaux et pièces originales concernant les sceaux, depuis le XIIIe *siècle jusquà nos jours,* renfermés dans une boîte. . . . . 80 fr.

Quant à moi, je tiendrais beaucoup à une histoire des sceaux : je désire qu'elle soit faite dans leur pays, j'entends aux archives du royaume ; car je doute que sur la terre il y en ait quelque part autant que là ; je désirerais qu'elle ne fût pas trop longue, qu'elle fût à l'usage des gens du monde ; et cependant qu'elle ne fût pas trop courte, qu'elle fût utile aux savants. J'ai l'espoir fondé qu'on y travaillera. Peut-être déjà on y travaille. Si je ne me trompe pas, cet article pourra en être une espèce de notice préliminaire. J'y parlerai d'abord de l'importance qu'avaient autrefois les sceaux dont voici une preuve que j'extrais de la pièce intitulée : *Che sont les raisons qui furent plaidées entre le seigneur de Couchy et le comte madame d'Artoys*, mémoire écrit en l'année 1324, et qui fait partie de la collection des actes de procédure : « ... Item ne doit mouvoir li seaus « du chevalier, s'il dist qu'il est monté, l'espée en « se main sur son queval, en son seel ; car ce peut « estre retorquiet contre li ; car par le seel peut-on « entendre madame d'Artoys comme quens comte) « d'Artoys... » Ce qui veut dire, ou cela ne veut rien dire, que sur le sceau du vassal pourrait bien être l'effigie du suzerain, la comtesse d'Artoys, toujours appelée comte, de même que, dans la Hongrie, la reine est toujours appelée roi. Je poursuis la citation : « Et il l'oist à conte et à si haut prince, comme « elle est, de mener ses subgis par deux voies..., « l'une par voie de droit et de raison, quand il

« treuve obéissance en lui (sujet, vassal), la seconde « a la segnefiance de l'espée, car li espée a deux « tranchans qui signifie justiche et tout menasant et « amonnestant le subget de baillier obéissance... à « son seigneur terrien... li secons taillans segnefie, « quand il le treuve rebelle et en désobéissance, « qu'il le castie par voie de force... et ces voies re- « gardent l'espée que li chevaliers tient en nu (dans) « le seel... et comme le sire de Couchy, ou s imenis- « tre se sont portés par voie de rebellion, si comme « de tenir portes et de mettre main as servians « madame... » On peut induire de cette citation que les sceaux étaient quelquefois des titres de droit et de puissance. J'ajouterai que, vers le milieu du xve siècle, le sceau était encore le seing; et lorsque le sceau manquait, il était remplacé par le seing écrit. La preuve en est au bas d'une quittance du 12 mars 1440, faite par May de Lahaye, où sont écrits ces mots: « Tesmoings les sceaux de nous « Chasteller et de Collehault, et le seing manuel de « moy, de Lahaye pour l'absence de mon scéel qui « est perdu.. » Je passe maintenant à la matière et à la forme des sceaux. En quel métal étaient-ils? en argent, dans les juridictions moyennes, si j'en juge par plusieurs comptes de fabrication ou d'achats de sceaux, faisant partie de ce recueil, où l'on trouve aussi des achats et des quittances de prix de cire rouge, de cire verte. Le chapitre du droit des couleurs des cires devrait être, dans l'histoire des sceaux, un fort piquant. Le chapitre des effigies ne devrait pas l'être moins : celles de ce recueil ne sont pas en grand nombre ; mais elles sont variées. Grands sceaux de France, XVIe siècle, cire jaune, cire verte, cire blanche. Ils pèsent demi-livre chacun ; et si le temps n'en avait enlevé les bords, ils pèseraient probablement une livre. Ils représentent le roi assis sur son trône, tenant d'une main le sceptre, de l'autre la main de justice ; à droite et à gauche deux génies écartent les rideaux : au revers sont les armes de France, les trois fleurs de lis, avec deux génies pour support. Sceaux de juridictions royales ; ils sont bien antérieurs : ils ont une seule fleur de lis empreinte soit sur de la cire, soit simplement sur du papier empâté, comme ceux de toutes les petites juridictions, ou des sceaux aux contrats des notaires. Sceaux de pièces comptables ; quittances de Philippe Ogier conseiller du roy, 4e février 1376, sans signature, mais avec un tout petit sceau représentant ou une tête de saint, ou une tête de conseiller. Au bas d'un mandement des généraux des finances, 12 juin 1390, sont deux petits sceaux représentant l'un un personnage tenant un sceptre, l'autre une tête coiffée d'une espèce de petite perruque à la Sartine, sans doute naturellement formée par la chevelure.

Grand nombre de sceaux de pièces comptables, figurent tous la croix d'un tourniquet, dont le centre était marqué par un petit tortil en paille sur lequel portait le milieu du sceau, que le temps ou le frottement a presque partout détaché. Dans les différents autres recueils de cette collection de manuscrits il y a un assez grand nombre de contre-sceaux, c'est-à-dire de petits sceaux apposés sur la réunion des attaches des pièces d'une affaire, d'un dossier. Je ne les décrirai pas, ce serait trop long. Venons aux scelleurs, et à leur hiérarchie d'abord. Le premier de tous était le chancelier de France, devenu avec le temps le premier dignitaire du royaume. Il y a dans ce recueil un mandement du trésorier général du roi d'Angleterre, gouverneur des finances en Normandie, de payer six mille saluts d'or par an à l'évêque de Térouane, chancelier de France, outre ses gages de chancelier, payé sur l'échiquier d'Angleterre, ce qui prouve que du moins à cet égard l'occupation de la France coûtait aux Anglais plus qu'elle leur rendait. Il y a aussi des lettres de Louis XII, signées de sa main, relatives aux gages du premier président au parlement, comme ayant exercé l'office de vice-chancelier en son duché de Milan. Au-dessous du chancelier et sous ses ordres, étaient les colléges des secrétaires du roi, au-dessous les scelleurs des différentes juridictions, qui avaient, ou le titre de scelleurs, ou celui de gardes des sceaux, ou celui d'audienciers suivant les différentes affaires et surtout les différents temps ; car la législation des sceaux a été très mobile. Ce recueil renferme à cet égard plusieurs bons et curieux documents, entr'autres une attestation du chancelier de la basoche de Paris, conçue en ces termes : « Nous Jean-François de Viterbe, chancelier, garde des sceaux du « royaume de la basoche du Palais de Paris, certi- « fions à monseigneur le garde des sceaux de France « que Guillaume-François-Marie-Martin Dausay, « maître des requêtes ordinaires de notre dit royaume, « qui a traité de l'office de procureur au parlement, « a travaillé dans différentes études, pendant le « temps prescrit... » Qu'on ne croie pas que le scelleur, lorsque c'était le chancelier, ou même un officier un peu élevé, soufflât le feu pour faire fondre la cire ; il y avait des chauffe-cires dont on trouvera ici un assez grand nombre de quittances de gages et de robes. Dans la suite leurs fonctions furent érigées en offices héréditaires; on trouvera encore ici une quittance d'un propriétaire d'un de ces offices. Les scelleurs, toujours assis, comme les chauffe-cires, auprès d'un brasier, devaient avoir assez souvent soif; aussi y avait-il des buvettes près les chancelleries; une quittance en fait mention. On n'a jamais rien fait gratis en France, ni autre part. On ne scellait pas gratis ; les droits de sceau étaient fort élevés, comme le prouvent plusieurs tarifs de ce recueil. Ils étaient souvent affermés ; ici sont jointes plusieurs adjudications de ces fermes. Celui qui nous donnera l'histoire des sceaux dira, et prouvera que la riche branche des finances, le contrôle, aujourd'hui l'enregistrement, n'est incontestablement que l'ancien droit des sceaux aux contrats, mieux administré et surtout mieux assis. Je le dis moi-même et je le prouve à mon XVIIe siècle. Je suis sûr que dans cette histoire il nombrera les actes qui dans les divers temps ont été sujets au sceau, qu'il dira comment la formule du sceau, qui formait la tête de l'acte, disparaissait à la fin, et comment cette formule, qui peut-être s'était propagée du nord au midi, avait cessé du midi au nord, à ce point qu'aux temps de la révolution elle n'était plus en usage dans la moitié de la France, et qu'à Paris les notaires l'omettaient dans plusieurs de leurs actes. Je ne puis écrire ici tous les commentaires auxquels donne lieu ce recueil ; je puis à peine réserver quelques lignes pour les sceaux privilégiés, une des parties les plus singulières de notre vieille législation. Vous étiez habitant de Lille ; vous et un de vos amis étiez venus à Montpellier où vous aviez réglé ensemble quelques affaires d'intérêt dans un acte scellé au sceau de la ville. De retour l'un et l'autre dans votre pays, il s'était élevé entre vous deux des difficultés sur l'exécution de l'acte. Vous croyez que c'était à Lille qu'on devait vous juger! point du tout! point du tout! vous étiez forcé de faire un voyage de trois ou quatre cents lieues, de retourner à Montpellier, où siégeait le juge exclusif pour toute la France, des différends auxquels donnaient lieu les actes par lui scellés. Il en était de même du sceau du Châtelet de Paris, de même de celui d'Orléans, de même des sceaux des foires de Champagne. Je note que ce recueil renferme une quittance du juge du sceau de La Rochelle, 18 janvier 1475. Je fus fort étonné quand elle me tomba entre les mains. J'avais lu mon Bouchel, mon Denisart; je croyais connaître tous les anciens juges des sceaux.

Rôles d'amendes de différentes juridictions de différentes provinces, au nombre de soixante-quatre pièces, depuis l'année 1354 *jusqu'à l'année* 1571, renfermés dans un portefeuille.

Autres rôles d'amendes prononcées par les cours judiciaires de différentes provinces, aux XIVe, XVe *et* XVIe *siècles*. Un vol. in-fol., basane, racine bleue, dentelles.

Jugements, mandements, ordonnances, compositions, enquêtes, rémissions, taxes, quittances et autres pièces originales, de différentes juridictions, de différentes provinces, concernant les amendes, au nombre de soixante-six pièces, depuis l'année 1357 *jusqu'à l'année* 1615, renfermés dans un portefeuille.

Ces trois collections ensemble. . . . . 90 fr.

Proposez de faire l'histoire des amendes ; vous aurez peu de personnes de votre avis. Proposez de faire un chapitre d'amendes dans l'histoire de France, vous en aurez encore moins; cependant j'ai fait ce chapitre au XVIe siècle, et je ne pense pas qu'au temps à venir il soit plus dédaigné que les autres. Les grandes amendes de cessation de paix, de commerce, de travaux, d'industrie, de progrès social, les grandes amendes de sang, d'incendie, de calamités, de fléaux que, dans leurs colères, leurs délires, les peuples s'imposent les uns aux autres, ce sont celles dont les historiens remplissent avec plaisir leurs chapitres. Il est vrai qu'il n'est pas aussi facile de parler des amendes dont il s'agit ici, des amendes de non comparution, de fol appel, de folle enchère, des amendes de dégâts, de dommages, d'injures, de querelles, de voies de fait, de blessures.

Le premier de ces recueils d'amendes, composé de rôles détachés, est le plus volumineux ; mais un grand nombre de rôles ne mentionnent que les taxations faites par les cours, le nom des délinquants et le montant des condamnations. Je conviens que dans ces longs rôles il était bien difficile d'y mettre plus que cela, sans de grands frais d'écriture et de parchemin; car il y en a un de six ou sept cents noms sur le seul recto d'une feuille. On devine bien que c'est un rôle de Normandie; mais on ne devine pas qu'il est d'Avranches. Toutefois ces rôles de noms et de taxes offrent quelques faits à recueillir. Par exemple, il est souvent dit en tête que la taxe a été faite en présence des officiers de la cour et de personnes notables. On y trouve aussi, année 1384, que lorsqu'un serf était condamné à l'amende, le fisc partageait avec le seigneur; et, année 1405, que le fisc partageait aussi avec le fermier des pasnages, les amendes pour délits forestiers; et, année 1543, qu'à Revel, en Languedoc, il y avait des verreries; plusieurs amendes sont prononcées contre des gentilshommes verriers. Le rôle des amendes de Revel offre des noms suivis des professions. Il y a cinq ou six autres rôles où les délits sont mentionnés; alors le parchemin se charge de faits, et devient éminemment historique.

Dans le second recueil il n'y a que des rôles de cette espèce. Il y en a de latins, fort bien divisés par lieux : *in loco de Gaillagueto... in loco de*. Au rôle de la jugerie de Rieux, *in loco de Montesquino*, se trouve le nom de *Potro de Xentrailles :* c'était le pays du fameux Potron de Xentrailles; si c'est lui il ne devait pas être jeune, car le rôle est de 1469. Eh! pourquoi, s'il vivait, ne serait-ce pas lui? pourquoi un chevalier n'aurait-il pas été mis à l'amende, puisque dans les rôles des amendes adjugées au profit de la reine-mère, Catherine de Médicis, par la cour présidiale de Lauraguais, en 1564, il y a parmi les noms des condamnés ceux des consuls, même ceux des juges.

Dans le troisième recueil sont des jugements dont les analogues servaient à former les rôles des amendes : il y a aussi des mandements à payer sur le fonds des amendes : il y a des ordonnances relatives à plusieurs dons d'amendes : il y a des compositions qui avaient lieu quand le délit n'était pas très grave, surtout quand il n'était pas très avéré, et que le juge et l'accusé s'accordaient, composaient pour une somme plus ou moins grande : il y a des enquêtes; car ce n'était pas tout que de condamner un homme à une amende, il fallait quand il prétendait qu'il ne pouvait la payer, faire une enquête : il y a des rémissions; les rémissions avaient souvent lieu pour cause de pauvreté : il y a des états de frais de taxations; les assises, pour cause de taxations, étaient ordinairement solennisées par des banquets aux dépens des taxés : il y a des quittances et beaucoup d'autres pièces parmi lesquelles un assez grand nombre sont relatives aux arts et métiers. J'y en ai remarqué une, où une partie des amendes est donnée aux jurés, aux juges; j'ai fait la même remarque au rôle des amendes de la draperie, relié dans le second recueil; j'ai noté aussi deux quittances dont l'une prouve que les parlements s'éclairaient aux dépens des amendes, que les généraux des aides se chauffaient sur les mêmes fonds. Les rôles des amendes, et les pièces qui leur sont relatives, peuvent être regardés comme un coin du piquant tableau des mœurs : vous pouvez avoir un peu raison, me dit en ce moment quelqu'un qui a bonne envie d'acheter ce recueil; mais quatre-vingt-dix francs, c'est un peu cher. Examinons encore ces réclamations de cherté, et que ce soit pour la dernière fois. Observons d'abord qu'il y a cent trente pièces dont les unes sont fort petites, les autres fort grandes; à dix sous chacune, c'est soixante-cinq francs. Est-ce trop? Reste vingt-cinq francs pour le recueil in-fol., dont la seule reliure ou dorure coûte douze francs. Est-ce trop? Messieurs les protes qui dirigent l'impression de ce traité me disent, lorsque je compte les feuilles qu'ils ont promis de remettre et celles qu'ils ont remises, que je suis toujours à cheval sur l'arithmétique; mais c'est un fort bon cheval.

Dissertation sur l'établissement des parlements

de France, manuscrit du XVIIe siècle. Un vol. in-4°, cartonné. . . . . 20 fr.

Il y a plusieurs histoires du parlement de Paris, et de parlements d'autres villes. Il n'y a pas d'histoire des parlements. Ce manuscrit contient d'excellents matériaux, pour en faire une; l'auteur les a parfaitement disposés : D'où viennent les parlements? s'est-il demandé; et étant remonté de cours judiciaires, en cours judiciaires, jusqu'à celles des Gaulois, c'est par les tribunaux des Druides qu'il commence; il passe ensuite à ceux des Romains, à ceux des rois des Francs, à ceux des rois de France, aux cours des comtes, aux cours des *Missi dominici*; enfin il vient aux parlements ou à des cours analogues à celles des parlements, aux cours des prélats et des barons assemblées par le roi, qui revoyaient les jugements des comtes et des autres officiers de justice; enfin, enfin, à l'institution du parlement sédentaire, à celle du parlement de Paris, à celle du parlement de Toulouse, des autres parlements. Et, chose digne de louange, ce n'est qu'alors qu'il analyse la création successive des différentes sections des parlements, de la Grande chambre, de la Tournelle, des Enquêtes, des Requêtes, de la Chambre du conseil, du Parquet; et s'il n'avait pas fait la faute que font presque tous les hommes qui écrivent sur leur état, et qui s'imaginent que tout le monde le connaît comme ils le connaissent, s'il avait dit quelles étaient les attributions de chacune de ces diverses parties des parlements, son ouvrage serait à imprimer tel qu'il se trouve, sans aucun vernis phraséologique; car bien des gens s'imaginent dorer de l'argent alors qu'ils argentent de l'or.

Lettres de nomination, quittances des gages d'officiers forestiers, depuis l'année 1334 *jusqu'à l'année* 1791, *au nombre de cent soixante et dix pièces originales*, renf. dans un portefeuille. 80 fr.

La juridiction des eaux et forêts, une des plus anciennes de la monarchie, s'étendait sur toutes les parties de la France; car presque toutes les parties de la France étaient çà et là couvertes de forêts; mais cette grande étendue de forêts a diminué et ne cesse de diminuer d'une manière effrayante. Je voudrais que nos hauts dignitaires qui ont toujours la cognée à la main connussent ou ne fissent pas semblant de ne pas connaître les premières notions de la physique végétale; en effet si, à commencer par l'Europe et par la France, on continue, passez-moi l'expression, à peler la terre comme une pomme, il arrivera, malgré les tourbières et les houillères, que dans quelques milliers ou peut-être quelques centaines d'années nos descendants périront de faim, de soif et de froid. On ne dérange pas impunément les lois de la nature; voyez-le sur vous, sur votre santé. C'est bien ce qu'avaient pensé les anciens administrateurs, et entre autres les hommes du grand Colbert, lorsqu'ils avaient organisé, réorganisé les maîtrises. Ces cours judiciaires étaient, à l'époque de la révolution, composées d'un maître particulier, d'un lieutenant, d'un garde-marteau, d'un procureur du roi et d'un greffier. Les appels de leurs jugements étaient portés devant la table de marbre, cour prise en partie dans le sein du parlement. Il paraît d'après les pièces de ce recueil que leur organisation était à peu près la même qu'au XIVe ou du moins au XVe siècle. Il paraît qu'il en était ainsi des verdiers, des gruyers juges au-dessous de ceux des maîtrises, dont on trouve ici un assez grand nombre de nominations et de quittances. Il y a eu plus de changements dans les noms, sinon dans les fonctions des petits officiers ; il n'y avait plus à la révolution de garde de livres de forêt, de clercs de forêt, de sergents à cheval, de sergents à pied, de sergents traversiers, de sergents racacheurs ou rechercheurs que ce recueil mentionne. Dans ce recueil sont mentionnés aussi et le prix des travaux faits aux forêts, et le prix de différentes qualités de bois et les différents salaires des officiers forestiers. Celui qui ne connaît que la nouvelle organisation des eaux et forêts me blâmera de ne pas en avoir mis cet article au chapitre de l'agriculture, à côté de celui de l'ancienne administration forestière. Celui qui connaît l'ancienne et la nouvelle organisation m'aurait blâmé de ne pas l'avoir mis ici. J'invite MM. les conservateurs forestiers qui représentent les anciens officiers des eaux et forêts, non comme magistrats, comme juges, mais comme administrateurs, à prendre connaissance de cette collection; il me semble qu'elle leur convient plus qu'à personne. La laisseront-ils échapper? Voudront ils que d'autres possedent cette seconde moitié de leurs archives? Je suis tenté de dire oui! je suis tenté de dire non!

État civil, portefeuille contenant sept pièces originales, dont quatre antérieures à l'ordonnance des états d'Orléans, et trois postérieures. 12 fr.

Si quelqu'un demande de quelle manière on constatait l'état des personnes avant que, par l'ordonnance rendue aux états d'Orléans, les registres des naissances, mariages et sépultures fussent établis dans toutes les paroisses du royaume, la première pièce, *Fait de Robert de Laboise, contre le chapitre de Doul* (Dôle), dont l'écriture est du XIVe siècle, répond que, dans les cas de contestation, la filiation était prouvée par témoins; la seconde qu'en 1406 deux témoins vinrent affirmer par serment devant le bailli le trespassement de Dormans, escuyer, décédé deux ans auparavant. Il faut cependant convenir qu'à Paris, le centre de la civilisation, la loi avait été exécutée avant qu'elle fût rendue; la troisième pièce est un extrait des registres mortuaires latins de l'église Saint-Germain-l'Auxerrois, 28 mai 1505, où on lit : « ... *Et corpus ipsius eodem die inhumatum per nos fuisse*. Demande-t-on aussi à savoir si, avant l'ordonnance de 1560, ces registres étaient tenus dans toutes les paroisses de Paris; la quatrième pièce, 6 janvier 1556, semble faire naître des doutes : En la présence du « notaire du roi au Châtelet de Paris, Jacques Carton palefrenier, âgé de vingt-six ans ou environ, « Audrien Joseph Crinier, âgé de trente ans ou envi-« ron, Arnault de Bajol, âgé de quarante ans ou « environ; tous serviteurs de défunt messire Charles « de Maigny... demeurant en son hostel à Paris, « rue Saint-Antoine, attestent que le mardi xve jour « de décembre dernier passé ledit sieur de Maigny « décéda en son hostel... » Quant aux deux dernières pièces, datées de l'année 1567 et de l'année 1574, elles donnent à penser que plusieurs années après sa publication, l'ordonnance, du moins dans les provinces, n'était pas encore strictement exécutée; ces deux pièces sont deux certificats de mort reçus par des notaires.

Collége des clercs, notaires, secrétaires du roi, manuscrit du XVIe siècle. Un vol. in-4°, basane, racine rouge, dentelles. . . . . 20 fr.

Les clercs notaires secrétaires du roi, ou simplement les secrétaires du roi, étaient bien et même assez souvent les notaires de la bourgeoisie; mais par leur institution ils étaient les notaires de la cour, ou du moins c'était une de leurs fonctions. L'immense quantité de pièces comptables écrites de leur main, qui depuis plusieurs années ont péri ou qui ont été dispersées, remplissaient au commencement du siècle dernier le vaste édifice de la chambre des comptes. Ce recueil du Collége des clercs contient les priviléges à eux accordés depuis l'année 1365 jusqu'à l'année 1544, temps où il a été écrit. Dans les lettres du roi qui en font partie, on lit, que les apôtres étaient aussi notaires comme eux; plus loin, si le roi ne dit pas qu'il est un des notaires, il dit qu'il est leur confrère et qu'en cette qualité il ne dédaignera point sa part du gâteau de la confrérie; plus loin il les déclare commensaux de sa maison; plus loin, nobles, eux et leur race; plus loin exempts d'impôts, et cette exemption est si générale, si large comme nous disons aujourd'hui, qu'on voit qu'en 1543, à Rodez, pays de tailles réelles, où les biens non nobles, n'importe qu'ils fussent possédés par un grand seigneur, par un prince, par le roi, étaient portés au livre compois et assujétis aux tailles, Rebourguil, notaire secrétaire du roi, imposé au rôle, se battit victorieusement contre les consuls, devant le grand conseil. Faut-il être surpris si le roi leur accorde tant de faveurs, les louange si souvent? ils étaient ses secrétaires; c'étaient eux qui anciennement, avant l'institution des secrétaires d'état, le faisaient toujours parler; naturellement il devait quelquefois parler d'eux et ne pas en dire de mal.

Recueil de quarante-quatre dossiers relatifs à un procès entre l'abbaye de Corbie et le prince de Ligne, manuscrits du XVIe, XVIIe et XVIIIe siècle, contenus en un portefeuille. . . . . 60 fr.

Les moines n'étaient pas, quoi qu'on en dise, plus fins que les autres hommes, si ce n'est pour leurs affaires; et ils l'étaient parce que rien ne les en distrayait, qu'ils y pensaient toujours et que dans presque tous leurs couvents, ils étaient fort nombreux. Il fallait cependant qu'un baron Bomhaelt, seigneur de Grevenbroek, qui vivait du temps de notre Henri II, fût encore plus fin, pour persuader à l'abbaye de Corbie, abbé, prieur et moines, que dans un échange de terres qu'il leur proposait les siennes valaient une fois plus que le prix ordinaire, ou que les leurs valaient une fois moins; tant y a que le contrat d'échange et de cession réciproque fut fait, parfait et signé. Sans doute que dans la suite, aux longues veillées du château, où tel seigneur se vantait d'avoir fait le coup de lance, tel autre le coup de pistolet, il se vanta, lui, d'avoir fait plus, d'avoir attrapé tout un couvent de moines; car dans la suite son échange fut attaqué et par lésion d'outre-moitié et par omission des solennités requises. Probablement il y avait lésion, mais lésion qui n'était pas manifeste; probablement aussi on avait omis quelques formalités, oublié l'observation de quelques solennités juridiques ou canoniques, mais ce n'étaient pas les plus essentielles: de manière que ni de part, ni d'autre, ni le droit, ni le défaut de droit n'étant ni clair, ni incontestable: ce procès pendant deux siècles commença, recommença, s'alluma, se ralluma. Les principales époques en sont marquées dans l'inventaire chronologique des pièces par la diversité contradictoire des jugements de la justice française et de la justice belge, par les différents successeurs des ayant-cause du baron de Bomhaelt dont le dernier fut le prince de Ligne, à qui la révolution Française, sans trop aimer les princes, fit, par la suppression des abbayes, gagner le procès, dépens compensés.

Réglement sur les taxes du droit de marc d'or

à payer pour les provisions d'offices, année 1656, manuscrit du temps. Un vol. in-fol., basane, racine rouge, dentelles. . . . . 35 fr.

Sur nos cinquante, soixante mille anciens officiers publics de notre ancienne France, douze, quinze mille étaient héréditaires et en cette qualité assujétis au marc d'or. Ils sont tous ici rangés dans ces pages, jusqu'aux enfileurs des plombs des draps d'or et d'argent, jusqu'aux encordeurs de bois, aux clercs et gardes des poissons, aux trompettes des villes. Comme avant le tremblement révolutionnaire de la terre de France, en 1789, les vieux offices étaient vivaces, on y trouve encore les guettes du châtelet et les sergents fieffés. Ces longues listes nominales d'officiers publics, que la mort moissonnait trois ou quatre fois par siècle, vous livrent à des méditations graves et à de profondes réflexions sur l'abus fiscal des nombreuses créations d'offices qui plaçait au milieu de la nation un peuple de fonctionnaires, la plupart inutiles ou ridicules.

Plaidoyers de Pousse, sieur de Montauban, suivis de notices sur les grands et petits rôles, sur les greffes, sur le tarif du salaire des avocats, sur l'organisation du parlement, sur les chambres, sur leurs attributions, sur les audiences et sur d'autres objets ou matières judiciaires, manuscrit autographe de différentes époques du XVIIe siècle antérieures à 1674. Un vol. in-4°, veau brun, filets. . . . . 20 fr.

Les plaidoyers manuscrits de deux cents ans de date sont rares, et de plus les causes qui sont l'objet de ceux-ci sont fort curieuses. Il s'y agit successivement de vœux monastiques faits par violence; il s'y agit de frigidité conjugale, de bigamie, d'enfant disputé par deux mères, et d'autres causes semblables. Ces plaidoyers, composés du temps de ceux de Patru, plus dégagés de citations, et sous ce rapport plus agréables à lire, sont suivis de plusieurs notices précieuses; je parlerai de celle qui est relative aux greffiers, où l'on apprend que, vers le milieu du XVIIe siècle, les greffes du parlement étaient en régie, que le greffier en chef était un traitant; et, ce que l'histoire littéraire recueillera peut-être, que le père de Boileau n'était pas un greffier, mais un commis-greffier : « A l'esgard de la grand chambre et « tournelle civile, deux commis, nommés MM. Boi« leau et Dangois, lesquels tiennent la plume alter« nativement, l'un à la grand chambre... l'autre à la « tournelle civile... » Je parlerai aussi de celle qui est relative au salaire des avocats... Ils prenaient par plaidoyer trois francs; et quand ils avaient un grand nom quatre francs, à peu près la valeur d'un quart de setier de froment.

Questions de droit coutumier, manuscrit du XVIIe siècle. Un vol. in-4°, veau brun, filets. 12 fr.

Certainement, et je ne le conteste pas, toutes nos anciennes coutumes, aujourd'hui mortes, aujourd'hui n'appartenant plus qu'à l'histoire de France, qui, avant l'*histoire des Français des divers états*, les avaient dédaignées, ont eu de nombreux commentateurs; mais au lieu de leurs longs commentaires celui-ci est tout petit, c'est un premier avantage; c'en serait un second si l'ouvrage présentait ces questions sous un jour nouveau. Je n'ose l'affirmer; il faudrait avoir pendant plusieurs jours, plusieurs mois, lu, relu, comparé.

Portraits satiriques de présidents et conseillers du parlement de Paris, manuscrit de la fin du XVIIe siècle. Un vol. in-4°, cartonné. . . . 8 fr.

Celui-là est un faux dévot, un hypocrite; celui-là est un homme qui ne mérite aucune confiance; celui-ci ne songe qu'à amasser du bien; celui-ci se laisse diriger par sa femme, par son gendre; un tel est un ignorant; un tel un insolent. L'auteur de ce libelle parcourt ainsi, comme un chien enragé, la grand'chambre et la première des enquêtes, mordant l'un, mordant l'autre. Au dernier article, celui de Lecoq, trois mots sont à peine tracés. Il semble que là on lui ait tiré un coup de fusil.

Actes de la procédure criminelle faite contre Simon Morin en 1663, manuscrit du XVIIe siècle. Un vol. in-4°, maroquin vert, filets. . . 12 fr.

Tantôt on a envie de rire, tantôt on frémit en lisant cette procédure. Simon Morin, du village de Richemont en Normandie, vient fort jeune à Paris et y porte une tête faible et exaltée. Il se marie, devient commis à l'extraordinaire des guerres, et au lieu de se tenir tranquille dans son bureau et dans son ménage, il s'imagine être le fils de Dieu. Il remanie à son plaisir les dogmes de la religion; il prêche; il est emprisonné; il se dédit; il est mis en liberté; il recommence à prêcher; il est encore emprisonné; il se dédit encore; il est remis en liberté; il recommence à prêcher; il est pour la troisième fois emprisonné. Son procès lui est fait par le châtelet de Paris, qui le condamne à être brûlé. Le parlement confirme le jugement, et le 14 mars Morin est attaché à un poteau, est brûlé sur la place de Grève, et ses cendres sont jetées au vent. On trouvera dans ce recueil les preuves écrites de toute cette épouvantable histoire. Les juges étaient donc bien méchants? Non, c'étaient les conseillers au parlement de Paris. Ils étaient donc bien ignorans? Non, c'était aux belles années du siècle de Louis XIV, et à ce sujet les journaux du temps, ou plutôt le seul journal du temps, la Gazette du 17 mars 1663, loue en termes magnifiques la magistrature sur sa piété et sa justice religieuse. La raison qui, dans certaines parties, donnait les Corneille, les Boileau, les Racine, les La Fontaine, avait besoin dans d'autres de vieillir, de devenir plus forte.

Recueil de Droit français, extrait des registres du parlement, manuscrit du milieu du XVIIIe siècle. Un vol. in-fol., veau br., filets. 12 fr.

Cette compilation de jurisprudence du parlement, rangée sous divers titres, est attribuée au président de Lamoignon. Assurément c'est une belle idée et un beau travail ; mais je vois ici comme partout combien nous sommes maîtrisés par nos habitudes, surtout dans l'état de la magistrature. Le plan que s'est tracé l'illustre président me rappelle trop les sommaires du droit coutumier des différentes provinces. Je ne veux pas dire que par-là il soit mauvais ; j'aurais seulement désiré de reconnaître plus d'efforts pour découvrir une filiation forcée, naturelle, de matières judiciaires. Toutefois je conviendrai et je dirai que la disposition des matières n'est que le second mérite de ce genre d'ouvrage, que la mise en œuvre de toutes les parties qui doivent le composer, si elle a de la simplicité, de la clarté, de l'élégance, en est le premier. Or, je puis dire que j'ai lu ce recueil avec la même facilité qu'un ouvrage de littérature, et que rien n'arrête l'esprit quand on veut être attentif. Vous sentez à chaque page, ou que vous apprenez, ou que vous savez mieux ce que vous aviez appris.

Recueil de trente-deux lettres originales de Ministres, d'Amiraux, de Maréchaux et d'autres personnages, relatives à des sollicitations de procès, écrites au commencement du XVIIIe *siècle.* Un vol. in-fol., cartonné. . . . . 30 fr.

Je doute que depuis que le monde est monde, il y ait eu dans une collection judiciaire un pareil manuscrit; mais outre qu'en son genre il est unique, il est fort curieux, car c'est presque toujours un premier ministre sollicitant par lettres, à deux cents lieues de lui, un premier président. Il faut dire la vérité; le comte de Pontchartrain ne sollicite guère que pour des officiers de terre ou de mer placés devant l'ennemi; de ce nombre était le célèbre capitaine Cassart, qui sur mer était ce que Bayard avait été sur terre. Il faut dire encore que l'amiral de France et le duc de Vendôme sollicitent aussi, et aussi pour des officiers. Les sollicitations écrites n'en devraient pas moins être légalement interdites, de même que les sollicitations verbales: hors de l'audience, les magistrats devraient être sans yeux et sans oreilles.

Mélanges de plusieurs petits traités judiciaires, manuscrit du XVIIIe *siècle de différentes années et de différentes personnes.* Un vol. in-fol., cartonné. 30 fr.

Ces mélanges plairont par leur variété. Ils sont sortis du cabinet du feu président Rolland, président au parlement de Paris, qui était à portée d'avoir de bons documents sur les différents états appartenant à la magistrature. Commençons par les huissiers; il y a dans ces mélanges plusieurs arrêts relatifs aux honneurs et aux prérogatives de premier huissier, plusieurs autres relatifs à des arrêts de condamnation d'huissiers malversateurs. Les greffiers y trouveront aussi des matériaux pour leur histoire. Les avocats y en trouveront, et entre autres un mémoire adressé au roi en l'année 1730, signé par deux cent quarante avocats, le bâtonnier et les anciens bâtonniers en tête, où ils prouvent qu'en adhérant à une ancienne consultation ils n'avaient pas entendu attaquer les principes du gouvernement. Les présidents y en trouveront, et de fort curieux, et de fort singuliers, tels qu'un formulaire du commencement de tous les jugements possibles. Je ne sais trop si ce formulaire n'est pas celui du catalogue de la bibliothèque Lamoignon, n° 128, dont le libraire Mérigot avait, suivant une note manuscrite du temps, fixé la mise à prix à quinze mille livres. Ce n'est pas tout; entre autres recherches ou documents, il y en a sur la rente de l'argent aux trois derniers siècles et sur des extraits de manuscrits historiques concernant l'ordre judiciaire Il y a aussi un projet de dépouillement littéraire des registres du parlement dû au conseiller Laverdy. Il y a un réglement sur les absences des conseillers aux enquêtes ; l'usage leur passait par année quatre-vingts piques, expression du greffe et non de l'académie. On sait que le parlement prenait souvent l'initiative, pour la proposition de lois judiciaires ; on en voit la preuve dans deux projets, l'un sur le respect dû aux choses saintes, l'autre sur le duel.

Lettres d'un avocat à un magistrat, relativement aux honoraires des rapporteurs, manuscrit de l'année 1730. Un vol. in-4°, cartonné. 8 fr.

Ce manuscrit peut servir à l'histoire de la magistrature. Il y a tant et plus de savantes autorités, soit pour prouver que les juges devaient faire eux-mêmes les extraits des procès écrits, soit pour prouver que les épices tenaient lieu et des intérêts de la finance, des offices et des salaires des juges.

Essais sur l'ordonnance des donations de 1731, par La Jannez, manuscrit original. Un vol. in-4°, veau brun, ayant sur le plat les armoiries du chancelier Daguesseau, à qui cet ouvrage est dédié. . . . . 20 fr.

Une des premières choses qui auraient dû avertir nos historiens que, dans leurs livres intitulés Histoire de France, ils ne faisaient pas l'histoire de France, c'est que dans ces livres il n'est jamais parlé de lois, de législation; et même encore au moment où j'écris, ces matières ne sont pas admises comme historiques. Combien de gens, tout contents de savoir leur histoire-bataille, traitent ces innovations de futilités, en appellent à la raison, au bon sens et aux anciennes et sévères études! Pour moi j'ai toujours demandé que l'histoire m'apprît, et dans la suite on demandera que l'histoire apprenne, à quelles conditions, du temps de nos pères, était valable l'acte si commun, si vulgaire, de donner ou de recevoir. Le professeur La Jannez développe, améliore, enrichit le texte; c'était là un bon professeur qu'avait l'université d'Orléans. Son manuscrit commence par l'épître dédicatoire écrite et signée par lui. Il finit par un projet d'un traité de droit français. Le besoin d'un code civil alors si universellement, si inutilement désiré, était une des mille causes qui amenaient lentement notre grande révolution.

Réflexions sur l'attentat commis le 5 janvier

1757 *contre la vie du roi*, manuscrit du temps. Un vol. in-4°, basane, filets. . . . . . . 15 fr.

Toutes les inventions, la poudre, l'imprimerie, les ballons, nous viennent de la Chine, jalousie excitée par la gloire des inventeurs! Tous les assassinats des princes ont pour auteurs ou fauteurs, les jésuites, haine contre leur société, excitée par leur ambition! Cet écrit tend à prouver que le poignard de Damien était sorti de leurs mains.

Registre original d'enquêtes faites par les commissaires du parlement sur la religion, la vie, les mœurs des ducs et pairs de France, depuis l'année 1721 *jusqu'à l'année* 1765. Un vol. in-fol., maroquin rouge, dentelles. . . . . 100 fr.

Ce recueil manque à l'immense collection des registres du parlement. Je l'ai acheté en feuilles de quelqu'un qui venait de l'acheter d'une bouquetière du quai aux Fleurs. Avions-nous donc besoin de ce Traité de matériaux manuscrits de divers genres d'histoire? Quand on en aura vendu quelques milliers d'exemplaires, on trouvera plus rarement de pareils manuscrits effeuillés pour les enveloppes des bouquets. Ce registre du parlement peut aussi être appelé un registre de louanges données aux récipiendaires par les anciens pairs dont la bouche polie faisait tressaillir, jusque dans le fond du cœur, les amitiés héréditaires des hautes familles.

CHAPITRE XVII.

HISTOIRE DE LA MARINE ET DES MARINS.

Collection de cent trente-quatre pièces originales relatives au matériel de la marine, depuis l'année 1338 *jusqu'à l'année* 1782.

Je voudrais bien trouver dans une histoire de notre marine, sous quelque titre que ce fût, ou d'Annales, ou de Fastes, ou de tels autres beaux titres qu'on a imaginés, qu'on imaginera, une série successive de faits relatifs à l'art dans les divers temps ; je ne les y trouve pas : mais avec cette collection si je veux savoir combien au XIVe siècle coûtait une galère, je le sais ; elle coûtait six cents livres, et je sais encore qu'elle était de couleur noire : Pourriez-vous me dire, me demandera maintenant un marin, comment alors s'appelait un vaisseau ? — Un vaissel, une nave, un navire, une barche.—Quel nom portait-il ?—Quelquefois celui d'un fleuve : le navire la

Seine; quelquefois celui du propriétaire : la barche monseigneur de la Trimoille. — Quand les équipages ont-ils eu du biscuit? — Ils en avaient dans ce même temps. — Quelles étaient les armes des gens de mer? — A peu près celles des troupes de terre. Il est fait mention dans la quittance d'un bûcheron de ses fournitures pour le bois de vingt-deux mille viretons des galées. Mais je répéterai ici au marin ce que j'ai déjà dit autre part : qu'on ne peut trop prendre garde, surtout quand il s'agit d'armement, aux différents sens des mots dans les différents temps. On peut lire ici une déclaration du 17 octobre 1417 portant : « Qu'il a été amené à Nantes plusieurs « pièces d'artillerie, comme lances, pavois, traits « et arbalestes, appartenant au roy... » Et cependant cet acte est d'une date bien postérieure à l'usage de l'artillerie à poudre. Une note sur parchemin, écriture du temps, est jointe à cette déclaration. Je n'ai pas osé la détacher pour la porter à l'article de la chancellerie; elle dit : « cette pièce « a été descellée par cas de fortune ainsi que « cela est prouvé par enqueste et par témoins... » Alors, quand les sceaux ne remplaçaient pas les signatures, ils n'en étaient pas moins indispensables.

Au XVIe siècle je trouve, que le roi prenait quelquefois de l'artillerie à louage; je trouve aussi des documents sur le prix du frêt des vaisseaux; je trouve encore des documents sur d'autres objets; je ne puis tout dire.

Au XVIIe siècle, peinture au vert-de-gris en usage dans la marine militaire. Dorures. Dépense pour charbon de pin employé par les chaudronniers des vaisseaux du roi, ce qui suppose le doublage en cuivre. Travaux des chantiers, des arsenaux; curements des ports. Je le répète, je ne puis tout dire; je note toutefois en passant qu'on achetait des esclaves turcs pour les bancs des galères.

Au XVIIIe siècle, constructions; bois de construction et leur emploi.

Collection de cent quatre-vingt dix pièces originales relatives au personnel de la marine, depuis l'année 1384 *jusqu'à l'année* 1780.

Savoir :

Solde et appointement,

Aux officiers, sous-officiers, matelots, suivant leurs divers grades;

Aux aumôniers;

Aux officiers des ports, suivant leurs divers grades;

Aux officiers de police, aux prévôts;

Aux administrateurs, aux intendants, aux commissaires, commis, écrivains;

Aux médecins, chirurgiens, pharmaciens.

Savoir encore :

Hôpitaux : leur dépense, leur service ;

Amirautés ; leurs juges, leurs jugements ;

Procès-verbaux d'armement, de désarmement, années 1746, 1763, 1774 et 1780, où s'offre la complète récapitulation de la marine de ces temps.

Ces deux collections renf. dans une boîte. 200 fr.

Mémoire sur une machine pour radouber, palmer, calfater les vaisseaux à sec. Etat des bois et des fers nécessaires à la construction de cette machine. — Mémoire sur la pesanteur de chaque partie d'un vaisseau de premier rang. — Mémoire sur le nom et la force de tous les vaisseaux de guerre construits dans les ports d'Angleterre, depuis l'année 1646 *jusqu'à l'année* 1684, manuscrits du temps, reliés ensemble, en un vol. in-fol., cartonné. . . . . 20 fr.

Pour juger si cet étui radoub qui fait l'objet du premier mémoire est praticable, ou s'il a été pratiqué, il faudrait être mécanicien et marin ; je ne suis ni l'un ni l'autre ; mais quant au dernier mémoire qui, ainsi que les autres, n'est composé que de quelques feuillets où cependant l'on voit durant l'espace d'un demi-siècle les noms de tous les vaisseaux de guerre anglais, l'année de leur construction, le port où ils ont été construit, leurs dimensions, leur longueur, leur largeur, leur profondeur, où l'on voit leur charge, le nombre et l'espèce de canons à chaque pont, le prix du corps de chaque vaisseau, je puis dire que c'est un abrégé des anciens registres de l'amirauté d'Angleterre, et que si ces registres n'existent plus, cet abrégé offre un grand intérêt pour l'histoire de la marine anglaise, par conséquent pour l'histoire générale de la marine.

Recueil d'ordonnances et de documents historiques relatifs aux amiraux, manuscrit de la fin du XVIIe siècle. Un vol. in-fol., parchemin. 20 fr.

Les matières de ce recueil sont disposées à l'inverse du titre, c'est-à-dire fort mal. Je crois que le prix en est moins dans les copies des ordonnances, et les lettres patentes, que dans les mémoires judiciaires du cardinal de Richelieu et du duc de Guise, où les objets de discussion sont la mer océane, la mer méditerranée, leurs poissons et leurs tempêtes; car il s'y agit de l'étendue de la juridiction de l'amiral de France, et de celle de l'amiral du Levant, de leurs droits de bris et naufrage.

Cahier contenant toutes les tables de proportions de l'artillerie de la marine et de leurs affûts, manuscrit de l'année 1699, figures lavées à l'encre de la Chine. Un vol. petit in-fol., mar. rouge, fil. 30 fr.

Il y a beaucoup de traités sur l'artillerie de terre; il y en a moins sur l'artillerie de mer; aussi doivent-ils être plus soigneusement conservés. Celui-ci est complet : il comprend les huit calibres des canons de fonte, les sept calibres des canons de fer, et les trois calibres des mortiers.

Estats abrégés de recettes et dépenses du munitionnaire général des vivres des équipages des armées navales, années 1704, 1712 *et* 1715, manuscrits originaux, dont un, celui de 1704, est signé par Louis XIV, et les autres, ceux de 1712 et 1715, sont signés par Louis-Alexandre de Bourbon, amiral de France et par le maréchal d'Estrées. Un vol. in-fol., basane, vert de mer ondé, dentelles. 40 fr.

Comme ces trois comptes se ressemblent, à quelques différences près, dont je parlerai bientôt, il suffira de citer celui de l'année 1712 pour les faire tous connaître. Les sept chapitres de dépense correspondent aux sept ports de Toulon, Rochefort, Port-Louis, Brest, le Havre, Bayonne, Dunkerque. On y voit quels étaient les vivres des équipages, quelle était la ration des mariniers, quelle était celle des prisonniers, celle des forçats et des pertuisianiers leurs gardes, soit à bord, soit aux hôpitaux. Ces comptes sont remplis d'articles de dépense, soit à raison des avaries des vivres embarqués, soit à raison des vivres gâtés, des vivres naufragés. La lecture de ces séries de malheurs est quelquefois très longue : jamais, cela va sans dire, plus d'accidens, de plaintes, de douleurs ! Les différences notablement historiques de ces trois comptes sont dans les recettes. En 1704, le trésor royal paie les vivres des armées navales quatre millions cent quarante mille livres ; en 1712, quatorze cent mille livres ; en 1715, soixante-quatorze mille livres. Ici vous voyez cette marine triomphante sous les Duquesnes, les Tourville, les d'Estrées, dominant l'Océan et les mers ; vous la voyez, semblable à une robuste personne à qui on diminue, à qui on refuse les aliments, languir, agoniser, expirer : vos yeux se fixent tristement sur ces anciens comptes pour ainsi dire dépositaires de son dernier souffle.

Discussion entre les prud'hommes de Marseille et le bureau de santé, dossier ministériel du temps de la régence, renf. dans un portef. 10 fr.

Les prud'hommes, juges des pêcheurs de Marseille, qui, je crois, existent encore, sont d'une institution fort ancienne ou fort antique. Au commencement du XVIIe siècle ils s'opposaient à ce que le bureau de santé occupât le milieu du port, dont, à cette place, il gênait les mouvements. Pour soutenir leurs droits les prud'hommes font leur ancienne ou antique histoire.

Lettres originales de l'Amiral, des Ministres, des Maréchaux, et d'autres personnages, écrites vers le commencement du XVIIIe *siècle, au nom du conseil de marine.* Un vol. petit in-fol., cart. 40 fr.

Gardez-vous de croire que ces lettres soient sans variété, sans intérêt ; souvent les romans en ont moins. D'abord c'est une dame Gien, condamnée à l'amende ainsi qu'un sieur Boucoin, pour avoir eu communication avec des étrangers, venus du pays contagieux. Ensuite c'est un consul de la nation française à Tripoli, ajourné au parlement d'Aix. C'est ensuite une prohibition d'exportations de monnaies fabriquées par la loyale nation française, échangées à l'étranger. Vous voyez ensuite les côtes d'Espagne, les côtes de France, d'où les bateaux-pêcheurs français sont arbitrairement écartés, d'où les bateaux-pêcheurs espagnols sont par représailles juridiquement écartés. Les flottes ennemies parcourent les mers ; notre petit allié, le prince de Monaco, est toujours aux aguets et du haut de ses forteresses il nous envoie ses avis. On peut mieux former, mieux espacer, mieux aligner les lettres, avoir une plus belle écriture ou une écriture moins extraordinairement difforme ; mais on ne peut être allié plus fidèle. Il y a un bailli, chevalier de Malte, qui écrit encore plus mal; mais on le déchiffre, on le lit, car il parle d'envois de blé de la Sicile, l'ancien grenier des Romains. Dans plusieurs de ces lettres sont mentionnés les dix enfants de langue, ou les dix jeunes interprètes élevés au collége des Jésuites. Dans d'autres lettres les apothicaires des villes veulent visiter les coffrets des apothicaires de la marine, quand ils s'embarquent. Dans d'autres un maître de trompette, qui enseignait les forçats à jouer de cet instrument, est mis en prison, les fers aux pieds, pendant huit mois; mais aussi avait-il battu, comme seigle vert, le pacifique greffier de la prévôté des galères. Il y a encore parmi ces lettres un passeport délivré par l'amirauté à une tartane. Il y a de plus un petit procès, instruitc ontre d'avides paysans provençaux qui, au lieu de secourir une barque génoise remplie d'étoffes précieuses, d'habits galonnés, brodés, naufragée sur le rivage, l'avaient indignement pillée. Où seraient donc la variété, l'intérêt, si ce n'était là?

Lettres originales du ministre Pontchartrain, à l'intendant Lebret. Un volume in-folio, cartonné. . . . . 15 fr.

Ces lettres sont relatives à de vieilles nouvelles des armées de terre, et surtout à de vieilles nouvelles des armées de mer, à l'apparition, la non apparition des flottes ennemies, à leurs mouvements, à leurs projets. Ce manuscrit entrera dans les bibliothèques où l'on a le bon esprit de vouloir beaucoup de ce qui est bon, et un peu, mais fort peu, de tout le reste.

Projet d'un inventaire descriptif des manuscrits, cartes et autres objets scientifiques rassemblés par Nicolas Delisle, au dépôt de la marine. — Autre projet d'un dépôt géographique au ministère des affaires étrangères. — Autre projet concernant les ingénieurs-géographes du dépôt de la guerre. Un vol. in-fol., cartonné. . 20 fr.

Ces manuscrits, sans être très homogènes, ne sont pas très hétérogènes, et ils peuvent fraterniser dans un même volume. Les deux premiers sont de la main de Nicolas Delisle, qui conçut et exécuta le projet d'un dépôt au ministère de la marine. Il conçut aussi le projet d'un dépôt au ministère des affaires étrangères; je ne sais s'il l'exécuta. Dans le projet relatif au dépôt de la guerre, signé par Berthier, père du maréchal Berthier, prince de Neufchâtel, on voit quel était alors l'état d'un corps qui depuis a si prodigieusement grandi et qui est devenu, si je puis parler ainsi, une des décorations de la science, un des éléments de la force nationale.

Mémoires, Rappôrts sur plusieurs parties de la marine, manuscrits ministériels de différentes époques du XVIIIe siècle, renfermés dans un portefeuille. . . . . 20 fr.

Ces manuscrits sont au nombre de sept; il s'y agit des bois de construction, des salaisons de bœuf, des droits de la ferme sur les avitaillements, de l'amélioration du cabotage et de la grande navigation. Ce sont de bons matériaux dont aurait grand besoin l'histoire de la marine.

Journal de navigation du vaisseau espagnol le Lion, *dans les mers du Sud, année* 1756, manuscrit du temps. Un vol. in-4°, cart. 15 fr.

Ce journal ne peut être bon que pour l'histoire de la science; il me paraît, sous tout autre rapport, inutile. Buache a cependant écrit sur le verso de la couverture qu'il y avait trouvé la position d'une île située au 334e degré de longitude. Du reste, ce qu'ici j'aurais à dire sur l'objet et la contexture de ce genre de manuscrit, je le dirai dans un des articles suivants.

Dépense des colonies, Port de Lorient, année 1772. Un vol. in-fol., cartonné. . . 10 fr.

Ce manuscrit est original; il nous rappelle l'hospitalité de la France envers les colons acadiens. On y voit aussi avec intérêt les armements de *la*

Belle-Poule, cette célèbre frégate qui commença entre la France et l'Angleterre la guerre de l'indépendance des Etats-Unis. On y voit en outre toute sorte de détails sur nos envois aux colonies, même sur les envois de tonneaux de pièces de deux sous. La disposition de ce manuscrit est d'ailleurs fort singulière. Elle offre deux têtes et deux corps de manuscrits; d'un côté se trouve sur la première feuille et les feuilles suivantes, la dépense annoncée par le titre ci-dessus; du côté opposé se trouve, en renversant le manuscrit, sur la première feuille et les feuilles suivantes, la dépense annoncée par le titre ci-après : *Dépense de la marine, Port de Lorient, année* 1772. La disposition de ce double compte a été plus commode pour le manutentionnaire à qui il a appartenu, qu'elle l'est aujourd'hui pour les antiquaires conservateurs entre les mains desquels il est passé.

Journal autographe de la campagne maritime de l'année 1778, *par un officier de marine embarqué sur la flotte commandée par le comte d'Estain.* Deux vol. in-8°, basane, racine verte, fil. 40 fr.

L'auteur de ce journal s'embarque le 14 avril, et tout aussitôt il prend la plume pour noter jour par jour les variations des vents et les changements de voilure ou de position de voiles. Il note aussi, avec les variations de la boussole, les continuelles corrections du chemin. Il écrit le nom des différentes pointes des terres qu'il aperçoit; mais tout cela est en grimoire de termes de marine: canon de partance, pour de départ; vent nord-ouest gouvernant au sud-est, pour soufflant dans la direction du nord-ouest au sud-est; sans compter grand nombre d'autres termes tels que venter grand frais, petit frais, relèvement, value, estime, terre doublée, cap levé, relevé, qui, pour moi, et sans doute pour bien d'autres, sont du turc ou du persan. Il me semble que ceux qui savent bien quelque science, quelque art, qui en connaissent toute la langue, doivent avoir le courage de les débarrasser, autant qu'il est possible, de toute cette pédantesque technologie et de la remplacer par les mots de la langue usuelle; ils ouvriront indistinctement à tout le monde les si effrayantes et toutefois si accessibles portes des connaissances, et ils seront ceux qui auront le plus fait pour le progrès de l'intelligence. Mais je remonte sur le vaisseau *le Guerrier*, où était l'officier auteur de ce journal. Nous sommes au milieu de la grande flotte française, naviguant sur trois colonnes. Quelques lignes de politique relatives à la cause de la guerre se trouvent d'espace en espace, encadrées dans les continuelles observations de longitude et de latitude. D'espace en espace frégates, vaisseaux anglais souvent signalés ; change et rechange de pavillons ; flottes ennemies aperçues, annoncées. L'auteur vraiment militaire vous fait partager les mouvements de son cœur palpitant de crainte, non de les rencontrer, mais de ne pas les rencontrer. Enfin, vers le milieu du premier volume, la flotte arrive aux Etats-Unis. Dès ce moment l'intérêt ne cesse de s'accroître et de se varier; on respire pour ainsi dire la fumée de l'artillerie des batailles auxquelles succèdent les débarquements, et ensuite les descriptions de ces provinces américaines colorées par l'aurore de leur indépendance. Le canon se fait de nouveau entendre; état des tués, des blessés, des prisonniers. Mais tout à coup la fumée de la poudre est chassée par l'allégresse des fêtes qu'à l'occassion de l'accouchement de la reine la marine militaire donne à madame de Bouillé. On danse, on chante ; les couplets, les petites pièces de vers foisonnent. Qu'un autre remarque, ce ne sera pas moi qui remarquerai que la poésie de mer ne vaut pas la poésie de terre. Nouveaux combats ; vaisseaux anglais pris; retour en France au commencement de décembre. Ce beau monument de notre marine ira-t-il en Angleterre, aux Etats-Unis? le laissera-t-on sortir de la France, où il devrait tenir une si glorieuse place dans une bibliothèque publique?

Anecdotes maritimes, naufrages, Recueil tra-

duit par Hermandez, en 1781, manuscrit autographe. Un vol. in 4° cartonné. . . . . . 6 fr.

Il y a peut-être dans ce manuscrit quelque chose pour les historiens ; il y a beaucoup plus pour les peintres.

Engagements et salaires des gens de mer embarqués sur les vaisseaux de commerce, manuscrit de l'année 1785. Un vol. in fol. v. filets. 15 fr.

Sachons gré à l'auteur de ce manuscrit de nous avoir laissé des pages de l'histoire de la marine qu'on ne trouve guère que là : quel est le salaire des mariniers, quand ils sont payés au mois, à la semaine? quand ils sont payés à la part? l'auteur vous l'apprend, c'est le partage du prix de la pêche dont l'armateur ou propriétaire du vaisseau a le huitième, et dont le maître et les matelots ont le reste: Mais, vous dites-vous, ou lui dites-vous, les salaires doivent être différents pour les différentes pêches? l'auteur vous fait connaître ces différences : Mais, vous dites-vous, ou lui dites-vous encore, les prix doivent être différents dans les différents ports? L'auteur parcourt avec vous tous les ports français, et dans chacun il vous en fait aussi, à cet égard, connaître les différences.

Plan de constitution pour la marine, manuscrit de 1789. Un vol. in-4°, cartonné. . . . . 8 fr.

L'année 1789 fut la première des trois grandes années de réforme de la marine, alors bien plus qu'aujourd'hui importante aux yeux de la France. Quelques parties de ce plan où est comprise toute l'échelle des grades et du service des gens de mer furent successivement adoptées; vous remarquerez comme l'ancienne superbe marine militaire est ici réglementée tout simplement par la marine marchande de Nantes, qui propose ce plan. Le tonnerre de la révolution avait fait taire des voix autrefois si fières et si hautes.

Recueil de soixante-dix-huit actes ou pièces originales pour servir aux diverses parties de l'histoire de l'Ile Bourbon, depuis l'année 1804 *jusqu'à l'année* 1824, renf. dans une boîte. 200 fr.

C'est trop cher! On ne le dira point par-delà l'équateur en Asie, si avec certains géographes on met l'île de Bourbon au nombre des îles de l'Asie, ou en Afrique, si avec d'autres on la met au nombre des îles de l'Afrique, ainsi que la raison incontestablement le veut; on ne le dira nulle part, quand on aura reconnu l'importance de ce recueil. En 1804, date de la première pièce, l'île de Bourbon était, depuis le commencement du siècle, anglaise, et tous les liens avec la mère-patrie étaient coupés, que les ministres de la religion se donnaient la main par-dessus l'Océan. L'archevêque de Paris envoyait en 1804 l'instruction au vice-préfet apostolique, ou clerc chargé de la desserte des églises. Il y a plusieurs autres pièces sur les affaires ecclésiastiques qui s'agrandirent lorsque l'île fut redevenue française. L'archevêque de Paris envoya des pasteurs à ce troupeau lointain; ils remplacèrent les officiers anglais qui habitaient les presbytères. Dans ces lettres il est fait aussi mention du clergé de l'ex-Ile-de-France, pour parler comme on ne parlait pas avant 1789, et comme on a parlé si vulgairement et si ridiculement depuis. C'est à peu près là, je crois, la partie religieuse de ce recueil. Vient maintenant la partie politique extérieure. Par le traité de Paris, l'île de Bourbon avait été rendue à la France; la remise de cette île donne lieu à une longue et intéressante série de lettres entre le commissaire anglais et le commissaire français, relativement à l'état de la colonie sous différents rapports militaires et civils. Ensuite viennent d'autres lettres qui forment la partie de la politique intérieure. Les colons redevenus français saluent, dans l'ivresse de la joie et de l'amour national, la France et le trône de Louis XVIII par quatre grandes expressives adresses. On me permettra de faire une remarque, et je permettrai qu'on la trouve, si l'on veut, scolastique, puérile. Nulle part on ne signe aussi élégamment qu'à l'île Bourbon. C'est à voir, à mettre sous verre, que ces dégagements de plume, avec pleins et demi-pleins, ces paraphes symétriquement bouclés, comme ceux du XVe siècle. La correspondance officielle concernant les Frères des écoles chrétiennes et les institutrices forment la partie de l'instruction publique. Le gouverneur militaire se brouilla avec une partie des fonctionnaires; de là des lettres, des rapports, une polémique fort animée, qui offre un fort bon chapitre de l'administration. Il y a quelques pièces qui ne concernent pas l'île; telles sont des lettres sur les affaires d'Espagne, tels sont encore des rapports sur Saint-Domingue, sur l'Inde anglaise. En somme je suis étonné que ces précieux documents soient dans mes mains; ils devraient plutôt se trouver dans les archives de l'île, où ils pourraient servir à son histoire, dont jusqu'ici on ne s'est guère occupé. Je connais quelqu'un qui la ferait bien; je le lui ai souvent dit.

Collection de cartes de la Guyane, depuis l'année 1674 *jusqu'à l'année* 1763, *au nombre de trente-cinq, formant atlas*. Un vol. in-fol. max., cartonné. . . . . 100 fr.

Mais je crois qu'on s'éloigne de ce grand volume, tout comme s'il exhalait la fièvre du Maroni, ou si le serpent boa devait en sortir. Oui, sans doute, il s'agit de la Guyane, mais la Guyane n'en est pas moins un des meilleurs pays de l'Amérique française pour ceux qui aiment le sucre, le cacao, le café, le coton, les bois de teinture, les bois de tableterie. Oui sans doute les maladies, les cruelles maladies endémiques, n'y manquent pas non plus, on le sait; toutefois, on sait aussi que les dessèchements des eaux stagnantes finiront par purifier cette terre, en certains endroits malsaine, venimeuse, et, si je puis parler ainsi, par la guérir. Cette importante, je ne sais pas trop si je ne devrais pas dire unique collection conviendrait bien à de riches colons; mais elle conviendrait encore mieux au gouvernement.

Portefeuille contenant une collection de cartes de côtes, d'îles, de détroits, de voyages faits autour du continent, de plans de ports, de citadelles, de casernes, d'attaques de villes maritimes, de défense de côtes, de batailles navales, depuis l'année 1672 *jusqu'à l'année* 1815, *au nombre de vingt-trois, avec une notice détaillée*. . . . . 40 fr.

Peut-être, et probablement, plusieurs de ces cartes ou de ces plans n'existent pas au dépôt de la marine. Dans tous les cas, cette collection est très remarquable; je voudrais avoir assez d'espace pour dire combien elle est variée, curieuse et piquante. Les collections des cartes géographiques manuscrites, qui assortiraient si bien les bibliothèques, sont rares; les collections des cartes marines manuscrites sont encore plus rares. Eh! pourquoi? C'est que, dans l'intérieur de notre France, nous n'en connaissons ni ne voulons en connaître l'utilité historique.

CHAPITRE XVIII.

HISTOIRE DE LA MÉDECINE ET DES MÉDECINS, DE LA CHIRURGIE ET DES CHIRURGIENS, DE LA PHARMACIE ET DES PHARMACIENS.

Annotations sur les pronostics d'Hippocrate, par monsieur Jean-Martin, docteur régent en la Faculté de médecine et lecteur ordinaire en chirurgie à Paris, manuscrit du XVIe siècle. Un vol. in-8°, parchemin, filets. . . . . 6 fr.

Dans ce manuscrit je trouve des documents pour l'histoire de la médecine, en ce que la science médicale de nos siècles modernes a agi d'une manière différente sur la science médicale des Grecs, ainsi qu'on peut le voir par les commentaires des divers âges sur Hippocrate; j'en trouve dans le titre pour l'histoire des médecins, en ce qu'alors ils étaient les professeurs des chirurgiens. Je remarquerai pour l'histoire de l'instruction que, dans les anciens temps, on disait lire, pour enseigner, d'où l'on peut induire que l'enseignement se bornait d'abord à la lecture d'un auteur suivie d'un commentaire. Enfin, pour l'histoire littéraire, je remarquerai aussi que l'auteur d'un ouvrage prenait déjà la qualité de monsieur, usage qui s'est prolongé jusque dans le XVIIIe siècle. Jean Martin, auteur de ce manuscrit, était le premier médecin du Roi, c'est-à-dire le médecin réputé le plus habile.

Novum medicinæ systema secundum Renati Carthesii principia, manuscrit autographe de l'année 1673. Un vol. in-8°, veau brun, filets. . 8 fr.

Le nom de l'auteur de cet ouvrage est presque effacé par le laps de temps; mais il doit être lisible pour les savants dans l'histoire de la médecine. Il a appartenu successivement à plusieurs médecins et notamment au professeur Laducquesné; il est fort épais et il renferme toutes les parties de la médecine du milieu du XVIIe siècle. Peut-être le titre n'est-il pas très clair, car de prime abord on se demande quelle liaison il peut y avoir entre la médecine et la philosophie de Descartes ; on réfléchit, et bientôt on voit comment la mauvaise médecine peut en partie nous venir d'une mauvaise méthode de raisonnement, et comment d'une méthode bonne peut en partie nous venir la bonne médecine. Au chapitre premier du traité des fonctions animales, il m'a d'abord paru que l'auteur mettait beaucoup de matériel et de mécanique dans les facultés de l'ame. Oh! oh! docteur, lui ai-je dit, vouloir expliquer l'homme comme être composé seulement d'une substance et non de deux! vouloir faire rétrograder la médecine jusqu'aux assertions aristotéliciennes qui, avec un visage un peu voilé, se montraient dans les classes du XIVe siècle! vouloir admettre une ame de fibres, de nerfs, de sang et de chair! Mais je me suis bientôt aperçu que le docteur à travers son latin médical, séparait toujours des organes cérébraux le *mens*, comme substance spirituelle. Si l'on me demande comment à mon XIVe siècle, moi historien, par conséquent officier de morale, je ne me suis pas élevé, au profit de la génération actuelle, contre ce système, je répondrai premièrement que peut-être en cherchant l'ame avec la pointe du bistouri, on fera en anatomie de grandes découvertes, comme, en cherchant la transmutation des métaux, on a fait de grandes découvertes en chimie; secondement que Dieu nous a donné trop de raison pour que nous puissions jamais comprendre le système anatomique des facultés matérielles de l'ame, pour que nous ne puissions pas comprendre le système analytique des facultés immatérielles de l'ame, fait une première fois par Locke, une seconde fois par Condillac, une troisième et sans doute une dernière fois par Laromiguière; et chaque fois si clairement qu'on a facilement vu pourquoi il pouvait être refait, qu'on voit facilement pourquoi il ne peut plus l'être.

Remedia in praxi usurpata, aut inter legendum notata, auctore Laducquené, manuscrit autographe du XVIIe siècle. Un vol. in-fol., parchemin vert, filets. . . . . 8 fr.

Laducquené a fait lestement cette thérapeutique au milieu de ses écoliers, ou bien à côté du lit de ses malades; elle commence par les *purgantia in morbis occultis*.

Traité des médicaments, par monsieur de Laducquené, manuscrit autographe du XVIIe siècle. Un vol. in-12, parchemin, filets. . . . . . 6 fr.

Bien que l'auteur ait fait cette dernière thérapeutique à main reposée, il n'y a guère plus d'ordre que dans l'autre; voilà ce que j'ai d'abord écrit après un trop court examen; mais après un plus long, j'ai reconnu que ce médecin avait un fort bon esprit. Son système est: Remèdes tirés des terres, des fossiles, des végétaux, des résines, des animaux. A la suite de ce traité est une flore normande du

XVIIe siècle qui, pour l'histoire de la botanique, n'est pas sans intérêt.

Lettre du père Jartoux, jésuite, 12 avril 1715, sur la plante du Ginseng, avec un dessin colorié, manusc. du temps. Un vol. petit in-4°, cart. 6 fr.

Aux vertus universelles que le père Jartoux attribue au Ginseng, appelé par Pomet, histoire des drogues, Ging-ging de la Tartarie ou de la Chine; aux excessives louanges qu'il se plaît à lui donner, cette plante, dont les vertus sont analogues à celles du thé, aurait dû devenir d'un usage général; mais il en est de la réputation des vertus des plantes comme de celle des talents des hommes, à laquelle le sort a souvent part. Le thé a été heureux; sa réputation n'est pas près de finir ni celle de ginsing près de commencer. Je ne crois pas que l'écriture de la lettre soit celle du père Jartoux; je crois encore moins que le dessin de la plante soit de lui, car il est d'un bon peintre coloriste.

Collection de tous les remèdes et ordonnances usités et approuvés pour toutes sortes de maladies, par la marquise de Chabannais, manuscrit du commencement du XVIIIe siècle. Un vol. in-4°, cartonné. . . . . 5 fr.

La composition de ce recueil est d'une femme;

la reliure en est aussi, car les plats des couvertures sont des papiers argentés, et les feuillets ont été assemblés avec des rubans et de la faveur qui forment touffe au haut et au bas du volume, plein d'ailleurs de bonnes recettes, de bons remèdes infaillibles contre un grand nombre de terribles maladies: et contre les autres maladies, vous trouvez l'adresse de médecins, de chirurgiens qui jamais n'ont manqué de les guérir. La pitié a son trône dans le cœur de la femme; l'idée de ce recueil annonce le désir de faire cesser ou d'adoucir les souffrances. Toutefois, un médecin me dit que les recueils de ce genre tuent bien du monde et que madame de Chabannais aurait mieux fait de faire sa toilette; je ne contesterai pas.

Lettres originales de ministres, maréchaux, princes, ducs, conseillers d'état, médecins, chirurgiens, pour servir à l'histoire de la peste de Marseille. Un vol. in-fol., basane, racine jaune, dentelles d'argent. . . . . 40 fr.

La dernière peste est toujours la plus frappante et c'est de celle-là que ces lettres parlent. Elle envahit la Provence en 1721 et menaça de pénétrer dans le centre du royaume par les montagnes des Cévennes et de l'Auvergne, comme on le lit ici, et comme je l'ai ouï dire dans ces pays à une toute vieille vigneronne qui se souvenait de l'avoir vue dans son village. Ces lettres commencent à l'année 1712. Dans les premières, qui sont du ministre Desmaretz, du prince de Monaco et d'autres personnages, on craint les grandes maladies d'Allemagne et d'Italie, qui s'étaient manifestées à la fin de l'universelle guerre de la Succession ; on ordonne qu'il soit fait aux frontières des plantations de poteaux, qu'il soit établi des barrières, formé des cordons, que depuis nous avons appelés sanitaires. Enfin en 1721 la fameuse peste de Marseille éclate dans cette ville, et à l'instant la terreur s'étend sur toute la France. Aussitôt le gouvernement se tourne vers la Faculté, crie au secours. On crie au secours de toute part. Aussitôt, comme de notre temps, à l'apparition du choléra, des colonnes de médecins, de chirurgiens, et à leur tête ceux de Montpellier, se précipitent vers le foyer du danger. Il en vient d'Italie, de Grèce; il en vient surtout de Paris, cela va sans dire. La peste, après avoir, comme le choléra, sévi depuis le mois d'avril jusqu'au mois de novembre, s'en va, poursuivie par les médecins, les saignées, les herbes, les parfums, les divers traitements ici longuement enregistrés, peut-être poursuivie aussi par le temps qui devait emmener la fin de son cours, peut-être aussi par les premiers froids. Les habitations, les meubles sont purifiés avec du soufre, de la poudre à canon et du goudron, suivant la méthode de Chirac, ce médecin du commencement du XVIIIe siècle et du commencement du XIXe, en ce qu'il niait la contagion. Mais tout n'est pas fini ; après la bataille les guerriers demandent, ainsi qu'il est juste, la récompense; il en est et doit en être de même des médecins et des chirurgiens. J'ai lu avec peine que plusieurs d'entre eux s'étaient montrés braves, mais pour de l'argent ; ils avaient stipulé leurs services à cent francs par jour. J'ai vu avec plus de peine que les corps de ville s'étaient montrés parcimonieux, bien qu'ils fussent habilement menacés d'une recrudescence de la maladie. Ce recueil contient des lettres de plusieurs maréchaux, entre autres du maréchal de Villars; il y en a encore de l'intendant Baville ; il y en a une aussi du célèbre Daviel, l'inventeur de l'instrument de son nom, conçue en termes si patriotiques et si nobles que j'en ai été vivement touché et qu'à cause de cette lettre j'ai fait relier toutes les autres. Il y en a une du docteur Arnaud d'Aubagne, qui m'a fait bien rire; elle est de plusieurs pages et adressée au ministre La Vrillière. Il lui dit que, par sa sécurité, il avait rassuré la population d'Aubagne et des environs, qu'il a fait revenir les couleurs sur tous les visages, qu'il entrait dans toutes les maisons, qu'il prenait sans crainte les mains, les bras des pestiférés, tandis que ses confrères forçaient les parents à descendre les malades devant les portes et leur tâtaient le pouls du bout des doigts en tremblant, en balbutiant leurs ordonnances de manière à les épouvanter et à achever de les tuer. Il dit que, par les intrigues et les effets de la jalousie, il est demeuré sans salaire. J'aurais cru ce brave médecin, quand même il n'eût pas rapporté ses honorables certificats; on ne lui rendait pas justice; on lui donnait le droit de se la rendre, et il se la rendait. Les médecins, les chirurgiens n'étaient pas les seuls qui voulussent des récompenses; les employés, les buralistes des bureaux des pestiférés en voulaient aussi. Les jésuites ne s'oubliaient pas non plus; ils avaient perdu dix-huit de leurs pères au service des hôpitaux; ils trouvaient l'occasion bonne pour obtenir des graces pour leur maison. Je m'arrête ici; je termine par la lettre où le gouvernement refuse de faire le procès à la mémoire de feu Gras qui, pour frauder les douanes, avait furtivement introduit une balle d'étoffes venant d'un pays infecté. Le gouvernement s'opposa à ce procès exemplaire, par de mauvaises raisons, et on le lui demandait par de bonnes. O mon Dieu! grace à tous les coupables, excepté à ceux qui, ainsi que ce cruel homme, se comptant pour tout, immolent à leur intérêt privé, à leurs passions, le bonheur, la vie des peuples.

Mémoire sur la question proposée par la Faculté de médecine de Paris : Y a-t-il des signes de la présence des vers dans l'estomac et dans le canal intestinal? manuscrit original du milieu du XVIIIe siècle. Un vol. in-4°, cartonné. . . 6 fr.

En tête de ce mémoire est écrit : *Deo laus;* la dernière page porte les signatures des professeurs de la Faculté, précédées du *legi;* il commence par un bel exorde littéraire auquel succède le style didactique. Comme dans les anciens manuscrits, le premier mot, peint en couleur et en or, est suivi de l'écriture ordinaire. Dans la question proposée, l'auteur prend le parti de l'affirmative, et aussitôt de nous montrer par bonnes autorités des vers accidentellement engendrés dans toutes les parties du corps, dans la cavité des oreilles, des yeux, du cerveau, du poumon, dans la capsule du cœur. Il y a de quoi être effrayé lorsqu'on n'est pas du métier. Quant aux vers de la question, aux vers de l'estomac et des intestins, l'auteur indique d'excellents vermifuges, d'excellents amers qui tranquillisent le lecteur.

Le tombeau de l'envie, où il est prouvé qu'il n'y a qu'une médecine, la chimique; qu'il n'y a qu'une seule maladie, qu'un seul remède pour la guérir, manuscrit du XVIIIe siècle. Un vol. in-12, cartonné. . . . . 5 fr.

Ordinairement ce sont les livres imprimés qui perpétuent les manuscrits ; ici au contraire c'est un manuscrit qui perpétue un livre imprimé. A la seconde page on lit : Dédié à Son Altesse Monseigneur le duc d'Enghien, prince du sang, par le sieur de Maubre, à Dijon, Jean Roussayre, imprimeur libraire, vis-à-vis le collége, 1679. Il est cependant possible que ce livre, où il s'agit de l'émétique, n'ait jamais été imprimé : alors, me direz-vous, c'est un original dont le libraire n'a pas voulu. Je réponds que c'est encore possible.

Quæstionum medicarum quæ circa medicinæ theoriam et praxim, ante duo sæcula, in scholis Facultatis medicinæ parisiensis agitatæ series chronologica, Paris, Hérissant, 1752. Un vol. in-4°, veau fauve, filets. . . . . 20 fr.

Ce livre est en partie imprimé, en partie manuscrit. La partie manuscrite est de Carrère, et comprend les années depuis 1763 jusqu'à 1786. On trouvera, je crois, fort commode d'avoir dans un tableau l'abrégé de toutes les thèses de médecine qui sont l'abrégé des opinions de la Faculté; c'est une face réduite, mais entière de la médecine, et sinon une face nouvelle, une face d'une nouvelle dimension.

Papiers, pièces, états ayant appartenu à

l'administration de la Faculté de médecine existants à l'époque de la révolution et durant la révolution, renfermés dans un portefeuille. 30 fr.

Certain lecteur m'arrête ici, et, comme s'il avait oublié mes doctrines, il me demande si j'entends que tous les divers genres d'histoire, toutes les diverses histoires particulières auxquelles les manuscrits annoncés dans ce traité, ou leurs analogues, doivent servir de matériaux, puissent être des éléments de l'histoire de France. — Oui vraiment. — Et la médecine aussi? — Eh! pourquoi pas? — Et la chirurgie aussi? — Eh! pourquoi pas? — Et même l'apothicairerie? vous voulez porter l'apothicairerie et les apothicaires dans l'histoire de France? — Les dénominations anciennes ne font rien à la question; je crois que l'histoire de la pharmacie et des pharmaciens est une partie essentielle de l'histoire de la médecine qui est elle-même une partie essentielle de la vraie histoire de France. Il se met à rire, il ne cesse de rire; je le prie alors de me donner des raisons. Pendant qu'il en cherche de bonnes, qu'il ne peut pas trouver, et qu'il se dispose à m'en donner de mauvaises, passons à la notice de ces volumineux et historiques dossiers.

« Mémoires; Remèdes: Mal d'yeux: Sciatique:
« Taffetas pour les coupures: Bains d'Albert: Cuves
« à immersion, à natation: Bains de vapeurs: Bains

« artificiels composés de plantes et de minéraux :
« Etamage de Duhan : Etamage de l'abbé Brandevant : Chocolats de santé : Nouveau rouge limpide
« de madame Ruher : Pommade à faire tenir le postiche du sieur Grocel, perruquier. »

« Minutes de la tenue des séances de la Faculté
« de Médecine. »

On voit dans ce deuxième dossier qu'encore en 1789 et 1790 les procès-verbaux des assemblées de la Faculté étaient en latin : « *Prima mensis* « *exponit decanus accepisse epistolam... legit...* « *Sexta Martii, electi fuerunt qui examinent litteras testimoniales candidatorum... Decimâ* « *novembris* 1787, *proponit decanus mittendas* « *deputationes ad illustris. reverendis. episcopum* « *Tholosanum...* » Alors la Faculté est *facultas civilissima*. On voit aussi qu'elle s'occupe du tarissement et de la mauvaise qualité des eaux de Paris, et elle est surtout alors *facultas saluberrima*.

« Comptes, dépenses de l'Ecole de médecine,
« frais d'inscription des grades... »

Des archives de l'ancienne Faculté, c'est en même temps la partie la plus lugubre et la plus gaie. Transport des cadavres de Bicêtre pour l'amphithéâtre : Préparations anatomiques : Jetons d'enterrements ; six cents par enterrement de docteur régent, de docteurs *rotularii*, à raison de trente-huit pour chaque docteur assistant: Jetons des messes obituaires: Jetons de procession : Distribution de grandes brioches à la messe fondée par le docteur Lepetit. Le rôle de ces brioches porte le nom de chaque docteur régent; et on y fait mention ou qu'il a envoyé un autre à sa place pour manger sa part, ou qu'il est venu la manger lui-même, ce qu'il déclare par ces mots *veni et accepi.* Visites de corps au roi, au parlement; trois, quatre cents francs pour les étrennes, aux suisses, et pour les louages des carrosses autant: Inscriptions des étudiants en latin; *Ego Dionysius*, *Martinus*, *Jacobus*, *infra scriptus* : Frais, faux frais, dépenses et fêtes des grades ; quand ce n'est que pour les baccalauréats, il n'y a que les frais d'impression des thèses, à quoi il faut ajouter du pain, du vin, des cervelas, des pâtés et petit feu ; mais quand il s'agit des hauts grades, des licences, des doctorats, alors tentures de tapisserie, chaises, fauteuils, sacs de dragées distribuées à la ronde, en voulez-vous, en voilà; présents de bonnets à *cent cinquante-neuf* docteurs; banquet splendide, si splendide peut assez dire : vins rouges : vins blancs. Cela finira-t-il? vins fins : vins de Malaga. Cela finira-t-il? café aromatisé, liqueurs de toute espèce. O prêcheurs de sobriété! ô goinfres fourrés! est-ce ainsi que dînaient Hippocrate, Galien, et que dînent aujourd'hui vos élégants successeurs, dont les repas sont si courts, les études si longues. Et notez que ces bons anciens régents s'en retournaient avec leur bourse aussi pleine que leur doctorale panse, car chaque étudiant, avant de pouvoir se tirer de toutes leurs mains, était déplumé jusques à concurrence de cinq ou six mille francs.

Recueil de soixante-neuf pièces originales, signées par les médecins des rois, des reines, des princes. Un vol. in-fol., maroquin bleu, dentelles. . . . . 80 fr.

Ce recueil est monumentaire, mais il n'est pas complètement monumentaire et il ne peut l'être. Comment aujourd'hui former sans lacune la série de signatures d'archiatres, depuis Tranquillinus, médecin de Clovis, jusqu'au baron Portal, à M. le baron Alibert, ou bien à M. Mark, premier médecin de Louis-Philippe?

CHIRURGIE.

Procès entre Lepetit, chirurgien, demandeur, et Wapier, malade à cause de blessure, défendeur, manuscrit original de l'année 1498. Un vol. in-4°, parchemin noir, dentelles. . . . . 25 fr.

Voici un monument de la chirurgie légale, bien

ancien, bien précieux, et surtout bien rare, en ce qu'il offre dans le cadre d'un procès de six feuillets la suite graduelle d'un long traitement de cinq semaines, la critique de ce traitement, et les honoraires de ce traitement. Dans l'histoire de la chirurgie ce pourrait être la matière d'un joli petit chapitre.

Chirurgia Guerini doctoris medici, anno 1674. Un vol. in-12, veau brun, filets. . . . . . 6 fr.

Au bas du frontispice on lit ces mots d'une écriture ferme et leste. « *Innumeris erroribus... scatet hic libellus... quem legere pudet*, 1693. Il n'est guère donné qu'aux gens de l'art de voir jusqu'à quel point le jeune critique a poussé l'irrévérence envers le célèbre médecin Guérin, en ne séparant pas ses erreurs, des erreurs de son temps. Dans la seconde partie on acquiert la certitude qu'au moins à l'époque où vivait l'auteur les différentes opérations chirurgicales étaient essayées sur les cadavres.

Recueil d'œuvres de Morand, chirurgien de l'Académie des Sciences, manuscrit original de 1720, circa. Un vol. in-4°, veau fauve, dentelles. . . . . 20 fr.

Ce recueil est dédié par Morand fils à son père. L'épître commence ainsi : Monsieur mon très cher père ; et elle est dans toutes les formes de la politesse du temps et dans celles du plus grand respect filial. A la suite de cette épître, signée de la main de l'auteur, s'offrent des mémoires sur plusieurs parties de chirurgie présentés à l'Académie des Sciences. Je pense qu'ils sont imprimés dans les collections; mais je ne sais si l'on y a imprimé aussi l'histoire de l'Académie par Morand, ainsi que les lettres du czar Pierre-le-Grand et de ses médecins à l'Académie et au chirurgien Morand. Elles sont d'une politesse gracieuse, délicate, toute française; et si elles n'étaient datées de Pétersbourg, si l'on n'y remarquait quelques légers russismes, on les croirait de Fontenelle qui, en qualité de secrétaire perpétuel, fut chargé de répondre et qui répondit si spirituellement à ce grand prince, reçu académicien au Louvre. Ce manuscrit est de l'écriture de Jarry ou de son école. Il est orné d'un grand nombre de portraits gravés et d'un écusson de l'Académie, fait à la plume, qu'on serait tenté de prendre pour une épreuve d'une belle planche. Ce n'est pas un monument de l'histoire de la chirurgie, mais c'en est un de ses archives.

L'art de saigner, accommodé à la circulation du sang, manuscrit de 1736. Un vol. petit in-8°, veau brun.

Ce manuscrit et le suivant. . . . . 6 fr.

Abrégé des nouveaux éléments de chirurgie. Un vol. petit in-4°, veau fauve.

Si, comme je le crois, ces deux manuscrits, qui ont été écrits à des intervalles différents, sont de la même main; si *Declaize, garson chirurgien*, qui les écrivit, fit autant de progrès dans la chirurgie que dans l'art d'écrire et d'orthographier, il en fit beaucoup; et cependant il ne fut pas, il s'en faut, un bon chirurgien, car dans le second manuscrit il y a encore bien des fautes. Le premier est terminé par une relation de l'opération césarienne, pratiquée en 1740 sur une femme de Paris. Il y est dit que plusieurs chirurgiens, y prirent part, et la part que chacun y prit y est mentionnée. Les poètes qui ont travaillé en commun à un vaudeville se gardent bien d'une pareille sincérité. Peut-être les gens de l'art auraient à profiter dans cette relation; quant à moi, je remarquerai seulement que les chirurgiens tracèrent, avec une plume trempée dans l'encre, sur la femme qu'ils allaient opérer, les lignes que devait suivre la pointe du bistouri. Je remarquerai encore le courage de cette femme, appelée Marguerite Desmoulins, qui pendant l'opération donnait elle-même les épingles dont on avait besoin. Elle survécut en santé parfaite; l'enfant ne périt que quelque temps après, et ce fut par l'imprudence de sa nourrice. J'exhorte ceux qui, ainsi que moi, vont recueillant sans cesse des matériaux historiques, à n'en négliger d'aucune sorte, car ceux-ci pourraient servir à M. Richerand pour compléter sa belle histoire de la chirurgie, ou, dans les âges suivants, à quelque autre Richerand pour en faire la suite. Je répéterai d'ailleurs que l'histoire d'un art n'est que la conférence chronologique de ses progrès, et qu'il n'est si faible écrit qui ne puisse y servir.

Notice chirurgicale sur la bataille de Preuss Eylau, manuscrit autographe. Un vol. petit in-fol., cartonné. . . . . 10 fr.

Je pourrais ajouter qu'il est très mince, car il n'est composé que de seize feuillets. L'auteur anonyme est ou était un des nombreux chirurgiens de la campagne de Prusse. Il a vu, il a été vivement frappé, très vivement frappé, comme le témoigne sa notice. Quand vous le lisez, vous n'êtes plus dans votre appartement, sur votre fauteuil; vous êtes avec lui au milieu d'immenses plaines blanchies de neige, rougies de sang, couvertes de corps encore vêtus de vert, de rouge, de bleu. Que le champ de bataille, si brillant lorsque l'habileté et le courage y disputent par les plus savantes évolutions la victoire, est hideux lorsqu'ensuite il ne reste que la solitude, le silence qui ne montrent plus à l'ame qu'une grande destruction d'hommes que la terre va recevoir et garder à jamais! Il est encore un plus terrible tableau, enchâssé dans cet écrit, celui des vastes hangars où l'on porte les hommes dont la mort n'a tué que la moitié ou le quart. Ces lieux sont au dedans remplis de supplices opératoires, de souffrances, de cris, tandis qu'au dehors ils sont entourés de monceaux de bras, de jambes que la terre va aussi recevoir et garder à jamais. Je ferais volontiers lire cette notice aux gens de l'art, à cause de la curation de singulières blessures, entre autres de celle d'une baïonnette demeurée toute entière jusqu'à la douille dans la plaie ; il est vrai que la partie blessée était une partie des moins nobles : mais je la ferais encore plus volontiers lire aux historiens, aux poètes, qui les uns et les autres chantent la guerre ; aux munitionnaires, aux fournisseurs qui l'appellent, qui la votent ; aux plénipotentiaires qui, dans leurs conférences, chicanent, vétillent et sont toujours prêts à se lever ; aux écrivains de parti qui croient que la guerre ne peut que leur ouvrir un arc de triomphe ; aux écrivains appelés du mouvement, qui ne se souviennent pas que c'est toujours la paix qui a donné la liberté aux peuples, que c'est toujours la guerre qui la leur a ravie.

Recueil de quarante-quatre pièces originales signées par les chirurgiens des rois, des reines et par d'autres chirurgiens célèbres. Un vol. in-fol., maroquin rouge, dentelles . . . . 80 fr.

Il y a la signature d'Ambroise Paré et de plusieurs autres illustres chirurgiens de différents siècles.

PHARMACIE.

Registre de réception des pharmaciens au collége de pharmacie de Paris, depuis l'année 1763 *jusqu'à l'année* 1791, manuscrit original. Un vol. in-4°, basane, racine verte, dentelles . . . 30 fr.

Ce registre, signé par des médecins illustres, tels que Macquard, Corvizard, devrait-il se trouver ici ? J'aime à croire qu'après la publication de ce traité chaque état tiendra plus religieusement aux matériaux de son histoire, que ses archives seront classées, inventoriées et mises sous bonne et sûre garde.

Si j'en juge par les actes de ce registre, dont les derniers touchent à la révolution, les formes de la réception des pharmaciens n'ont guère changé et sont toujours restées fort simples. Vous comparaissiez, rue de l'Arbalète, au jardin des pharmaciens, au laboratoire, devant trois professeurs de la Faculté de médecine et devant trois maîtres pharmaciens jurés en charge ; vous étiez assisté du pharmacien conducteur; vous étiez interrogé sur les manipulations de l'art; vous manipuliez; on allait au scrutin; vous étiez reçu et on vous expédiait des lettres scellées du petit sceau de la Faculté de médecine et du grand sceau du Collége de pharmacie, portant que vous aviez exhibé un certificat de catholicité, un autre de bonnes vie et mœurs, et qu'on vous recevait pharmacien de telle ville, avec permission de tenir boutique ouverte. Ce registre détermine le temps fixé pour l'apprentissage; il dit aussi quelles sont les villes qui sont villes de jurande et quelles sont celles qui ne le sont pas; quelles sont celles qui peuvent recevoir des pharmaciens et quelles sont celles qui ne le peuvent pas.

CHAPITRE XIX.

HISTOIRE DES MINES ET DES MINEURS.

Traités généraux des mines; onze mémoires originaux, depuis l'année 1750 *jusqu'à l'année* 1780, *circa.*

Mines des différentes provinces de France ou d'Allemagne, avec plusieurs plans coloriés; dix-

huit mémoires originaux, depuis 1743 jusqu'à la fin du siècle.

Législation des mines; mémoires, projets de loi, manuscrits originaux du XVIIIe siècle.

Administration, Inspection des mines; ces deux manuscrits sont originaux et du milieu du XVIIIe siècle.

Mémoires, Rapports sur les droits d'entrée ou de sortie des produits minéralogiques; manuscrits originaux du XVIIIe siècle.

Minutes d'un projet d'établissement d'une école des mines et d'un projet de loi, manuscrits de l'année 1781.

Minutes de la main de Monsigny et autres minéralogistes, relatives à diverses parties de l'art.

Tous ces différents manuscrits, renfermés dans un portefeuille in-fol., max., forment, je crois, une précieuse partie des anciennes archives de l'école des mines, et sont d'une très haute valeur, sinon scientifique, du moins historique. On ne serait donc pas surpris, que j'en portasse la mise à prix jusqu'à six cents, même jusqu'à mille francs, toutefois je me contente de la porter à . . . . 200 fr.

Recueil de traités ou mémoires autographes sur la chimie minéralogique — les affinités des corps,—la cristallographie...—le bleu de Prusse, — l'alun de Rome, — le fer artificiel, manuscrits de différentes périodes du XVIIIe siècle. Un vol. in-4°, parchemin. . . . . 20 fr.

Le premier de ces traités ou mémoires qui forment ce volume est relatif à la fonte, calcination, sublimation et vitrification des métaux, demi-métaux, sels et pierres. Il est suivi de trois mémoires sur la nutrition des minéraux, par juxta-position ou attraction des parties similaires. Vient un mémoire sur la formation des pierres, où l'auteur veut prouver deux choses: l'une qu'au moment de sa formation la matière lapidifique a été fluide ou du moins n'a eu que la consistance d'une pâte molle; l'autre que la matière du cristal de roche et la matière de la pierre à bâtir est ou a été de la même nature, et que la seule disposition de leurs éléments fait leur transparence ou leur opacité. On voit d'ailleurs dans ce manuscrit le chemin qu'a fait la science vers la cristallographie de l'abbé Haüy, à qui on donna un morceau de feld-spath, dont la cassure arrête si long-temps ses yeux et ses réflexions que son système et sa gloire n'échappent plus de sa main. Il m'a raconté, et au XVIIIe siècle je raconte l'occasion et l'histoire de cette grande découverte de l'anatomie des cristaux, décomposés avec la pointe d'un canif en parties géométriquement semblables. Après ce mémoire sur les pierres, on en trouve un autre sur le bleu de Prusse, qui nous apprend combien la peinture dépend de la chimie, pour son éclat et pour sa durée. Ensuite vient un mémoire sur la fontaine minérale d'Abecourt près Poissy. Ensuite un autre sur les parties élémentaires des pierres, bien plus court, bien plus clair que le précédent dont l'objet est le même. Il est bien plus près du système de l'abbé Haüy. A ce mémoire succède une traduction de l'ouvrage latin, Merveilles souterraines de Saxe, Ire partie, Leipsick, 1709. Est-ce tout? Il y a encore une nomenclature de minéralogie. Enfin des mémoires avec figures sur les soufrières, les aluneries de Rome, terminent le manuscrit.

Lettres originales de la Houssaye, avec la minute des réponses de l'intendant de Provence, relatives à la découverte et à la concession de la mine d'Alun de Saint-Céry, près Marseille, année 1718. Un vol in-fol., cartonné. . . . 6 fr.

J'ai recueilli ces documents pour l'histoire de la législation des mines, et pour l'histoire particulière de cette mine qui paraît avoir été exploitée bien avant l'année 1718.

CHAPITRE XX.

HISTOIRE DE LA NOBLESSE ET DES NOBLES.

Portefeuille contenant des chartes du XVe *siècle, relatives à la principauté de Neufchâtel.* 40 fr.

Je regarde ce puissant roi de Prusse comme un homme riche, qui a beaucoup de pièces d'or, mais qui ne les a pas toutes dans la même bourse. Il a au septentrion des Etats limitrophes de ceux de la Russie, au midi il en a jusque dans le centre de la Suisse; et, comme nous le verrons dans un des chapitres suivants, article Orange, il a voulu en avoir au beau milieu de notre Provence. En qualité de prince de Neufchâtel, il me doit, ou bien il devra à celui qui possèdera ces chartes, sept mille écus d'or, avec le cens ou intérêts depuis 1531. Ecoutez-moi! La première de ces chartes est une obligation, en forme de lettres patentes, par lesquelles la comtesse de Neufchâtel, un des prédécesseurs du roi de Prusse, s'engage envers les habitants de son comté à leur rendre les sept mille écus d'or qu'ils ont emprunté pour elle *aux magnifiques nobles et puissants seigneurs, aucuns particuliers de la ville et quanton de Basle.* Or, je suis possesseur de ces lettres qui sont originales et signées par la comtesse; or, rien ne prouve que les prédécesseurs du roi de Prusse aient payé mes prédécesseurs qui sont, ou les Neufchâtelois, ou les aucuns particuliers de Bâle, vendeurs de leur créance aux propriétaires successifs de ces lettres dont je suis aujourd'hui porteur. J'ai de bons moyens à opposer contre la prescription, et il vaudrait mieux que le roi de Prusse, par son ministre en France, ou les Neufchâtelois ou les Bâlois, par leurs correspondants, m'achetassent mes chartes, que je ne vends pas plus aux rois, aux cantons qu'aux autres; car je puis dire comme les éloquents crieurs : C'est quarante francs pour tout le monde. J'ajoute, et sans changer le prix, que la seconde charte, année 1547, prouve que cette créance n'était pas alors encore payée. Quant à la troisième charte, du 24 novembre 1551, c'est un jugement de l'audience des Etats de Neufchâtel qui, entre la reine d'Ecosse et la marquise de Rhotelin, l'une et l'autre prétendant au comté de Neufchâtel, prononce en faveur de la marquise. La quatrième charte, du 25 novembre, lendemain du jugement, est le procès-verbal de l'investiture et de la prise de possession par cette marquise comtesse. Les deux dernières chartes dont je viens de parler sont datées de la salle du château comtal appelée le grand poile; et véritablement, au pied des Alpes, à la fin de Novembre, temps où les réunions mentionnées dans ces chartes eurent lieu, cette salle était de saison.

Recueil d'états des biens de Sulli, *ministre de Henri IV*, *dont le premier est de son écriture*, manuscrit de différentes années du XVIIe siècle. Un vol. in-fol., basane, racine bleue, dentelles. 90 fr.

Celui qui, en douze années, avait racheté les dettes de la France, libéré ses impôts, tous engagés aux créanciers, porté l'ordre, l'économie où était le désordre, la déprédation, tant écrit pour la prospérité publique, a écrit en 1613 les deux premières pages de ce recueil. Sulli était alors depuis trois ans retiré des affaires et il administrait ses affaires privées avec le même esprit, la même économie. Les caractères tracés par le bienfaiteur de la France ont quelque chose de touchant, d'auguste, de sacré; ils sont monumentaires et doivent être respectueusement conservés à la postérité. Le premier état est un mémoire de ce qui est dû à Sulli par ses fermiers. Les autres états ont été dressés postérieurement par Sulli, lorsqu'il maria son fils et son petit-fils. A cette dernière époque, lorsqu'il maria son petit-fils avec la fille du chancelier Séguier, il ne se réserve que vingt-six mille livres de pension. Du temps de Sulli il y avait en France, et il y a eu jusqu'à la révolution plusieurs petits royaumes d'Yvetot, plus ou moins grands, dont les capitales sont aujourd'hui des chefs-lieux de canton. Tel était celui d'Henrichemon dans le Berry, dont Sulli était souverain, pour parler comme le notaire. Sulli avait eu envie d'agrandir et d'embellir son petit Paris. Je trouve à cet égard, au nombre des pièces de ce recueil, un procès-verbal de toisé et d'estimation signé par le célèbre architecte de l'aquéduc d'Arcueil, du portail de Saint-Gervais, du palais du Luxembourg, par le célèbre de Brosse.

Armorial et généalogies des familles de Clére, d'Aunoi, de Trie et de Maricourt, avec l'armorial et généalogie de la famille de Montmorenci, considérée dans ses alliances à ces familles, manuscrit de la fin du XVIIe siècle. Un vol. in-fol., maroquin rouge, dentelles. . . . . 150 fr.

Ce riche manuscrit est rempli d'armoiries, de pièces d'honneur, de couleurs, d'émaux; il brille d'argent et d'or; aussi me semble-t-il voir les nobles mânes des personnages de ces anciennes maisons voltiger tout autour, se réunir, prendre un corps, une voix, et me dire: monsieur! monsieur! conservez nos écussons, nos cimiers, nos pals, nos chevrons, nos tours, nos étoiles, nos lions, nos griffons, nos tourteaux, nos aiglettes, nos merlettes. Vous le devez ; vous êtes l'historien de toutes les parties de la société, de tous les ordres de l'Etat. Croyez que nous sommes bien loin de désavouer votre messire de Taillefer du xve siècle, que vous avez fait parler pour la noblesse dans vos *Plaintes des divers états*, la plus simple, la plus naturelle des formes de votre ouvrage. Diable! voilà des mânes bien polis ; on n'est pas si poli dans ce monde. Vous seul avez écrit toutes les parties de l'histoire ; vous seul en avez vu l'entier système ; vous êtes l'auteur de la première véritable histoire nationale. En vérité, j'aurais bien tort de ne pas être content d'expressions aussi flatteuses. Eh bien ! messires, je conserverai votre manuscrit comme tous mes manuscrits, par l'interposition de feuillets de papier doux entre les feuillets de parchemin ; vos émaux, vos métaux seront ainsi garantis du frottement, la plus active cause des destructions qu'opèrent les années, et je le couvrirai de maroquin rouge, couleur d'habit que vous avez exclusivement portée jusqu'à Louis XIV. Du reste, à part ces figures de rhétorique échappées à ma plume, j'assure que ce manuscrit doit être soigneusement conservé comme très curieux. Il commence ainsi : « Une ancienne généalogie de la maison de Clére,

« faitte en l'an 1163, tire l'origine de cette famille « d'un Mandon de Clére, roy de la haulte Phrygie, « neveu du roy Priam, lequel estant venu secourir « son oncle au siége de Troye y fut tué et laissa deux « fils, Phorbas et Nestor, qui vinrent avec Helenus « fils de Priam, et Francus fils d'Hector, dans le « pays de Pannonie à présent le royaume de Hon- « grie, où ils édiffièrent la ville de Bude. Phorbas « eut un fils nommé Troilus... père d'Anchises, chef « de la lignée d'Ybros... et Florimond, qui vinrent, « avec les enfants de Francus et Helenus, habiter « sur la Seine et bastir le lieu pour lors dit Lutéce, « qui est à présent Paris. De Florimond sortit un « fils nommé Clérembaut, qui vint habiter en Neus- « tric, où il bastit un chasteau que de son nom il « appela Clére, et du depuis avecque toutes ses terres « et seigneuries et dépendances, fut érigé en comté, « ainsi qu'il est prouvé par le viel chartrier de Nor- « mandie. Ceste descente et origine seroit d'une « très curieuse recherche et si difficile qu'elle donne « lieu de ne la point croire, d'autant plus que le « siége de Troye estant tenu de tous les sçavans « pour une chose fabuleuse et une galanterie in- « ventée par Homère pour donner sujet aux beaux « vers de son Iliade... Ce qui fait qu'après l'avoir « bien considéré, il est à croire que le généalogiste « s'est servy de ceste fable pour donner une origine

« à la maison de ce Roger comte de Clére duquel « parle Sigebert... » On voit ici comment étaient faites les généalogies au XIIe siècle, où nous voulions, nobles et bourgeois, en France et en Europe, descendre des Troyens, manie ou mode dont nous n'avons été quittes qu'au XVIIe siècle. On voit d'ailleurs que ce généalogiste n'est rien moins que crédule, qu'il ne croit pas plus que le jésuite Hardouin au siége de Troie. Cependant il n'en procède pas moins hardiment à sa généalogie qu'il fait commencer en l'an 950, à Roger comte de Clére. Chaque descendant a ses armoiries au-dessus de son article. Les armoiries de l'époux et del'épouse sont accolées. Les premières de ces armoiries sont du milieu du Xe siècle, bien qu'on dise que l'usage des armoiries n'a commencé qu'au XIe ; mais le généalogiste vous répondrait avec raison : Où en avez-vous la preuve dans vos histoires sans preuves ? Aux quatre autres généalogies les écussons ne sont pas moins nombreux. Quand il s'agit des quatre quartiers paternels ou maternels, les feuillets sont tous glacés d'argent et d'or. Ai-je eu tort d'annoncer un riche manuscrit ?

Compte de recepte et despense qui a esté faicte par le sieur de la Boudre, trésorier de monseigneur le duc Mazariny; année 1662, manuscrit original. Un vol. in-fol., relié en parchemin. 40 fr.

Voltaire! vous qui, sous le titre de Siècle de Louis XIV, n'avez guère fait que l'histoire de l'armée et de la cour de Louis XIV, que n'auriez-vous pas donné pour avoir le livre de la fortune du cardinal Mazarin, le compte de l'intendant de son héritier, époux de sa nièce Hortence? combien d'anecdotes de plus dans vos récréatifs chapitres! Certainement vous auriez dit que le cardinal avait laissé un million de rente; mais vous n'auriez peut-être pas dit que les seules aides du duché de Mayenne qui faisait partie de sa succession rendaient annuellement cent-vingt mille livres. Vous auriez dit que le cardinal avait eu le tiers du million accordé au roi par les États de Bourgogne; vous n'auriez peut-être pas dit qu'au mariage du jeune Louis XIV, il avait industrieusement vendu à son profit les charges d'officiers de la nouvelle reine. Vous auriez dit qu'il avait entre ses mains, La Fère, Vincennes, l'Arsenal, et que son héritier ne s'en dessaisit pas, du moins dans les premières années; vous n'auriez peut-être pas dit que cet héritier, Laporte-Mazarin, tint d'abord dans son hôtel, appelé le palais Mazarini, un état de prince; qu'il avait des gardes du palais, de grands et de petits officiers. Vous auriez dit qu'il faisait travailler de célèbres peintres à ses plafonds; vous n'auriez peut-être pas dit qu'il ne payait pas moins bien les tableaux de tapisserie, superbe et nouveau genre d'industrie. Vous auriez dit qu'alors les gains et les pertes du jeu étaient quelquefois si forts, qu'on les portait en recette et en dépense dans les comptes de l'intendant ; vous n'auriez peut-être pas dit que le lendemain les grands seigneurs gagnans ne voulaient recevoir que de l'or. Vous auriez dit que le duc Mazarin avait donné dix louis à un auteur pour lui avoir dédié un livre ; vous n'auriez peut-être pas dit que son gazetier lui fournissait des feuilles de nouvelles manuscrites à cinq livres par mois. Vous n'auriez peut-être pas daigné extraire de ce compte l'article suivant, dont M. Taschereau s'emparera dans une nouvelle édition de son histoire de Molière : « Au sieur George Dan« din, sellier, la somme de six cents livres pour un « carrosse, » car il est très probable que c'est sur l'enseigne de ce sellier que Molière a pris le titre de la comédie de ce nom. Vous n'auriez pas non plus daigné en extraire que la Biscaye fournissait en ce temps un grand nombre de valets. Vous n'auriez pas non plus daigné en extraire que les grands seigneurs faisaient une excessive dépense en plumes, en rubans, en broderies, en baudriers, en épées. Vous n'auriez pas daigné remarquer la prodigieuse différence du prix qu'il y avait entre les chevaux de carrosse et les chevaux de labour. Le temps de noter ces faits n'était pas encore venu ; c'était à vous à le faire venir. Je m'arrête, et maintenant que je dise où ce beau manuscrit a été trouvé; il l'a été où a été trouvée la lettre de Voltaire relative à la pension de La Harpe, dans la boutique d'un épicier. Nous avons à Paris un homme qui, tous les jours, après son travail de bureau et après son dîner, tend ses filets, c'est-à-dire met ses grandes lunettes d'argent, parcourt successivement les boutiques des épiciers, des papetiers, des parcheminiers, et ne laisse échapper aucun bon titre, aucun bon document, aucune bonne pièce historique. C'est lui qui m'a cédé ce manuscrit et qui m'en a cédé bien d'autres. Je me plais ici à rendre hautement justice aux travaux quotidiens de l'infatigable monsieur Danquin, sous-chef au ministère de l'intérieur. Si, par la publication de ce traité cet honorable exemple se propage, chaque ville de la France et peut-être d'Europe aura comme Paris son Danquin. Et voilà contre l'ignorance et les cruelles consommations des fabriques de coton une immortelle et savante milice de chercheurs et de trouveurs, qui, ainsi que son patron, aura bien mérité des lettres.

Livre de raison de madame la marquise de la Charce, à Fontaine-Française, en 1714, manuscrit autographe. Un vol. in-4°, cartonné. . . . 8 fr.

Plusieurs personnes, me trouveront un peu désœuvré d'avoir tiré de la poussière un compte n'offrant que des lignes éparses et des articles de dépense, où il n'y a aucun document quelconque. D'autres personnes, au contraire, ne m'auraient point pardonné de ne pas avoir conservé un livre-journal daté de la dernière année du règne de Louis XIV, écrit et signé par une grande dame de château, d'une des plus anciennes familles de France, prenant le titre de souveraine de la Charce dans les conventions signées de sa main avec son garde-chasseur qui doit lui livrer le gibier qu'il tuera, à raison de 3 fr. les lièvres, 10 sous les perdrix, les bécasses et les canards, 2 sous 6 deniers les cailles et les grives. Les unes trouveront trop haute la mise à prix de ce manuscrit; les autres la trouveront trop basse et l'enlèveront comme une relique du vieux temps.

Noblesse contestée à plusieurs nobles: plus un Mémoire sur l'exemption du franc fief contestée à l'Université, manuscrit du XVIIIe siècle. Un vol. in-fol., cartonné. . . . . 8 fr.

Il y avait en France, avant la révolution, beaucoup de bourgeois gentilshommes qui ne voulaient pas être bourgeois et qui voulaient être gentilshommes; mais, pour parler en termes héraldiques, ils n'étaient pas bien armés, c'est-à-dire que leurs armes n'étaient pas aussi incontestables que celles de ces gentilshommes de Bretagne dont j'ai fait connaître le blason; et en outre, ils avaient à faire aux administrateurs du domaine, gens fort zélés pour la pureté de la noblesse, parce qu'elle ne payait pas le franc fief, droit domanial sur lequel, comme sur tous les autres, il leur revenait une certaine quotité. On voit par ce manuscrit, qui a été un de leurs registres, que chaque noble dont la noblesse était en litige avait son chapitre. On voit à la colonne droite ses titres, à la colonne gauche les raisons de douter, sous le titre de, Moyens de l'administration, se répétant et se réduisant à peu près à ceci : Vous, monsieur le soi-disant marquis, le soi-disant noble, vous n'avez pas des aïeux qui aient versé leur sang pour l'Etat, ou qui aient jugé dans les hautes-cours, ou administré les grandes villes, ou qui aient donné de l'argent comme secrétaires du roi, ni même comme trésoriers de France. Vos aïeux n'ont que fertilisé plusieurs milliers d'arpens sablonneux, retiré plusieurs cantons de dessous les eaux, inventé la charrue à soc mobile, inventé le métier au tricot, la navette volante, la fabrication de l'acier artificiel, ouvert au commerce des régions inconnues, défendu, sauvé cent innocents, guéri des milliers de malades, peint la vie de saint Bruno, sculpté le vœu de Louis XIII, composé la partition d'OEdipe, fait le Code civil, la

Henriade, l'Esprit des lois: Au franc fief! à la taille! et sans réplique! A mon avis la noblesse de Napoléon est bien plus nationale, bien plus durable. Elle appell eaux mêmes honneurs les illustrations de tous les états; tous les états sont également intéressés à la maintenir. Et ici je parle à messieurs du mouvement, à ceux qui ont passé trente ans, et je leur demande s'il est d'ailleurs bien certain pour eux que ces distinctions héréditaires sans nul privilége ne fassent point partie de l'art social. Et n'existent-elles point par le fait? ne vient-on pas de les introniser en intronisant lesdescendants de Corneille qui entouraient la statue de leur grand-père? Et dans cette nationale fête, le mouvement n'était-il pas au premier rang? Ce manuscrit auquel il faut pourtant revenir est terminé par un mémoire de l'université de Paris, la fille aînée des rois, à laquelle les âpres administrateurs du domaine voulaient aussi faire payer le franc fief; mais une université sait parler et se faire entendre.

Papiers ayant appartenu au maréchal de Belle-Isle, dont plusieurs sont écrits et signés de sa main, au nombre de vingt-cinq pièces renfermées dans un portefeuille. . . . . 30 fr.

Ce n'est pas sans quelque plaisir qu'on voit la défroque des papiers d'un grand homme; on cherche à y découvrir ses intimes pensées fixées sur des feuilles volantes que son nom a conservées. Aucune feuille de ce dossier, je dois le dire, ne révèle des secrets d'état ; mais on y trouve çà et là des preuves que ce guerrier, qui avait commandé la fameuse retraite de Prague, qui, en Provence, dans les plaines du Var, avait fait de sa petite armée une digue insurmontable aux débordements des nombreuses armées ennemies, était doué de talents universels ainsi que d'universelles connaissances dans les sciences et les arts. On y trouve arrêtés de sa main des comptes de peinture, de travaux de géographie. On y trouve aussi arrêtés de sa main les comptes de la maison et des équipages de son fils, le comte de Gisors. Le Rouërgue a la gloire de compter au nombre de ses enfants le maréchal de Belle-Isle. Il me semble que les habitants de Villefranche devraient, s'ils ne l'ont déjà fait, marquer d'un marbre noir la maison où il est né.

Cinq mémoires sur la noblesse antérieurs à la révolution, renfermés dans un portefeuille. 10 fr.

L'auteur d'un de ces mémoires veut n'admettre la transmissibilité de la noblesse acquise par charges qu'au fils aîné de l'acquéreur et qu'à la condition qu'il prouvera qu'il est digne d'être noble et d'obtenir des lettres de maintenue.

Journal de recette et dépense pour M. le vicomte de Fleuri, depuis l'année 1782 *jusqu'à l'année* 1822, manuscrit original. Un vol. in-fol., basane, racine bleue, dentelles. . . . . . . 30 fr.

A quelques égards ce manuscrit est historique ; il représente ou rappelle l'état de la haute noblesse pendant les quarante ans qui ont précédé ou suivi la révolution. Vous entendez, aux prenières pages, rendre compte à un jeune grand seigneur, de ses revenus et de ses dépenses. Il y est fait mention de valets de chambre, de laquais, de cochers, de grosses fournitures faites par les marchands de draps, les tailleurs, les culottiers, les cordonniers, les bottiers, les marchands de galons, les bijoutiers, les fourbisseurs; car c'était encore un peu le temps des épées. J'ai vu avec plaisir qu'il y avait un maître de musique payé à 50 francs par mois et que ce maître était le célèbre Beck ; j'ai vu avec plus de plaisir que la nourrice était pensionnée. Je suis du nombre de ceux qui lisent avec attention ; je me suis aperçu que ce journal de recette et dépense continuait les qualifications de vicomte, de duc jusqu'en 1793, première année de la terreur. Je me suis encore aperçu qu'elles reparaissent en 1814, première année de la restauration, mais qu'alors la qualification de monsieur, donnée aux parties prenantes, est bien moins rare qu'avant la révolution. Je me suis encore aperçu que ce compte n'était pas celui d'un grand seigneur en ce que la recette y balançait la dépense. Il semble que l'esprit de la sage administration du cardinal de Fleuri, qui gouverna si doucement, si économiquement la France, épuisée par le bruyant et magnifique règne de Louis XIV, a animé ses jeunes petits-neveux. Du reste ce compte s'est tu pendant les plus terribles années de la révolution, et il a prudemment fait.

Portefeuille contenant des lettres de noblesse, avec armoiries figurées, concedées à prix d'argent, année 1700; *plus des lettres de don de la terre de Vercel, année* 1778; *plus des lettres de comte, même année; plus des lettres de sénateur, année* 1810; *plus des lettres de duc et pair, année* 1824. . . . . 15 fr.

Certaines provinces gardaient avec plus de ténacité que les autres l'empreinte des anciens types. J'ai nommé la Normandie, la Bretagne; je nomme encore la Franche-Comté où était la terre de Vercel. On voit par les lettres de don que cette terre conserve le principal caractère des antiques fiefs militaires, la transmissibilité à une nouvelle famille que le roi devait désigner aussitôt que finirait la descendance masculine du donataire. Quant aux lettres de comte, elles sont des temps voisins de la révolution.

Contre les anciennes lois du coutumier français, le roi y fait des comtes qui n'avaient pas de comté. Mais dans les années de l'empire on ne faisait pas de sénateur-comte sans une riche dotation de sénatorerie-comté bien spécifiée, comme on le voit dans les lettres qui sont dans cette collection. Romulus, Napoléon, n'employaient que de grosses pierres; ils voulaient bâtir le Capitole. On fut moins difficile dans les années de la restauration, où il fut créé tant de pairs; on le voit par ces lettres de duc et pair où la dotation y est assez lestement énoncée; toutefois il y a cette croix rouge, au champ d'or, si connue des Sarrazins aux XIe et XIIe siècles; le pourvu est un Montmorenci. Du reste la signature de Napoléon est emportée à l'une de ces deux dernières lettres, et celle de Louis XVIII est barrée aux autres. Même comme documents d'archives, ces lettres valent moins; mais elles ne valent guère moins. Plusieurs lecteurs veulent qu'avant de terminer cet article je dise le nom de l'anobli par lequel je l'ai commencé; il s'appelait Nicolas Romplet, bourguemestre d'Ockenheim. Robespierre, au fort de la terreur, monta à la tribune et empêcha la proscription de ceux qui avaient acheté la noblesse; incontestablement ce jour-là Robespierre fut roi.

CHAPITRE XXI.

HISTOIRE DES PRISONS ET DES PRISONNIERS.

Recueil de cent deux pièces originales relatives aux prisons. Un vol. in-fol., basane, porphyre rouge, dentelles. . . . . 80 fr.

Ici les diverses prisons de France ouvrent successivement leurs portes pendant les cinq derniers siècles; tout à côté se montrent les geôliers, assis entre les trousseaux de leurs énormes clefs et le rôle sur lequel est écrit le jour d'entrée des prisonniers; j'y lis aussi les causes des arrestations. Au premier feuillet de ce recueil, j'ai sous les yeux les délits commis *contre la loi* de la ville. Les crimes les plus hideux sont fort anciens; dans les prisons de Bayonne est détenue une femme qui prostitue les jeunes personnes; dans celles de Caen, il y en a une autre qui prostitue sa propre fille. Une autre femme est détenue aux prisons de Carcassonne seulement comme *femme lubrique*. Un assez grand nombre de bonnes gens sont aussi là pour ne pas avoir payé leurs amendes. Venez voir aux prisons de Rouen ces honorables prisonniers que le roi d'Angleterre détient pour forcer les bourgeois à lui payer plus vite les sommes stipulées au traité de reddition de la ville. Dans le rôle de cette même prison je trouve, à la date d'un demi-siècle après, un prisonnier d'état avec une garde particulière. J'y vois de plus les frais de nourriture. Et que d'observations, de réflexions! un écuyer, à la fin du XIVe siècle, dépensait huit sous par jour, un pauvre diable, à la fin du XVIe, long-temps après la découverte de l'Amérique, ne dépensait que quinze deniers; c'est que l'un était riche et se nourrissait et que l'autre était nourri par le fisc. J'y ai lu aussi et avec plaisir qu'à Montauban, en 1674, il est fait mention de la dépense de soixante-quinze livres pour le feu des prisonniers. Que je dise encore que j'y ai remarqué une petite espièglerie pécuniaire d'un de ces anciens geôliers; il compte comme jour de dépense celui où le prisonnier est pendu. Le chirurgien, appelé en 1503 barbier, chirurgien en 1781, a ses entrées dans les prisons et suivant ses comptes il guérit radicalement toutes les maladies, même les maladies syphilitiques, dont il décrit les accidents avec la naïveté du style médical de la fin du XVe siècle. Le peintre a aussi ses entrées dans les prisons; mais c'est pour y peindre le tableau du crucifix devant lequel sont ouïs les témoins. Le prêtre y entre aussi pour y dire la messe. Que de frais d'appropriement et de nettoyage des prisons ! Que de frais de ferrements et de déferrements ! Un assez grand nombre de prisonniers sont malheureusement quelquefois, avant le jugement, libérés par la maladie ou la mort; en 1501, à Toulouse, il en coûtait au fisc quarante sous par enterrement; les autres sont tantôt libérés par la justice et tantôt ils ne le sont pas. Le condamné, toujours mécontent de la cour inférieure, veut toujours essayer de la cour supérieure. Les appelants sont conduits à leurs dépens, lorsqu'ils ont des biens, et, lorsqu'ils n'en ont pas, aux dépens du fisc qui donne aux enchères et au rabais les frais de leur conduite d'une ville à une autre. Ici on voit ce qu'il en coûte de Paris à Poitiers, de Gourdon à Toulouse. Je noterai qu'à Vaucouleurs le geôlier avait, en 1573, dix-huit livres de gages, et qu'en ces temps il était tenu d'affirmer par serment la vérité de chaque article de son compte.

Mémoires relatifs au mauvais état des prisons de Laval, manuscrit de l'année 1782, format in-fol.

La réformatrice révolution avait grand besoin de passer par les prisons. On criait; on ne cessait de crier. Elle y a passé, on crie un peu moins; mais on crie : mais monsieur Appert crie encore.

Mémoires relatifs au bris des prisons de Laval,

par les faussonniers y détenus, manuscrit de l'année 1788, format in-fol.

Cette réformatrice révolution avait aussi grand besoin de passer par les prisons des gabelles; on criait, on ne cessait de crier. Elle a passé par les gabelles ; il n'y a plus ni gabelles ni prisons ; on ne crie plus. Quand, en 1788, à Laval, la ferme fut instruite de l'évasion de ses faussonniers qu'elle voulait faire exemplairement justicier, elle alla se plaindre au subdélégué; celui-ci de courir gourmander le guichetier qui répond mal, qui prend 1788 pour 1789; aussi le subdélégué le fait-il mettre au cachot. Grande rumeur parmi la magistrature de la ville; le subdélégué est actionné en justice. Les mémoires pour et contre font çà et là l'histoire de la police des prisons.

Mémoires relatifs au mauvais état des prisons d'Ernée, manuscrit de l'année 1782, format in-fol.

Les prisons de Laval appartenaient au duc de la Trimoille, comme seigneur de la ville. Les prisons d'Ernée appartenaient aussi à la duchesse Mazarin, comme dame de la ville. Dans le mémoire précédent on disait en d'autres termes au duc de retrancher quelque chose de ses équipages, et dans celui-ci à la duchesse de retrancher quelque chose de sa toilette, pour faire rebâtir ou assainir les prisons.

Mémoire des avocats du parlement de Besançon au ministre des finances, manuscrit de l'année 1764. Un vol. in-fol.

Ce mémoire, renfermé avec les trois précédents dans le même portefeuille. . . . . 15 fr.

Les avocats de Besançon réclament des causes, mais des causes pour lesquelles il n'y a pas d'honoraires. Ils réclament la défense des prisonniers comme un des plus nobles priviléges de leur ordre. Ce manuscrit appartient et à l'histoire des avocats et à celle des prisons.

MAISONS DE FORCE.

Arrestations, détentions, translations, ordres par lettres de cachet. Un vol.in-fol., basane, racine jaune, dentelles d'argent. . . . . 50 fr.

Ce manuscrit est un recueil de lettres originales, ministérielles de l'année 1706 et années suivantes, avec les mémoires et les pièces qui y sont relatives; le vieux gouvernement ministériel s'y montre dans ses parties les plus mystérieuses. Un jeune et tendre chevalier de grande maison veut, non pas séduire, mais épouser une jeune cabaretière du lieu dont il porte le nom seigneurial; la mère écrit au ministre qui expédie un ordre du roi pour que le chevalier ait à se rendre au fond du Béarn, où réside sa mère.

Une veuve favorise scandaleusement le libertinage de ses deux filles. L'intendant demande trois lettres de cachet; trois lettres de cachet sont expediées pour que la mère soit renfermée au refuge, une de ses filles à l'hôpital, et l'autre au Bon-Pasteur. Le baron de Beaujeu avait laissé trois filles naturelles, qui vivaient dans un désordre si scandaleux avec le chevalier de Montredon que l'archevêque demande qu'elles soient renfermées dans une maison de détention et le chevalier dans un autre; le cardinal de Fleuri, avec sa sagesse ordinaire, c'est-à-dire avec sa bonne raison ordinaire, veut de plus amples informations. Un calviniste se fait catholique, de gré ou de force; il revient au calvinisme; ses biens sont confisqués. Il meurt; ses biens sont donnés à des parents catholiques; ceux de ses autres parents catholiques qui n'ont eu rien prétendent que le défunt n'était pas relaps; discussion dont je ne trouve pas dans ces lettres l'issue. Qu'avait à démêler une Honorade Roux avec la cour financière des aides d'Aix? je ne sais; tant y a que la cour financière des aides la condamne à la réclusion, condamnation qui par lettres de cachet est commuée en déportation à la Louisiane. La plupart de ces lettres ont pour objet des affaires de religion. Un paysan obstiné ne veut pas se mettre à genoux devant le Saint-Sacrement porté en procession, ordre de lui faire son procès. Autre ordre d'instruire deux jeunes filles dans la religion catholique. Autre ordre de laisser entendre la messe à un prisonnier d'état. Le frère Hiacinthe, lecteur, professeur de Théologie, soutient la légalité des interdits du pape contre les princes ; il est entrepris par l'autorité; il faut lire les lettres où les capucins demandent grace et crient merci ! On veut obtenir une lettre de cachet contre la bonne sœur Roger ; cette sœur se défend et fort et ferme, et victorieusement. Il y a aussi un petit dossier de lettres de ministres, de prélats, de supérieures, de religieuses, toutes relatives à une sœur Simonne, qui suffiraient à une jolie petite histoire de couvent. Cette sœur, autrefois servante, était remplie d'esprit et surtout d'ambition. Elle aimait à dominer ; elle ne pouvait être ni Elisabeth ni Catherine ; elle pouvait du moins être reine ou impératrice de religieuses ; elle veut y parvenir, elle y parvient. Elle entre au monastère de Saint-Remi comme sœur converse ; bientôt elle est sœur professe, bientôt supérieure. Pendant vingt ans elle exerce l'empire le plus tyrannique et le plus arbitraire. Elle soutient son long règne par des révélations, des inspirations, par les générosités de la Sainte-Vierge qui lui apportait jusqu'à cent pistoles à la fois. Elle a pour elle quelques ecclésiastiques; mais enfin elle a contre elle l'évêque et tout son couvent. Elle ne se décourage pas, soutenue qu'elle est par Barret, avocat au parlement, accusé d'être épris de ses charmes, et, ce qui est plus grave, de recéler chez lui le coffre-fort du monastère. Enfin une lettre de cachet ordonne la translation de la sœur Simonne dans une autre maison; mais ni cette maison ni aucune autre ne veulent la recevoir. Les supérieures craignent le grand génie ou le génie d'intrigue de cette sœur, et la lettre de cachet demeure inexécutée. Elle est ici, en original, signée Louis, et plus bas, beaucoup plus bas, à l'extrémité de la feuille, Colbert; c'était le fils du grand Colbert. Le timbre ou cachet de cette lettre de cachet est une forte empreinte sur papier et sur pain à cacheter. Le lecteur ne se soucie guère maintenant de savoir dans quel monastère alla mourir cette redoutable sœur Simonne; mais qu'il s'en soucie ou qu'il ne s'en soucie pas, je ne puis le lui dire; ces lettres ne le disent pas.

Plan et élévation de l'abbaye du Mont Saint-Michel, *fait au* XVIIIe *siècle*, renfermé dans un portefeuille. . . . . 6 fr.

Ce plan, exactement dessiné et colorié, vaut bien davantage depuis l'incendie d'une partie des bâtiments; et sans la louable assistance des détenus politiques il vaudrait encore bien davantage, car l'abbaye ne serait plus que sur ce papier.

CHAPITRE XXII.

HISTOIRE DE LA REPRÉSENTATION NATIONALE ET DES REPRÉSENTANTS DE LA NATION.

ETATS PROVINCIAUX.

Recueil d'actes et de titres originaux, ou d'extraits d'actes et de titres originaux, relatifs aux états provinciaux. Un vol. in-fol., maroquin rouge, dentelles. . . . . 400 fr.

Plus je réfléchis sur la vieille histoire de France, plus je la hais. Elle pouvait, du moins quant aux progrès de l'existence politique du peuple, faire du XIIIe ou du XIVe siècle, le XVIIIe ou le XIXe; elle n'avait qu'à donner aux assemblées de la nation, aux parlements, aux états généraux, l'attention et le respect qui leur étaient dus; le peuple lui aurait donné la même attention, le même respect; il s'en serait occupé, il en aurait parlé, et il aurait, en peu de temps, fini par nommer la chose par son nom, par nommer représentation nationale la représentation nationale; bientôt, si ce n'avait été aussitôt on se serait partout aperçu que la représentation nationale ne représentait qu'une petite partie de la nation, l'ordre du clergé, l'ordre de la noblesse et seulement la partie du tiers-état composée de la population des villes. A la vérité, dans ces derniers temps, l'histoire a moins brièvement mentionné les états généraux; mais quant aux états provinciaux, elle ne les a jamais ni longuement, ni brièvement, ni d'aucune manière mentionnés. Leur importance était donc bien petite? Nous voyons par le dépouillement de ce manuscrit qu'ils couvraient toute la France, que chaque province avait les siens, et même que chacune des petites provinces qui composaient les grandes, telles que la Normandie, la Bourgogne, la Guienne, le Languedoc, avait aussi ses trois états subordonnés aux trois grands états de la province. Autre fait à bien retenir : de même que sous le nom d'états, de parlements, de cortès de diètes, les divers états généraux des diverses parties de l'Europe avaient différentes constitutions, de même les divers états provinciaux de diverses provinces de la France avaient aussi différentes constitutions. Toutes, comme on le voit ici avaient le droit d'accorder des impôts; cependant il est probable, par ce que la lecture de ce manuscrit a pu m'apprendre, que les petites provinces ne pouvaient guère ne pas payer les impôts généraux, et qu'elles ne pouvaient qu'accorder les impôts volontaires payables en sus; en d'autres mots qu'elles ne pou vaient qu'accorder des présents de subsides, des cadeaux d'aides. On me fera à cet égard une question que je me suis souvent faite, et que je n'ai pu me résoudre. Comment le roi, quand il avait besoin d'argent, au lieu d'en demander aux états généraux, n'en demandait-il pas aux états provinciaux, puisque les états provinciaux consentaient ou pouvaient consentir les impôts, puisque les états provinciaux étaient plus faciles à manier? Je me suis encore fait, et tout aussi inutilement, d'autres questions : Quand ont commencé les états provinciaux? ont-ils commencé tous à la fois ou successivement? Je me suis encore demandé si leur convocation était périodiquement fixée, ou si elle dépendait de la volonté du roi? Toutefois, à cet égard et d'après les documents de ce manuscrit, je crois qu'elle dépendait de la volonté du roi. D'après ces mêmes documents, il paraît que dans l'intervalle des sessions il y avait un pouvoir temporairement régisseur. Il paraît de plus, toujours d'après ce manuscrit, que les états provinciaux avaient l'administration des impôts outre le pouvoir de les accorder. Mais avaient-ils la législation locale? le manuscrit répond affirmativement. Les députés membres de ces états recevaient-ils des indemnités de voyage, de séjour? Le manuscrit répond encore affirmativement; il nous apprend aussi, et c'est le plus précieux des documents, le plus digne d'avoir place dans la mémoire de la nation, que généralement les députés aux états généraux étaient élus par les députés aux états provinciaux et parmi eux. Mais qui élisait les députés aux états provinciaux ? En général ils n'étaient pas élus ; certains prélats, certains seigneurs, certains maires, étaient députés-nés des trois ordres. Et dans l'ordre du tiers-état, qui élisait les maires ? Il paraît que presque partout c'était le peuple, quelquefois immédiatement, quelquefois médiatement comme à Paris où les députés des corporations et communautés formaient ordinairement le corps électoral. Voyez, à l'égard des élections des magistrats municipaux, mon XVe siècle, histoire du Bourgeois, texte et notes. J'en parlerai plus au long au XVIIe ; car tout change avec le temps. Mais je n'ai pas fini ici ; je me croirais pour ainsi dire coupable envers notre histoire nationale si, ayant trouvé dans ce manuscrit d'où venait le nom de convention, je ne le disais. Ce mot était le nom de l'assemblée des trois états provinciaux de Normandie, d'où il est passé en Angleterre, d'où il a été reporté en France en 1792, pour être éternellement lié à notre troisième assemblée nationale. Tous ces documents sont précieux, on en convient ; mais de plus d'une part on ajoute que ce n'est pas assez pour la haute mise à prix de ce manuscrit. Eh bien ! répondrai-je, laissez-le ! Toutefois, prenez garde que les savants étrangers, surtout les savants Anglais, qui ne manqueront pas d'y découvrir plusieurs signatures historiques, entre autres celle de Jacques Cœur, et un très grand nombre de pièces anglo-françaises, vous l'enlèvent. Laissez-le! Vous laisserez les seuls matériaux de l'histoire du premier degré de notre représentation nationale.

Recueil de lettres des rois de France, relatives aux états provinciaux de Bourgogne, sous le titre de Lettres relatives à l'établissement du parlement de Dijon en 1476, manuscrit du XVIIIe siècle. Un vol. petit in-fol., parchemin. . . 10 fr.

J'avais porté ces lettres au chapitre des Lois et des hommes de loi; je les en ai retirées pour les porter au chapitre de la Représentation nationale; car les trois états provinciaux de Bourgogne en remplissent la très grande partie. Les états stipulent humblement, disent-elles; mais dans la réalité ils stipulent fièrement, et de puissance à puissance, la remise de la province à condition qu'ils consentiront l'impôt; que le roi ne fera point sa main-levée ou prise de deniers; que les gens de guerre seront sous le gouvernement et discipline du maréchal provincial. Ils stipulent encore bien d'autres et nombreuses conditions, notamment celle d'une amnistie pleine, entière, en faveur de ceux qui avaient pris part aux guerres du dernier duc contre la France. Quant au parlement, dont il faut cependant que je parle pour faire connaître le manuscrit, Charles VIII, par ses lettres de l'année 1483, le confirma; ensuite par d'autres lettres de l'année 1485, il le cassa. Ces dernières lettres sont tissues de tant de fausses allégations et de sophismes que je suis moins impatient, lorsqu'aujourd'hui j'entends mal raisonner. Je ne sais qui faisait parler ce bon petit roi de quinze ou seize ans; je ne sais non plus qui, dans les lettres d'érection, faisait parler son père Louis XI, et qui lui faisait dire que toute la province de Bourgogne voulait vivre et mourir sous lui. Le lecteur, du moins le lecteur bourguignon, est trop instruit pour qu'il ne soit pas inutile d'ajouter que le parlement de Dijon fut rétabli, et qu'il le fut en l'année 1486.

Cahiers des provinces, relatifs au rétablissement des états provinciaux, et principalement au mode de convocation des états généraux, recueil fait aux frais du duc de Charost. Un vol. in-fol., basane verte, dentelles. . . . . 100 fr.

La première moitié de ce manuscrit est liée à l'avant-dernier manuscrit; c'est le dépouillement des cahiers des provinces, qui toutes, excepté celles qui ont de nouvelles assemblées provinciales, demandent le maintien ou le rétablissement de leurs anciens états provinciaux : leurs demandes, appuyées sur des titres et sur des faits non contestés, deviennent des documents historiques. L'autre moitié de ce manuscrit est liée au manuscrit suivant ; elle a pour objet les avis ou décisions des différents bureaux de l'assemblée des notables sur la formation des assemblées primaires, des assemblées électorales, sur l'assemblée des états généraux, sur les rapports mutuels des trois ordres dont elle devait être composée ; et comme les nombreuses questions proposées à cet égard étaient en général résolues en vertu d'anciennes lois, d'anciens usages, toutes les discussions, ainsi que les décisions dont elles sont suivies, forment comme un gros dossier de précieux matériaux historiques et authentiques. Si ce manuscrit était imprimé, on serait bien surpris que dans ces assemblées on ait rejeté la fixation du nombre des députés d'après la population, et qu'on ait permis aux femmes possédant des fiefs de voter par procuration pour les élections des députés.

ÉTATS GÉNÉRAUX.

L'ordre et séance gardez en la convocation et assemblée des trois estats du royaume de France, faicte par le roy François II, et aprez son décès continuée par le roy Charles IX, son frère, en la ville d'Orléans, aux mois de Décembre et Janvier 1560, manuscrit du temps. Un vol. in-fol. demi reliure. . . . . 30 fr.

Allez avertir un artiste lithographe, je veux faire sa petite fortune. Le voilà : Monsieur, vous savez mieux que personne qu'on tire et qu'on vend par milliers le tableau de nos deux chambres législatives. Il faut dessiner celui de la salle des états généraux de 1560. On voudra comparer; vous tirerez et vous vendrez aussi, par milliers; l'argent et l'or vont couler. Vous me dites que vous n'avez apporté ni crayons ni pinceaux. Vous n'en avez pas besoin; vous n'avez pour le moment qu'à écouter. Nous sommes à Orléans, dans le vieux château de cette ville. Il n'existe plus ; mais tous les vieux châteaux ne sont pas très différents, et leurs vieilles et grandes salles se ressemblent encore davantage; vous vous souviendrez seulement d'en peindre le plafond comme celui de la chapelle de saint Côme et saint Damien, que, par une bien notable distraction, le terrible an II a laissé subsister tout à côté du club des Cordeliers, tout près de la maison de Marat, c'est-à-dire de le fleurdeliser. Vous élevez dans le fond un trône haut et étroit, et vous y écrivez : Place du petit roi Charles IX. Un peu en arrière vous élevez un trône d'égale hauteur, mais plus large, et vous y écrivez : Place de la reine régente Catherine de Médicis. Ensuite, à droite et à gauche, par-devant et sur des estrades encore moins hautes, vous placez au lieu de fauteuils, des escabelles sur lesquelles vous écrivez le nom des grands-officiers, du connétable tenant son épée nue, du chancelier tenant sa masse d'or, du grand-maître tenant son bâton d'ivoire. Plus loin et tout autour sont des bureaux où vous écrivez le nom des conseillers du conseil privé, le nom des quatre secrétaires d'état, les uns et les autres la tête tournée vers le roi, le nom des superintendants des finances, la tête tournée vers l'assemblée. A droite et à gauche de la salle sont de longs bancs sur lesquels vous écrivez, sur ceux de la droite les noms des députés du clergé, sur ceux de la gauche les noms des députés de la noblesse, et sur ceux de la droite et de la gauche qui viennent ensuite les noms des députés du tiers-état. N'oubliez pas de marquer au milieu du parquet la place où sont les deux huissiers, tête nue, à genoux, avec un air plus fier et plus superbe que celui du chancelier et même du connétable. Mais attendez; vous n'êtes pas au bout de vos peines, ou plutôt de vos profits. Il y a encore trois autres tableaux à faire; car après la séance d'ouverture les états généraux se divisèrent en trois chambres et allèrent tenir leurs assemblées, le clergé à la salle des Cordeliers, la noblesse à la salle des Jacobins, le tiers-état à la salle des Carmes. Ces salles étaient ordinairement et presque toujours, j'en ai la preuve, des salles de réfectoire. Ainsi, dans vos trois tableaux, offrez l'intérieur de trois réfectoires voûtés, où vous ôterez ou vous laisserez à votre volonté les tables. Vous écrirez sur le dossier des bancs les noms, prénoms et qualités de chaque député, bailliage par bailliage. Je lui lus alors dans ce manuscrit tout ce que je venais de lui dire; il me remercia, me salua plusieurs fois, et alla à l'instant mettre la main à l'œuvre, se tenant sûr de gagner beaucoup d'argent, bien que je lui répétasse qu'en fait de librairie l'argent du public était fort capricieux et n'arrivait pas toujours où on l'attendait. J'ai, d'après ce manuscrit, fait connaître les lieux où s'assemblèrent les états; je vais maintenant parler de leurs séances, dont les premières furent en partie envahies par la harangue du roi, la harangue du chancelier, celle de l'orateur du clergé, celle de l'orateur de la noblesse, celle de l'orateur du tiers-état; toutes ces harangues étaient remplies d'histoire grecque, d'histoire romaine, de profession de dogmes. Aux harangues succéda la lecture des cahiers des doléances. Ceux de l'érudite noblesse, à qui il prit aussi envie de réformer toutes les parties de l'ordre social, étaient fort remarquables. A la lecture du cahier des doléances succédèrent les débats, et aux débats les articles accordés et les articles ajournés par le gouvernement. Il y a encore dans ce recueil quelques pièces historiques, peut-être existant seulement là, entre autres celles de l'état de la dette publique à l'époque de l'année 1560, fort détaillé et portant cette dette à quarante-trois millions. Cet état est suivi de celui de la recette du trésor royal, même année, s'élevant à douze millions; de celui de la dépense, même année, s'élevant à pareille somme ; sur quoi était prélevé l'achat des meubles, oiseaux et chevaux, montant à cinquante mille livres ; sur quoi le petit roi prenait aussi de sa petite main neuf mille livres pour ses plaisirs.

Recueil de pièces concernant les états généraux de la Ligue, tenus à Paris en 1593, *précédé de la description de l'empire d'Allemagne,* manuscrit du temps de la Ligue. Un vol. in-4°, maroquin rouge, tranch. dor., armoiries sur le plat. . . . . 40 fr.

La première moitié de ce manuscrit est occupée par la description de l'Allemagne, de la Suède, du Danemarck, de la Pologne et de la Russie, et par la généalogie de leurs princes. La seconde partie l'est par les pièces concernant les états-généraux de la Ligue qu'on appellerait aujourd'hui les états généraux de 1593, si la légitimité avait perdu la bataille d'Ivry, car c'est le sort des batailles qui fait souvent, je serais tenté de dire toujours, le sort de l'opinion et du langage de l'histoire. Analyser toutes ces pièces une à une serait un peu long, et d'ailleurs ne serait guère de mon goût. Je ne puis, moi, prendre intérêt au jeu des passions d'un roi d'Espagne qui, sous le nom de sa fille, veut régner en France; d'un duc de Mayenne qui, sous son nom ou sous celui de son neveu, le fils du duc de Guise, veut y régner aussi. Je vois avec indignation et cette représentation d'une faction impie, fanatique vouloir sous le nom d'états généraux, représenter la nation en se gorgeant de l'or des ennemis, et ces propositions, ces contre-propositions, ces réponses, ces contre-réponses des ambassadeurs étrangers, des députés ou des commissaires des trois ordres, de ces vendeurs, de ces acheteurs, de ces marchands de la France.

Extraits des registres de l'Hôtel-de-Ville de Paris, relatifs aux états généraux, depuis le 16 *août* 1614, *jusqu'à pareil jour de* 1615. Deux vol. in-fol., demi-reliure. . . . . 50 fr.

On peut regarder une partie de ces précieux extraits comme une collection complète des procès-verbaux des différentes séances de l'assemblée électorale de la ville de Paris, composée du prévôt des marchands, des échevins, des conseillers et corps de ville, des députés du parlement et d'autres cours judiciaires, des députés des corps de marchands, des corps d'artisan, des communautés de corporations quelconques. C'est l'entier tableau de ce qui s'y est passé depuis la lettre de convocation des états, adressée par le roi à la ville de Paris, jusqu'à leur clôture. On y voit, dans la première réunion, le cahier des doléances du tiers-état se former des différents cahiers de doléances déposés ou jetés dans le coffre aux plaintes. On y lit avec surprise, ou si vous voulez, à cause de la date de l'année 1614 qui touchait au temps de la Ligue, on y lit sans surprise que les bons Parisiens prient et supplient le roi, en toute révérence et humilité, qu'il lui plaise de faire brûler tous les Juifs, athées et autres, ne faisant pas profession de la religion catholique ou de la religion protestante. Vient ensuite la séance royale d'ouverture des états généraux. Les trois ordres devaient, d'après la volonté du roi, se séparer; mais comme, à ces états, ce n'était encore non plus qu'un petit roi de douze ou treize ans qui voulait, les trois ordres jugèrent à propos de tenir leurs séances aux Augustins, où chaque ordre avait une salle séparée. Le reste du premier volume et tout le second contiennent les séances du tiers-état, plus les trois cahiers des doléances des trois ordres, plus la séance royale de clôture, qui termine le manuscrit.

Journal des séances de la noblesse aux états généraux de 1614, fait par un député de cet or-

dre, manuscrit du temps, ou à peu près du temps. Un vol. in-fol., demi-reliure. . . . . . . 40 fr.

Noble, *nobilis*, veut dire notable, remarquable, distingué. L'auteur de ce journal était assurément un homme fort remarquable, fort notable par la méthode, la clarté, la concision, l'exactitude et l'impartialité de sa narration. Maintenant vous me direz : Puisque l'auteur de ce journal avait un si bon esprit, il doit d'abord nous faire connaître le lieu de l'assemblée. Il vous le fait connaître; c'est une grande salle du couvent des Augustins, où est aujourd'hui la halle à la volaille; il dit qu'elle donnait sur la cour, en face de la grande porte, qu'elle était tendue d'une tapisserie rehaussée d'argent et d'or. Il doit aussi nous en faire connaître les dispositions, il le fait; il vous dit qu'elle était entourée de bancs, et qu'au milieu du parquet était le secrétaire, ayant devant lui sa table, son papier, son écritoire. Il doit ensuite nous parler du président. Il dit que l'assemblée n'avait pas voulu en élire. Il doit ensuite parler de la manière de voter; il dit qu'on votait par rang de bailliage; il dit aussi qu'on votait par écrit, que ceux qui étaient pour une proposition écrivaient leur nom d'un côté de la page et ceux qui étaient contre, de l'autre côté. Il dit qu'il y avait deux séances par jour, chacune de trois heures. Il dit quel était le cérémonial entre les trois ordres ou les trois chambres. Il dit que l'ordre du tiers-état exigeait déjà et obtenait les mêmes honneurs que les deux premiers ordres. Il ne laisse rien à dire. Il dit que tant que les trois ordres en furent aux politesses, ils disputèrent à qui ferait les plus grandes; qu'ensuite quand ils en furent à la répartition des subsides, ils disputèrent bien plus vivement à qui ferait le moins de sacrifices. Il vous montre avec une admirable sagacité comment, pour employer le langage d'aujourd'hui, chacun des trois ordres, suivant ses intérêts, devenait alternativement côté droit, côté gauche, centre; comment les trois ordres devenaient collectivement dans certains cas, tous les trois, côté gauche, opposition; comment ils forçaient le gouvernement à remettre les états détaillés des finances. Si l'on en juge comme moi, les quatre-vingts séances de ce journal sont quatre-vingts scènes de ce haut théâtre, fort animées, fort variées, surtout fort instructives. On me fait une question, on m'en fait deux. On me demande si, dans ce journal de séances, il n'est point parlé de disputes entre les députés? Certes, il y en est parlé, et de disputes fort vives. L'auteur en rapporte plusieurs, une entre autres où deux députés mirent la main à l'épée. Il ajoute ensuite que ces députés, revenus de leur colère ou de la paralysie momentanée de leur raison, témoignèrent leur repentir et demandèrent pardon. La seconde question qu'on me fait est pour savoir si comme aujourd'hui, dans nos chambres actuelles, il ne sortait pas quelquefois de la bouche des députés, animés par la discussion, des expressions de halle, des injures grossières, qui allaient tacher les belles voûtes de la salle? Jamais! jamais! notre civilisation actuelle a fait à cet égard des pas rétrogrades. Du reste, je le sais, dans la chambre des communes on entend pire. Mais il me semble que des belles libertés anglaises ce n'est pas celles-là qu'il faut importer d'une chambre dans l'autre. Sans doute! me dira-t-on, mais quel remède? Il y en a plusieurs; le mien serait d'adopter pour tout costume, au lieu d'un habit brodé fort incommode, et certains jours de l'année fort dangereux à vêtir et à dépouiller, une large collerette de velours rouge, terminéeau bas par un grand médaillon de même étoffe, sur lequel serait brodé en grosses lettres d'argent le nom du député et de son département. On voit tout l'effet moral de ce bel insigne, le respect mutuel qu'inspirent ceux qui le portent. J'invite quelque honorable personnage de la chambre à extraire ces lignes, à en faire l'objet d'une propostion.

Sessions figuratives des colléges et de la diète de l'empire d'Allemagne, manuscrit autographe de Delisle, portefeuille . . . . 15 fr.

Ces dessins linéaires font parfaitement comprendre les rapports qu'avaient entre eux les cinq ou six cents membres de l'ancien corps de représentation nationale de l'Allemagne, encore de nos jours si frais, si vivace, et que cependant Napoléon a tué en quelques coups d'épée.

CHAPITRE XXIII.

HISTOIRE DE LA ROYAUTÉ ET DES ROIS, DU GOUVERNEMENT ET DES MINISTRES.

Collection de contre-seings originaux au nombre de trente-cinq, depuis l'année 1344 *jusqu'à l'année* 1692, renf. dans un portefeuille. 40 fr.

Tout le monde donnera volontiers son attention à cet article. Autrefois je l'aurais instamment demandée que je ne l'eusse pas obtenue. Je voudrais savoir si les contre-seings sont antérieurs aux empereurs romains, si des chancelleries de Constantinople ils ont passé dans les chancelleries de l'empire d'Allemagne et des cours de l'Europe. Je voudrais le savoir ; je l'ignore et j'aborde brusquement la notice des contre-seings de ce portefeuille. Il paraît, d'après ces pièces, qu'aux cinq derniers siècles nos rois faisaient contre-signer toutes ou presque toutes leurs signatures mises au basde leurs actes. Il paraît encore que, jusqu'au XVIe siècle, c'étaient les clercs notaires secrétaires de la chambre qui ordinairement les contre-signaient. J'ai bien pesé l'expression ordinairement, car, suivant Brantôme, Louis XI faisait souvent contre-signer les siennes par des notaires de village, par le premier scribe venu. Au règne de Henri II ce furentle s quatre secrétaires d'état qui contre-signèrent; toutefois il y a dans cette collection, depuis ce temps, deux contre-seings de personnes qui ne sont pas secrétaires d'état. Si vous examinez la place des contre-seings vers les derniers temps de l'ancienne monarchie, vous voyez que de plus en plus ils s'éloignent de la signature royale par une respectueuse inférieure distance, par une respectueuse longue ligne tremblante et descendante jusqu'au bas de la feuille. Aujourd'hui le contre-seing est le coing qui frappe de bas en haut l'or de la signature royale, qui lui donne sa valeur. Bien qu'autrefois il n'en fût pas ainsi, le contre-seing donnait cependant une espèce d'indispensable authenticité à l'acte royal, en énonçant qu'il était signé, et lorsqu'il ne l'était pas, ce qui arrivait le plus souvent, en supposant la signature, et alors en la remplaçant, non pas de fait, mais de droit. Le contre-seing énonçait d'ailleurs les diverses coopérations à la volonté royale. On en a ici la preuve. En 1352 Jean, devenu roi, donne aux cordeliers quarante charretées de bois ; cette ordonnance latine est contre-signée Séres, *per regem, ad relationem elemosinarii.* En 1359 l'ordonnance du régent relative aux monnaies est contresignée ainsi : « Par monseigneur le duc à la relation du conseil. » Delaroche signé. En 1364, un mandat de paiement de la solde des arbalétriers, donné par Charles-le-Sage est tout simplement ainsi contre-signé : Par le roi, Agier. En 1369, l'ordonnance de paiement d'un quartier dû aux ménestrels est ainsi contre-signée : « Par le « roi, présent monseigneur... et monseigneur... » Greve signé. Au même siècle on trouve : Par le roi en ses requestes, Guihart : Par le conseil estant à Paris, Tesmens : Par monseigneur le régent, de Sentis : Par le roi à la relation du duc de Bourgogne, de Putaux. Il est à remarquer aux contre-seings du xve siècle, que lorsque le roi rendait une ordonnance pour le Dauphiné il prenait le titre de roi Dauphin, et le contre-seing portait : Par le roi Dauphin. A remarquer aussi une ordonnance du xvie siècle, signée de la main de Louis XII, contre-signée par le cardinal d'Amboise, dont la signature est elle-même contre-signée par Vedoyn. Je termine ici cet article qui déjà commence à s'allonger ; un de mes élèves collaborateurs, M. Jules Rozier, se propose de le continuer dans un ouvrage spécial, lorsqu'il en aura rassemblé les matériaux, ce qui n'est pas l'affaire d'un jour, ni d'un an.

Petit portefeuille contenant quatre quittances originales de hérault d'armes du XVIe *siècle.* 6 fr.

Les hérauts d'armes étaient des officiers royaux dont le siècle dernier a imprudemment laissé perdre l'institution. Ils déclaraient la guerre, ils publiaient la paix, parlaient au nom du roi, parlaient aux rois, parlaient aux armées, parlaient aux peuples sur la limite de leur territoire. Ils représentaient la personne publique de l'Etat. Le nombre en était assez grand; leur chef était le roi d'armes. Les quittances renfermées dans ce portefeuille sont de quatre sortes de hérauts d'armes; il y en a une d'un héraut du titre de France, une d'un héraut d'un titre de province, une d'un des poursuivants d'armes ou lieutenants de héraut, enfin une d'un héraut des ordres du roi.

Recueil de diverses matières de secrétaireries d'état, fait pour les enseignements ou du ministre Colbert ou de son fils, manuscrit original. Un vol. in-4°, maroquin rouge, dentelles. . . . . 70 fr.

La première note marginale de ce manuscrit porte : « Ces petits traités ont été faits par M. Fou-

« cault pour M. de Seignelay. » Celle de la page 13 porte : « On n'explique pas ici plus au long la qualité « des édits, déclarations et autres lettres de chan- « cellerie, parce qu'il en a été fait un traitté parti- « culier, présenté à monseigneur le 22 mars 1670. » Le fils aîné de Colbert, né en 1655, n'avait alors guère plus de quatorze ans; comment celui qui a corrigé de sa main le manuscrit, qui était lui-même un personnage, l'aurait-il appelé monseigneur? Colbert prenait d'ailleurs le titre de marquis de Seignelay. Ainsi il est possible que ce traité ait été fait non pour l'instruction du fils de Colbert, qui lui-même a aussi été un grand ministre, mais pour l'instruction de son père, le grand Colbert, le créateur de l'industrie, du commerce, de la marine, de la puissance nationale, du plus habile ministre qu'ait eu la France. Un moment! un moment! j'entends une voix au fond de ma conscience. Elle me dit : sans doute il faut apprécier la valeur littéraire d'un manuscrit, d'un monument respectable; mais il faut apprécier aussi les hommes dont il parle. Vous venez d'écrire, on a écrit mille fois que le ministre Colbert était le créateur de l'industrie, du commerce, de la marine; mais Louis XIV y était aussi pour quelque chose. Ah! ses ministres n'étaient que ses bras. S'il est à croire que sans les grands hommes de son temps ce grand roi eût été moins grand; il est à croire aussi que sans lui, les grands hommes de son temps n'eussent été ni grands ni petits.

Ordonnances et réglements du conseil du roy, manuscrit de la fin du XVIIe siècle. Un vol. in-fol., basane, racine verte, dentelles . . . . . . 60 fr.

Voilà encore un recueil composé pour l'instruction d'un ministre, car dans ce temps où le grand Colbert se faisait, sans trop s'en cacher, enseigner, dans les intervalles de ses travaux ministériels, le latin que ses parents avaient négligé de lui faire apprendre, les gens en place avaient le courage d'avouer qu'ils ne savaient pas tout ce qu'ils avaient besoin de savoir. On lit aux premiers feuillets de ce manuscrit ces lignes écrites de la main de Lenain : « Ce manuscrit m'a été communiqué par M. Rouillé « du Coudray, conseiller d'état. Il avoit été com- « posé pour M. de Brienne, qui vouloit s'instruire « de l'origine et des règles du conseil... » Véritablement, ce manuscrit est une bonne histoire des différents conseils d'état. Dans tous les temps il aurait une grande valeur, mais dans ce moment où l'on veut reconstituer notre conseil d'état, il en a une bien plus grande.

Idée du gouvernement de la France, pour servir de préface à l'histoire de Saint-Louis, an-

née 1732, *par Boulainvilliers*. Un vol. in-fol., veau, filets. . . . . 35 fr.

L'auteur continue, là comme ailleurs, à accuser, au profit du despotisme aristocratique féodal, le despotisme monarchique. Il y a des recherches faites dans cet esprit; il n'y a pas d'indications des sources, si d'autres veulent s'en contenter, je le veux bien.

Abrégé du droit public de France, ou *Cours de M. Schœfling*, *Strasbourg*, 1766, manuscrit du temps. Un vol. in-4°, cartonné. . . . . . 15 fr.

Un censeur de l'ancien régime à qui l'on aurait apporté ce manuscrit l'aurait peut-être rendu avec la forme d'approbation ordinaire: J'ai lu par ordre de monseigneur le chancelier ou bien de monseigneur le garde des sceaux un manuscrit ayant pour titre Abrégé du droit public de France; je n'y ai rien trouvé qui puisse en empêcher l'impression. Et s'il avait été ami de l'auteur, et s'il avait ajouté en style de censure: Je suis persuadé que le public en trouvera la lecture aussi agréable qu'utile, car cet ouvrage fait connaître la constitution de la monarchie, de l'église, de l'armée, de la noblesse, des finances, de la justice, de la chancellerie, des conseils du roi, et généralement des différents corps de l'Etat, il n'aurait rien dit de trop.

CHAPITRE XXIV.

HISTOIRE DES SCIENCES ET DES SAVANTS, DES LETTRES ET DES GENS DE LETTRES.

SCIENCES OCCULTES.

On pourrait intituler aussi ce chapitre Histoire des aberrations, de la folie des sciences, ou bien encore et plus exactement : Histoire des impostures, des fourberies des sciences.

La remontrance de nature à l'alchymiste errant, autheur Jehan de Meung, pouvant, par des variantes, servir à une nouvelle édition du roman de La Rose. — Petit traicté d'alchymie, un sommaire philosophique de Nicolas Flamel, poème ancien et peut-être inconnu, manuscrit du XVIe siècle, relié en un vol. in-12, veau brun, dentelles. 24 fr.

En effet, voyez par combien de manières scientifiques l'ignorance et la crédulité sont trompées :

C'est tantôt, comme dans ces deux manuscrits, par une compilation de l'ancien et célèbre roman de La Rose ou par un autre ancien poème tiré de la poussière d'une bibliothèque, s'il n'est supposé.

Nomancie cabaliste ou la Science du nom et surnom des personnes dont l'on veut connaître l'événement, manuscrit du XVIIe siècle. Un vol. in-4°, veau brun, filets, fig. . . . . 6 fr.

Tantôt, comme ici, par un appareil de figures, de planètes et de signes diversement coloriés, coordonnés, suivant la doctrine du manuscrit aux lettres du nom de la personne qui consulte ou pour laquelle on consulte.

Traité d'astrologie judiciaire par Rochet, avec le voyageur céleste, ou Almanach d'observations astronomiques, pour l'an 1699, manuscrit du temps. Un vol. in-4°, veau brun, filets. . 6 fr.

Tantôt par des figures géométriques, des caractères algébriques, desquels paraissent en même temps sortir et la démonstration et la preuve des sciences exactes.

Prédiction de Théophraste Paracelse, avec l'abrégé de sa vie, traduction française par Cristallin, bibliothécaire de son A. S. monseigneur le duc, apparemment le régent, qui, dit-on, aimait les sciences secrètes, manuscrit original de l'année 1712. Un vol. in-4°, veau, filets, armes d'Orléans sur les plats. . . . . 40 fr.

Tantôt par d'infaillibles prophéties des événements d'un temps alors futur, aujourd'hui passé.

Recueil de dix traités d'alchimie, manuscrits du XVIIe siècle. Un vol. in-8°, basane, racine verte, filets. . . . . 5 fr.

Œuvres du lion vert, par Jacques Le Tesson, manuscrit du XVIIIe siècle. Un vol. in-12, veau brun, filets. . . . . 4 fr.

Abrégé théorique du seigneur de Gros Parmy. — Les cinq livres de Noël de Valois son compagnon. — La pratique physique, hermétique, manuscrits du XVIIIe siècle, reliés en un seul volume petit in-fol., veau, tran. dor. . . . . . . 6 fr.

Le ciel des philosophes ou les Secrets de la nature, pour tirer la quintessence des substances alimentaires et des métaux, avec la composition de l'or potable, recueillis par Ulstadius, manuscrit du XVIIIe siècle, petit in-fol., veau, filets. . . . . 8 fr.

Le livre des régimes de Nicolas Flamel, copié sur l'original, écrit et relié de sa propre main, manuscrit du XVIIIe siècle. Un vol. in-4°, parchemin vert. . . . . 6 fr.

Remarques les plus curieuses, extraites d'Agrippa, fig., manuscrit du XVIIIe siècle. Un vol. in-4°, parchemin jaspé. . . . . 8 fr.

Recueil de différents manuscrits relatifs à l'alchimie, la chimie, la médecine et aux arts mécaniques, manuscrits du XVIIIe siècle. Un vol. in-4°, cartonné. . . . . 6 fr.

Tantôt par des promesses de trouver au milieu des alambics, des cornes, des matières, la pierre philosophale, la transmutation de toute sorte de métaux en or.

Dictionnaire de géomancie, avec figures soigneusement coloriées, suivant les règles de la science, manuscrit du XVIIIe siècle. Deux vol. in-4°, maroquin rouge, dentelles. . . . . 50 fr.

Tantôt enfin par la nomenclature alphabétique des diverses parties de la science qui, là, prennent les formes accessibles des livres des écoles et se parent des fleurs, des dessins les plus artistement coloriés.

A combien porterai-je la mise à prix de ces deux jolis volumes, estimés trois cents francs ou par l'auteur, ou par le copiste, ou par le peintre? A trois cents francs? — Non; nous ne sommes pas au XVIe siècle. — A deux cents? — Non plus; nous ne sommes pas au XVIIe siècle. — A cent? — Non. — A quatre-vingts? — Non plus; nous ne sommes pas au XVIIIe siècle. — A cinquante; et au XIXe siècle, c'est assez. Mais bien des gens ne veulent de ce manuscrit à aucun prix; ils demandent qu'en faire? Eh! l'histoire des maladies honteuses de notre ame, autrefois honteusement malade de cette manière, et peut-être aujourd'hui plus honteusement malade d'une autre.

SCIENCES EXACTES.

Recueil de géométrie, manuscrit du XVIIe siècle. Un vol. in-4°, veau brun, fig. . . . . 10 fr.

Ce manuscrit est vraiment de ce temps; on le voit par l'écriture; on le voit plus incontestablement par la date de 1700, qu'a écrite le premier possesseur, qu'a altérée, à trente-neuf ans de distance, le second possesseur. Or, pour moi, et sans doute pour d'autres, un manuscrit de géométrie française du XVIIe siècle est un manuscrit rare, devant servir à l'histoire de la science. Ajoutez que le style en est net, correct comme l'écriture, et de plus que les petites figures tracées à la main, à commencer par celles du frontispice, sont de petits chefs-d'œuvre de dessin à la plume.

Différence des mesures linéaires des différents peuples, depuis la plus haute antiquité jusqu'à nos jours, manuscrit autographe de Delisle. Un vol. petit in-4°, bas., rac., dent. 30 fr.

Comment ce savant, rare et précieux manuscrit, n'est-il pas dans les rayons de la bibliothèque de l'Institut? Mais qu'importe puisqu'il est probable qu'il y sera? Le chapitre des différentes mesures, où se trouvent les mesures des diverses provinces de France, paraîtra surtout intéressant; on y lira que, le 4 août 1707, Delisle étant allé à Saint-Denis y vit encore l'ancienne mesure du Lendit, c'est-à-dire la barre de fer scellée au mur qui, suivant Dom Félibien, avait six cents ans. Sur cette barre, étaient marquées la toise, moindre que celle de Paris d'un soixante-quatrième, et l'aune, moindre d'un trente-deuxième. Il y a aussi une lettre originale de l'ingénieur Malherbe, à qui il était échu une épouse si grande admiratrice de Delisle que, toutes les fois qu'il allait faire quelque opération géodésique, demandée par Delisle, elle voulait toujours en être.

Recueil de pièces relatives à la mesure de la terre. Un vol. in-4°, cartonné. . . . 30 fr.

Presque toutes les pièces que renferme ce recueil sont de la main de Buache. Mais pourquoi sont-elles si nombreuses ? Je ne puis guère en faire connaître qu'une partie. Les premières sont des réflexions sur la figure de la terre, année 1716. Ensuite viennent les passeports donnés à Godin, Bouguer et La Condamine, qui en 1735 allèrent au Pérou mesurer l'équateur terrestre ; ensuite un long décret du roi d'Espagne, dont toutes les dispositions honorent la science, ensuite des lettres sur le départ des savants ; ensuite un extrait d'un mémoire de Bouguer sur le pendule ; ensuite des lettres de Cassini et d'autres astronomes sur les parallèles, sur les perpendiculaires à la méridienne de Paris ; enfin la théorie de la mesure de la terre, appliquée à la projection d'une carte de France.

Traité de la mesure de la terre. — Traité du nivellement. — Traité de la nature et de l'équilibre de l'air avec certaines liqueurs, manuscrits autographes du père Deschamps, jésuite professeur de mathématiques au collége de Douay, année 1750. Deux vol. in-4°, parchemin, fig. 40 fr.

On lit sur la garde du second volume : « Ces « traités ont fait le travail d'une grande partie de la « vie du père Deschamps, jésuite..., il m'a donné cet « original en Décembre 1750, quelques mois après que « j'en eus fait prendre la copie... » Ces lignes ont quelque chose de touchant et de sacré ; elles vous disent que là est le travail, et en grande partie la vie d'un savant, pendant longues années, séparé du monde; elles me paraissent d'ailleurs de celui à qui l'auteur a écrit la lettre collée au premier volume. Quant au mérite de ces ouvrages, je conviens que le père Deschamps n'a pas, même par son Traité de la mesure de la terre, fait avancer la science, dont les progrès sont marqués par les noms de Strabon, de Sacrobosco, de Picart, de Bouguer, de La Condamine, de Cassini, de Delambre, du colonel Puissant, qui vient d'entrer à l'académie des sciences, ayant sous le bras son beau traité de géodésie. Toutefois s'il n'a dit que ce que les autres avaient dit avant lui, il l'a dit d'une autre manière, et cette manière est bonne. Les planches jointes à ces deux volumes ne sont ni lavées ni coloriées; mais le trait en est pur, vif.

Figure du passage de la lune sur la surface de la terre pendant l'éclipse annulaire du soleil, le 10 *fructidor an* X, portefeuille. . . . . 4 fr.

Cette carte manuscrite, sur une feuille grand atlas, offre la figure de la terre, dont la sphère est coupée au-dessous de l'équateur, avec la projection de l'ombre de la lune. Elle est très nettement et très élégamment dessinée.

Portefeuille contenant cinq cartes de différen-

tes dimensions, relatives aux variations de l'aiguille. . . . . 8 fr.

Ces cartes, où les plus anciennes observations sont de 1700, ont été dressées par plusieurs savants, Halley, Delacourt, Lambert.

Tableau systématique des sons articulés, rangés selon l'ordre de leur formation organique, manuscrit du milieu du XVIIIe siècle, sur papier doublé en toile, long de trente-trois pouces, large de quinze, renfermé dans un portefeuille. . 6 fr.

Bon ou mauvais, c'est là vraiment un système. Toutes les parties se tiennent; toutes naissent successivement l'une de l'autre, et toutes naissent d'un seul principe. Ce système est fort méthodiquement exposé à l'œil et à l'esprit; s'il est bon, surtout s'il est nouveau, il pourra servir à l'histoire d'une des plus curieuses parties de l'esprit humain, à celle de la parole.

Exercice sur les ombres, année 1782. Un vol. in-fol., cartonné. . . . . 10 fr.

Les lois de l'expansion réactive de l'ombre par l'interposition des corps, sont ici fort clairement expliquées. Les planches ont été dessinées par Morin; je soupçonne que le texte est de l'écriture du géographe Buache, que nous avons vu professer avec tant de succès à la première école normale. Je m'en assurerai et je mettrai ici le résultat de mes recherches. Elles ont été inutiles à la bibliothèque du roi et à celle de l'Institut.

LETTRES.

Homélies évangéliques, manuscrit du XIe siècle. Un vol. grand in-8°, basane porphyre, filets. 70 fr.

Ces homélies, écrites à longues lignes et nettement, sont un des plus antiques monuments d'éloquence sacrée. On n'en connaît pas plus l'auteur que celui des prônes du XVIIe siècle, dont je parlerai bientôt. Elles finissent, comme ces prônes, les unes par la terminaison onctueuse des oraisons, les autres simplement par Amen. Toutes les paroles en sont, ou bien prises dans l'Evangile, ou bien évangéliques.

Anciennes poésies latines, ayant la lettre initiale détachée du premier mot de chaque vers, manuscrit autographe du XIe siècle, avec quelques variantes. Un vol. in-8°, basane porphyre, filets. . . . . 40 fr.

Y avait-il des La Fontaine, des Racine, des Voltaire au XIe siècle ? — Peut-être. — S'il y en avait, où étaient-ils ? — Dans les cloîtres. — Que faisaient-ils ? — Ce qu'ils pouvaient alors faire ; des vers en latin, la langue vulgaire des poètes de ce temps.

— Quelle était la déesse de leurs pensées ? — La mort.

DE MORTE.

« M ors furit et morti somnicipat omne furo
ri
« N il morti dirimus, mors facit omne mo
« M ors indistincte majora cratieribus equa
t
« O mnia mors equa conditione neca »

Tous les vers n'étaient pas aussi lugubres ; on en trouve d'assez gais, j'entends de la gaîté du XIe siècle, ou plutôt de la gaîté des cloîtres. On en trouve d'abord sur la fièvre, sur les médecins. Le poète aiguise ensuite ses pentamètres contre son camarade, qu'il traite de gourmand et de libertin, et contre un prélat qui n'est guère mieux traité. A ces poétiques diatribes succèdent les opinions des philosophes, les louanges de la Vierge, des saints; ensuite des passages de l'Ancien et du Nouveau-Testament, versifiés: tout finit par un chapitre en prose sur les sibylles. L'ancienne église parlait souvent des sibylles, *Teste David cum sibylla*. J'ai eu d'anciennes heures imprimées au XVe siècle, où étaient gravées un grand nombre de sibylles, dont la première était celle de Cumes. Je veux du bien à ce poète du XIe siècle, qui dessinait mal, de ne pas s'être cru un granddessinateur, d'avoir mis par dessus la représentation de quelques animaux qu'il a figurés sur les marges leurs noms, *leo*, *caper*. Ce manuscrit est du temps ou du moins se rapproche du temps où naquit la rime. On y voit que tantôt la rime consistait dans le retour de la même syllabe, tantôt seulement dans le retour de la même lettre. On peut y voir aussi l'origine des acrostiches. Sous plusieurs rapports c'est là un monument de l'histoire de la très ancienne littérature.

Nouvelles Leçons, manuscrit de la fin du XVIe siècle, *circa*. Un vol. in-fol., parchemin. 30 fr.

Pierre Messié publia en Espagne des mélanges de littérature, sous le nom de leçons; apparemment cet ouvrage eut du succès, puisqu'en 1557 il fut traduit en français. Verdier, sieur de Vauprivas, y ajouta en 1577, pour son compte, d'autres leçons, ce qui fit deux volumes. Guyon, sieur de la Nauche, voyant qu'on prenait goût à ces leçons, en donna trois autres volumes en 1610. Ce genre de littérature, sauf respect, a quelque analogie avec les hachis, les pâtés. Quand un pâtissier fait de bons pâtés d'une nouvelle façon, le public court chez lui; aussitôt d'autres pâtissiers l'imitent; aussitôt d'autres et d'autres pâtissiers, imitent les imitateurs, jusqu'à ce que le public ne veuille plus ni des uns ni des autres. C'est ce qui sans doute arriva à plusieurs des trop nombreux imitateurs de Messié; leurs manuscrits, rebutés par les libraires, ont péri, et celui-ci, qui pendant deux siècles et demi a échappé à tant de mains, a acquis par sa rareté une valeur littéraire. Mais faudrait-il peut-être rendre ici justice à ce pauvre mort et inventorier sa défroque. Il avait, ce me semble, autant et peut-être plus d'esprit qu'aucun de ses trois rivaux que j'ai nommés; mais il a eu moins de bonheur bien qu'il se fût soumis au goût de son siècle. En effet, il n'a guère voulu voir que les anciens, et dans ses trois cents soixante-douze chapitres on ne voit que les anciens. Par exemple, dans celui de l'agriculture, il ne parle que de l'agriculture des Perses, des Egyptiens, des Grecs, des Romains; ainsi et de même dans celui de la chasse, dans celui de la peinture. Dans le chapitre de la taille des hommes, il a ramassé sur les plus célèbres anciens personnages tout ce que jamais on a écrit de leurs corps et de leurs visages; c'est à lire. Même dans le chapitre des nouveautés il n'y a que d'antiques vieilleries. Où est la raison de cette déviation de la naturelle inclination à parler de la douce patrie? Elle est dans les études classiques. Le régent ne savait et n'enseignait que l'histoire des Assyriens, des Grecs et des Romains; si de très loin en très loin il était question de l'histoire moderne, ce n'était jamais que de celle des papes, des empereurs, des rois. Il y a parmi ces leçons un chapitre sur la théorie de l'histoire dans lequel l'auteur se montre bien inférieur à son contemporain Bodin. Il y a cependant quelques chapitres qu'on peut lire avec profit; je citerai celui de l'économie de la nature, où l'auteur se hasarde là à parler de la médecine de son temps, qui déjà entrevoyait la circulation du sang; celui des métaux relatif à la formation des pierres, à la croissance et à la nutrition des mines; celui des diverses productions, où le système sexuel des fleurs est presque découvert; celui de l'étude des gestes, où l'auteur a rassemblé toutes ses forces littéraires pour peindre les dames de son temps devant le miroir, plaçant leurs rubans, leurs mouches, leurs assassins. Je donne cette jolie expression aux marchandes de modes, et premièrement à madame Corot, dont le nom sur le quai Voltaire, écrit sous ses croisées en lettres plus grosses qu'aucunes de celles qu'on lit sur les murs des maisons, ne peut que me revenir le premier à la mémoire. Deux auteurs ont, je crois, travaillé à ce recueil dans des temps très rapprochés. Le dernier a contribué pour quelques pièces de vers français de sa façon, parmi lesquelles le tombeau de Rabelais, ou Rabeletz, car ce nom y est écrit de ces deux manières, offre quelques nouveaux faits historiques à mettre dans sa biographie.

Contes de Fées, manuscrit de l'année 1618. Un vol. in-4°, basane bleue, filets. . . . . 60 fr.

J'ai bien à dire sur ce manuscrit. D'abord s'est élevé en moi le doute si Perrault en a eu connaissance, car même gracieuse naïveté et surtout même forme : Il était un roi ; il y avait une reine. Ensuite je me suis fait plusieurs autres questions ; ce manuscrit étant incontestablement de deux mains différentes, de celle d'un homme qui a vécu au commencement du XVIIe siècle et de celle d'un autre qui a vécu à la fin, est-il unique ? La nouvelle écriture est-elle la copie d'une partie du manuscrit détachée ? ou bien la nouvelle écriture est-elle la copie d'une partie du manuscrit dégradée par l'humidité, par des accidents ? Je me suis demandé encore si ce manuscrit, qui a perdu au moins l'ancienne première feuille portant le titre, et qui est composé des contes complets, est lui-même complet ? Dans tous les cas, je pense que, tel qu'il est, il ne manquera pas d'acheteurs et qu'il sera porté à une assez haute valeur. Les deux écritures sont aussi lisibles, aussi nettes, aussi bien espacées, aussi belles que les belles impressions.

Avis civil de la mère Agnès, pour instruire de la manière dont on devra agir en cas qu'il arrivast du changement dans la conduite de la maison, 9 *mars* 1680, manuscrit autographe. Un vol. in-4°, basane, racine rouge, dentelles. . . 25 fr.

Ce manuscrit, tout plein de la doctrine du Port-Royal, est divisé par jours. S'il est de la main de la mère Agnès, si, sous le règne de Louis-Philippe Ier, il reste de bons jansénistes, de bons molinistes, on se le disputera, on se l'enlèvera, ou pour le baiser comme relique d'une sainte, ou pour le brûler comme œuvre du diable.

Lettres des solitaires ou écrites sous les noms des solitaires du Port-Royal, manuscrit autographe du temps. Un vol. in-4°, basane, racine violette, dentelles. . . . . 15 fr.

Ces lettres datées des bonnes années, de 1640 et 1642, sont peut-être un second trésor pour les successeurs des anciens jansénistes. Elles sont au nombre de cent trente-cinq. On verra encore ici par la chaleur des enchères, si le jansénisme vit ou s'il est mort.

Dissertation sur l'histoire des Juifs, *les prophètes*, *les premiers temps de christianisme*, manuscrit du commencement du XVIIIe siècle. Un vol. in-4°, demi-reliure. . . . . 10 fr.

Ce manuscrit peut bien être autographe, comme celui du Télémaque, où il n'y a, dit-on, qu'une seule rature. J'ai été obligé de le faire relier à cause de son état de délabrement. Il portait écrit au dos: symbole des Pythons.

Henri-le-Grand, roi de France, poème héroïque, manuscrit autographe du XVIIe siècle. Un vol. in-4°, maroquin vert, dentelles. . . . . . 80 fr.

« Je chante ce grand prince et les fameux exploits
« Qui mirent justement la France sous ses lois;
« Ce héros qui, marchant de victoire en victoire,
« Monta par sa valeur au comble de la gloire,
« Et qui, par ses vertus et ses faits inouïs,
« Fit partout triompher le sang de saint Louis.
« Pour traiter dignement ces sublimes matières,
« Muse, pénètre-moi de tes vives lumières. »

Le jeune Arouet, à l'âge de vingt ans, jette les yeux sur ce même manuscrit, et à l'instant l'idée du poème de la Ligue, depuis la Henriade, ne l'abandonne plus. Cette conjecture, j'y ai bien réfléchi, n'est pas entièrement dépourvue de vraisemblance. Je ne sais combien de livres devait avoir cette épopée; mais il n'y en a ici, ou il ne s'en est conservé que trois, et encore le dernier est-il fort incomplet. Dans une belle bibliothèque, ce manuscrit sera placé à côté de la Henriade, comme une obscure petite chaumière que la baguette de Voltaire a changée en Palais.

Le Festin des vertueux, poème, manuscrit autographe de 1699. Un vol. in-12, veau brun, filets. . . . . 10 fr.

PL. 2, P. 185, T. 2.

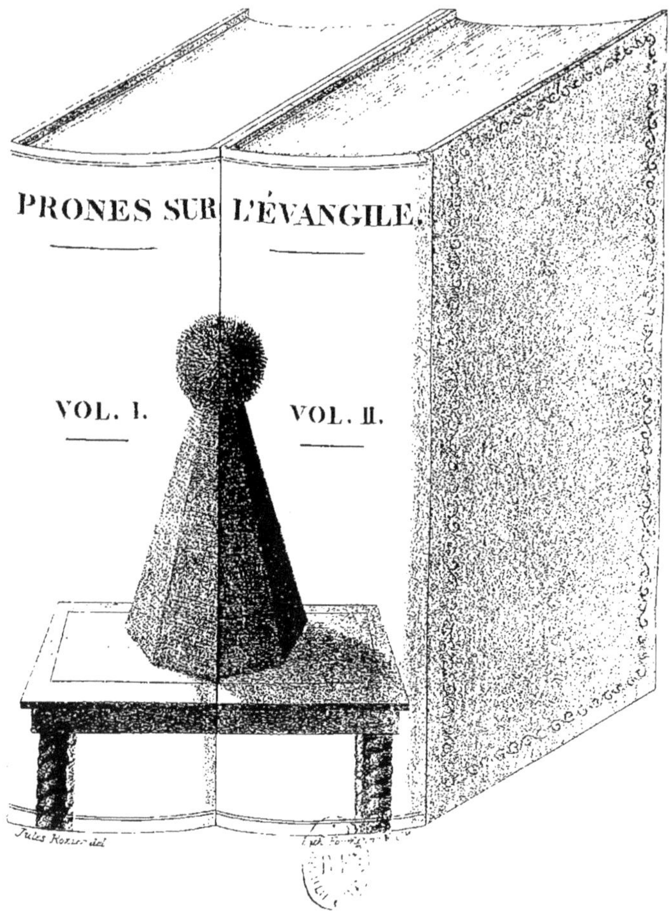

Prones sur l'Evangile, manuscrit relié en deux volumes à dos peints.

Ce qui est très rare est très cher; et cependant ceci n'est pas très cher bien que très rare. L'auteur qui se nomme et que par charité littéraire je ne nomme pas, suppose dans son poème qu'il est dans une salle de festin qu'il appelle le banquet des Sages. Le premier service est composé des quatre vertus cardinales. Les entremets sont : la pudeur, la modestie, la civilité, la bonté. Suit le deuxième service, composé des vertus morales. Suivent les ragoûts, la joie, la santé du corps et de l'ame. Le dessert est composé des vices. Je mentirais si je disais que les vers de ce poème sont assez incorrects, assez barbares, car ils ne peuvent l'être davantage. Que je voudrais trouver dans une histoire littéraire que cet auteur écrivait dans un bel appartement, deux ou trois étages au-dessous de celui de Boileau, ou de Racine, ou de La Fontaine, et qu'il avait des partisans, des enthousiastes, des protecteurs, de la réputation, du crédit!

Prônes sur l'Evangile de saint Mathieu, manuscrit autographe du XVIIe siècle. Deux vol. in-4°; rel. peinte, voyez ci-après pour cette reliure. 60 fr.

Prônes sur les commandements de Dieu, manuscrit autographe du XVIIe siècle. Deux vol. in-4°, basane, racine violette, dentelles. . . . . 40 fr.

J'ai consulté à la bibliothèque du roi, à celle de Saint-Sulpice, pour découvrir le nom de l'auteur de ces prônes; on l'ignore. Je me garderai bien de savoir ce qu'on ne sait pas à la bibliothèque du roi, et surtout, en fait de sermons, ce qu'on ne sait pas à Saint-Sulpice. Il paraît, par une lettre décachetée que j'y ai trouvée, qu'ils ont appartenu au curé de Beaumont-sur-Oise. Quant à la facture, presque sans ratures, sans additions, elle est facile, simple, élégante, noble, et semble avoir naturellement coulé de la plume d'un homme bon et bien élevé. L'auteur, rempli d'érudition, ne se montre érudit que çà et là et toujours à propos. Ses hautes lumières lui font voir les objets comme les voyait le clergé de Bossuet, de Fénélon. Il commence le premier prône sur l'Evangile par la traduction littérale et la définition du mot Evangile. Il en fait autant au premier des prônes sur les commandements ou la loi de Dieu. Il donne l'étymologie de loi, qui, suivant saint Thomas, vient de *ligare*, lier. Ne pensez pas que ce monument de littérature sermonaire soit sans intérêt pour l'histoire des opinions nationales; il y a grand nombre de faits à noter dans ces divers prônes, surtout dans ceux sur l'apostasie, les superstitions, les maléfices, la divination, les vaines observations, les vœux, les serments, et dans bien d'autres. Je parle comme si ces deux recueils de sermons étaient du même auteur; je crois qu'ils le sont. C'est la même marche, la même économie, le même style, et, ce me semble, la même écriture, mais des différents âges d'un homme. Les prônes de saint Mathieu sont au nombre de quatre-vingt-dix-neuf. Le dernier prône sur les commandements de Dieu est fait contre les duels. Véritablement c'est surtout ici à la religion à former la voix de la raison, de l'opinion, et à la voix de la raison, de l'opinion à nous dicter des lois dont nous avons un si pressant besoin.

Maintenant je dirai un mot, deux s'il le faut, sur la nouvelle forme de reliure que j'ai fait donner au premier de ces manuscrits. Je demanderai d'abord aux bibliothécaires et aux hommes de lettres qui ont de grandes bibliothèques, si ces longues lignes de volumes à dos dorés, d'une hau teur uniforme, ne leur rendent pas, lorsqu'ils veulent se passer de chiffres et de répertoires, les livres difficiles à distinguer? Eh bien! je crois avoir trouvé un genre de reliure ou une forme de reliure qui, outre qu'elle variera l'aspect des rayons, facilitera, pour la mémoire, le souvenir de la place matérielle des livres. J'ai fait peindre sur les deux dos plats des deux volumes de ce manuscrit, qui semblent n'en faire qu'un seul, un bonnet carré, symbole de la chaire ecclésiastique, se partageant en deux moitiés, une pour chaque volume. L'*Excerpta* qu'on trouvera au chapitre XXV est, comme le titre l'annonce, composé de fragments, de mélanges de différentes matières; j'ai fait peindre sur le dos de ses trois volumes, qui semblent de même n'en faire qu'un seul, une forteresse assise sur une roche de granit d'une espèce que les naturalistes nomment poudingue. Du reste, il n'est pas absolument nécessaire que les peintures du dos aient rapport au contenu du livre; ainsi on peut relier un ouvrage de plusieurs volumes, sous la forme d'une maison se décomposant en fenêtres, une pour chaque volume. Mon relieur, M. Isabeau, qui a déjà imaginé de placer la représentation d'une colonne sur le dos d'un livre, peut réunir ses colonnes, et en tenant compte des entre-colonnements, donner à un ouvrage la forme d'un péristyle, ou d'un temple antique, ou d'une bourse. On peut figurer aussi des allées d'arbres, des meubles et toutes sortes d'objets. On voit comme cette nouvelle décoration de livres employée seulement quelquefois et avec goût, diversifierait la face un peu monotone de nos belles bibliothèques.

Je dois à l'habileté et au désintéressement de M. Isabeau, ainsi qu'à l'amitié de M. Frédéric de Fontannois qui sait, lorsqu'il le faut, être peintre aussi bien qu'imitateur paléographe, d'avoir parfaitement exécuté mon idée de reliure peinte.

Recueil de discours sur différents sujets d'his-

toire et de géographie, manuscrit de la fin du XVIIe siècle. Un volume petit in-4°, parchemin. 15 fr.

Il y a des chapitres de biographie sur les ducs de Savoie, les ducs de Lorraine, les princes de Transylvanie. Il y a des chapitres sur les batailles, sur la bataille de Fleurus, où l'on voit qu'avant celle de 1690 il s'en était donné une autre en 1622, où les Espagnols, qui maintenant ne sont pas très empressés à payer leurs créanciers, chargèrent leurs canons, à défaut d'autres munitions, avec de gros écus, de grosses piastres d'argent. Il y en a enfin sur la géographie, entre autres sur le Traité de géographie de Samson, qui dut faire passer de mauvaises heures à ce géographe, car il ne pouvait pas comme d'autres auteurs dire : Le critique n'a pas assez étudié ce dont il parle ; il étudiera, il changera. Les erreurs géographiques se montrent incontestablement et nettement, soit à l'œil, soit à l'esprit.

Mélanges de prose et de vers, manuscrit de la fin du XVIIe siècle. Un vol. in-fol., veau brun, filets. . . . . 30 fr.

Comme œuvre littéraire, les mélanges ont par défaut d'unité en général moins de prix ; mais comme mine historique ils valent quelquefois beaucoup, lorsque cette mine ainsi que celle-ci est grande et riche. Parmi les enchérisseurs, plusieurs voudront ce manuscrit pour le manifeste relatif au rétablissement du roi Jacques II sur le trône d'Angleterre; d'autres pour les thèses relatives à la grace incriminée, par Maurice Letellier, l'on me passera ou l'on ne me passera pas cet anachronisme d'expression; d'autres pour un joli voyage fait en 1679 en Hollande, dont vous voyez la terre, les cultures, les maisons, les habitants; d'autres pour le poème des couches de l'Académie; d'autres pour le tableau de l'Europe en 1695; d'autres pour l'ombre de Cromwell et l'ombre du président Fagel, qui apparaissent dans ces grandes pages et y dialoguent comme aujourd'hui lord Wellington et le roi de Hollande; d'autres pour la lettre du père Peter au père Lachaise; d'autres pour l'histoire de la dame Olimpie, qui n'est pas courte, même pour ceux qui aiment les histoires longues; d'autres pour une infinité de chansons, de pièces rimées, non rimées; tous sans nulle exception, tous pour la comédie *les Moines, mise en musique, composée et récitée par les pères jésuites en leur maison de Gentilly, devant le père Lachaise, le père provincial et le père Bourdaloue.* Cette comédie a-t-elle été vraiment composée par les jésuites? je ne le puis assurer, car je ne le crois pas; mais je puis assurer qu'elle n'est pas écrite sans esprit, sans verve, sans facilité. On trouvera d'ailleurs fort plaisante l'idée de mettre le blâme de l'affaiblissement, de la désuétude des anciennes règles conventuelles, de l'oisiveté, de l'abondance des successeurs des anciens moines, dans la bouche des nouveaux moines, pleins des nouvelles sciences, pleins d'esprit, pleins d'activité, de feu, d'ambition, pleins de la finesse, de la doctrine et des leçons du grand monde qu'ils fréquentaient, enfin dans la bouche des jésuites.

Histoire du Palais-Royal, manuscrit de la fin du XVIIe siècle. Un vol. petit in-4°, basane, racine jaune, dentelles d'argent. . . . . 12 fr.

On sait ou peut-être on ne sait pas que cette histoire a été imprimée du temps même de Louis XIV, dans les Amours des dames illustres de France, Cologne, Pierre Marteau, deux volumes in-12, sous le titre de *Palais-Royal* ou *Amours de madame La Vallière*. On sait ou peut-être on ne sait pas que le médecin Patin fut envoyé en Hollande pour en acheter et pour en détruire tous les exemplaires. Je soupçonne que cette histoire, ou ce roman sous titre d'histoire, est le Gatien de Courtils, sieur de Sendras; et il est possible que ce soit là son manuscrit autographe. Il y a tant de ratures qu'on serait tenté de le croire. Voltaire et tous ceux qui ont écrit l'histoire de Louis XIV ont suivi de point en point la narration de ce roman. Peu importe! je ne prends à cet égard la parole que pour faire remarquer que, dans la vieille histoire de France, les lits de la belle Agnès, de la belle Pisseleu, de la belle Gabrielle, de la belle La Vallière occupent l'espace qui appartient à l'histoire des divers états ou des diverses parties de l'ordre social. Que si l'on me dit qu'elles ont souvent nommé les ministres, quelquefois même décidé de la paix et de la guerre, je répondrai que leurs noms ne doivent pas moins être couverts d'oubli. Les honneurs historiques peuvent-ils donc être décernés à l'adultère, au vice le plus opposé au plus essentiel des progrès de la civilisation, les bonnes mœurs des femmes?

Les conquêtes amoureuses du grand Alcandre, manuscrit du XVIIe siècle. Un vol. in-4°, veau fauve, filets. . . . . 8 fr.

Ce dernier manuscrit est encore une des œuvres de Sendras, imprimée en 1682. Si on veut l'avoir manuscrit, le voilà; il s'y agit des amours du roi avec la Montespan. Aucun de ces deux manuscrits ne peut être classé parmi les documents historiques. J'avais à parler de la noble pudeur de l'histoire.

Recueil de lettres de divers personnages du XVIIe siècle, manuscrit du commencement du XVIIIe siècle. Un vol. in-fol., veau fauve, filets. . 80 fr.

Ce qui donne un grand prix à ce manuscrit, qui a appartenu à Suard, secrétaire de l'Académie, dont il porte la signature, c'est qu'il n'est guère probable que les deux cents différentes lettres qu'il renferme aient, sans exception, toutes été publiées. Ce qui est ensuite à remarquer, c'est que pour tous ces différents personnages qui écrivent de différentes villes et en différents temps du XVIIe siècle, les affaires publiques étaient les affaires de la cour. La France, qui aujourd'hui n'est qu'entre les Alpes et la mer, les Pyrénées et le Rhin, n'était pour eux qu'à Saint-Germain, à Marly, à Versailles.

Recueil de Poésies de différents autheurs, divisé en six parties, manuscrit achevé en l'année 1706. Un vol. in-4°, veau brun, filets. . . 40 fr.

Je ferai les mêmes observations qu'à l'article précédent, et je dirai encore : il n'est pas possible que ces différentes poésies aient toutes, sans exceptions, été publiées. Il y a des gazettes militaires, des gazettes politiques, des pièces historiques. On y voit dans un placet que les comédiens italiens étaient à la part au commencement du XVIIIe siècle. Dans un autre placet, on voit aussi que l'architecte qui dressa l'obélisque d'Arles fut anobli. J'espère qu'on fera aussi quelque chose pour notre M. Lebas. Si on l'anoblit, qu'on lui donne pour armes un obélisque.

Portefeuille contenant deux lettres originales du comte de Grignan, gendre de madame de Sévigné; plus quatre ordres de route et un certificat signés par lui. . . . . 60 fr.

Les lettres originales des personnes de la famille de madame de Sévigné se vendent au poids de l'argent, et celles de cette aimable femme, le premier de nos écrivains épistolaires, au poids de l'or, et elles ne sont pas assez payées.

Recueil de chansons composées à la louange de haute et puissante damoiselle mademoiselle Anne-Louise de Noailles, dite de Mansac, manuscrit de l'année 1710, *circa*. Un vol. in-12, veau brun, filets, tr. dor. . . . . 16 fr.

Il fallait que dans les premières années du XVIIIe siècle le temps fût bien aux chansons, puisque pour une demoiselle on en faisait un volume. Mademoiselle de Mansac sort du couvent de Sainte-Marie, chanson; elle renonce au noviciat, chanson; elle quête à l'église Saint-Roch, chanson; un jour elle s'habille en Diane, chanson; un autre en marquis, chanson; un autre en nourrice, chanson; son nom est oublié dans l'histoire généalogique de la maison royale de France et des grands officiers de la couronne, au chapitre des Noailles, chanson; le maréchal et la maréchale de Noailles projettent le mariage de leur fille, chanson; mademoiselle de Mansac se marie, fin des chansons, dont le titre complet est à un des derniers feuillets du manuscrit.

Lettres originales du maréchal de Villars à l'intendant Lebret, au nombre de cinquante-trois, depuis l'année 1712 *jusqu'à l'année* 1728. Un vol. petit in-fol., maroquin bleu, dentelles. 150 fr.

Le même sentiment qui autrefois nous fit recueillir avec un soin religieux les restes, les reliques des saints hommes qui avaient illustré leur vie par le martyre, ou par la constante pratique des vertus les plus difficiles, nous fait aujourd'hui respectueusement conserver les restes, les reliques des grands hommes qui ont été l'ornement de leur patrie. On recherche surtout, on prise surtout les lettres; véritablement de même que les habits sont les plus précieuses reliques du corps, les lettres sont les plus précieuses reliques de l'ame. Les premières de ces lettres successivement datées du camp devant Spire, devant Landau, devant Fribourg, commencent lorsque s'éteignent les derniers feux de l'embrasement qu'avait allumé la guerre de la Succession; elles semblent ensuite toutes vivantes du mouvement des grandes affaires de l'Etat qui succédèrent et qui en si grande partie furent dirigées par le maréchal, appelé au conseil de régence. Sur mille faits militaires ou autres à recueillir, je note qu'on trouve dans la lettre du 30 novembre 1715, que les gardes-du-corps étaient tirés des régiments de cavalerie et de dragons.

Recueil d'Enigmes et de Logogriphes, manuscrit de l'année 1728. Un vol. petit in-4°, veau fauve, filets. . . . . 20 fr.

Où sont les anciens rédacteurs des Mercures de France, qui, depuis Vizé jusqu'à la révolution, ont si long-temps fait les plaisirs des grandes et paisibles salles des châteaux ! Comme ils accourraient ! comme ils enchériraient! Ce manuscrit, qui paraît autographe, renferme plus de quatre cents énigmes, peut-être non publiées, et sûrement, depuis cent cinq ans, oubliées.

Anecdote relative à la mort supposée de la princesse épouse du Czarowitz, fils de Pierre-le-Grand, manuscrit du temps. Un vol. in-16, maroquin vert, filets, relié par le prince polonais Oginski, maintenant maître relieur à Paris. 10 fr.

Je n'ai pas quitté mon bon et habile relieur M. Isabeau; mais je n'ai pas voulu perdre l'occasion de faire relier une histoire russe par la main d'un prince polonais qui, après avoir défendu avec la noble épée sa patrie, nourrit maintenant sa famille avec le noble compas des arts. Ce tout petit manuscrit, composé de dix tout petits feuillets, a plus de cent ans, et il n'en est pas moins venu à nous entièrement complet, sous la protection d'une simple feuille de papier que j'ai recommandé au prince Oginski de lui laisser. Il a été composé et écrit en Allemagne; la lettre initiale est historiée et couronnée : C'est bien, me dira le lecteur; mais qu'en faire? Qu'en faire! une grande fortune, un grand drame, en cinq actes, dont voici le plan : Premier acte. Le palais d'été ou d'hiver du czar Pierre-le-Grand est ouvert : on y voit l'empereur en bonnet de nuit et en robe de chambre russe, un grand bâton à la main avec lequel il donne des leçons à son fils le Czarowitz : Coquin! j'ai civilisé le plus grand empire du monde, et je ne civiliserai pas mon fils ! Le bâton, rien n'y fait. La jeune princesse de Wolfenbutel qui lui est destinée en mariage se montre. Le Czarowitz change subitement au gré de son père. Second acte. Belle et impériale noce russe avec imitation de la musique et des danses russes. Troisième acte. Le Czarowitz, redevenu féroce, maltraite la princesse, finit par mettre du poison dans sa coupe; l'adroite princesse fait semblant de le boire, d'être empoisonnée et vient sur le bord du théâtre, simuler au soleil des lampions, avec le talent d'imitation si naturel aux femmes, toutes les souffrances, toutes les convulsions de l'empoisonnement; enfin elle feint de mourir ; on feint de l'enterrer ; on enterre une grosse bûche de sa taille, pendant que sous le déguisement d'une demoiselle allemande, elle fuit dans d'autres climats. Quatrième acte. Le théâtre représente les Tuileries, la grande allée avec ses vingtuples rangées de chaises. La princesse est à Paris, elle va par coquetterie se promener aux Tuileries, à la grande allée, où elle est reconnue par un jeune seigneur allemand, depuis le célèbre maréchal de Saxe. Elle s'en aperçoit ; elle fuit encore, prend la route du Havre et s'embarque. Elle aborde à la Louisiane ; elle y achète une habitation. Un de ces jeunes Français aimables qui se trouvent partout réussit à lui plaire. La catastrophe du Czarowitz, annoncée dans tous les papiers publics, lui permet de se remarier, et elle donne sa main à un capitaine d'infanterie ; c'était, cela va sans dire, le jeune Français. Noces américaines, danses de nègres, danses de grenadiers blancs, danses de jeunes négresses, danses de jeunes créoles blanches. Le rideau s'abaisse. Les spectateurs ne cessent d'applaudir cette pièce à deux mariages ; elle a un succès auquel on ne peut comparer que celui du Pré aux Clercs. Eh bien ! maintenant se récriera-t-on sur la mise à prix à dix francs d'un manuscrit où, en d'autres mots, se trouve ce beau drame ? Non certes ; car j'entends : A vingt francs ! A trente ! J'ai beau dire : assez ! assez ! trop ! beaucoup trop ! les enchères ne s'arrêtent pas. On a spéculé sur le drame ; on veut l'avoir à tout prix.

Vie et ouvrages de plusieurs écrivains du XIIIe *siècle*, manuscrit du XVIIIe siècle. Un vol. in-4°, cartonné. . . . . 6 fr.

La vie de Guillaume Lebreton est la première. Il y avait, au XIIe siècle, des poètes historiens tels que Lebreton, auteur du poème latin de Philippe-Auguste, qui étaient beaucoup moins poètes que les historiens poètes d'aujourd'hui, tant applaudis ; mais le sévère avenir, avec son inévitable raison, est là, qui, excepté les histoires du temps, rejette toutes les histoires sans notes ou sans preuves. Dans ce manuscrit sont un grand nombre d'autres vies et d'autres notices d'ouvrages, entre autres la vie d'Etienne Boisleve, prévôt de Paris que nous appelons Boileau, à qui nous devons des recueils de réglements et de statuts de métiers, les plus anciens matériaux d'un des plus importants chapitres de l'histoire nationale. Les citations en prose, en vers latins, français, provençaux, ne manquent pas. L'auteur a mis ses preuves et ses notes dans son texte, on peut plus mal faire.

Recueil de vers et de prose, manuscrit de 1740, *circa*. Un vol. in-8°, bas. rac. bleue, filets. 20 fr.

Suivant un habile connaisseur en écritures, ce recueil a servi à l'impression de quelques pièces fugitives de Voltaire ; suivant lui la lettre initiale V. et quelques autres lettres ou signes paraissent être de sa main ; il y a suivant lui au moins à parier autant pour, que contre. Allons ! que les parieurs s'avancent ; Voltaire est un des grands saints de notre calendrier littéraire : on donne des jointées d'or de chacune de ses lignes. Si quelqu'un peut d'ailleurs découvrir dans ce recueil quelques vers, quelques hémistiches inédits, ce sera pour lui une fortune que je lui souhaite de tout mon cœur.

Hommes illustres, manuscrit du milieu du siècle dernier. Deux vol. in-4°, veau ou basane fauve, filets. 20 fr.

Ce manuscrit a été relié par un relieur qui ne savait pas lire, les feuilles en sont assemblées sans ordre ; et il a été copié par un copiste qui ne savait pas orthographier : cependant il ne laisse pas d'être précieux. Ce n'est pas qu'on y trouve des articles entiers à prendre ; mais il y a d'excellentes lignes. Par exemple il y est dit ce que tous les écoliers devraient savoir, et cependant ce que personne guère ne sait, qu'en 1719 le Régent rendit gratuite l'instruction de l'université. Il y est dit que Rollin n'a jamais été coutelier, mais que son père qui l'était, l'avait fait recevoir maître dans son adolescence ; et j'ajoute, moi, que les fils de maîtres n'étant pas tenus à leur réception de faire leur chef-d'œuvre, il en résulte que le célèbre Rollin n'a jamais fait de couteaux : toutefois en eût-il fait, il n'en aurait pas valu moins, ou plutôt il en aurait valu davantage s'il en eût fait de bons. Il y est encore dit que Rollin n'écrivit en français qu'après l'âge de soixante ans ; de là probablement cette facilité, cette assurance, donnée par l'âge, après un exercice si continu et si long, cette aisance de style si remarquables dans son Traité des études et dans son Histoire ancienne ou plutôt Histoire des guerres anciennes, dans son Histoire romaine, ou plutôt Histoire des guerres romaines. Il y a bien d'autres faits, et en grand nombre, à prendre relativement aux gens de lettres, aux artistes. L'auteur qui dit que Lulli avait renouvelé son art, qu'il l'avait porté au plus haut degré, paraît être né dans le siècle où l'on avait cette opinion. Depuis, mais pas depuis très longtemps, on a cessé d'être sourd.

Harangues de Claude Bosc, prévôt des marchands, et de Jean-Baptiste Bosc, procureur général à la cour des aides, manuscrit autographe du milieu du XVIIIe siècle. Un vol. in-4°, veau brun, armoiries de l'auteur sur le plat. . . 12 fr.

Il faut que Jean-Baptiste Bosc ait vécu au moins cent ans ; il parle d'une harangue de 1661, comme s'il l'avait entendue, et sa dernière harangue est de 1747. *Honora patrem tuum, si vis esse longevas super terram.* Il était vraiment un excellent fils ; il a recueilli avec respect toutes les harangues de son père qui occupent la moitié du volume, et il s'est plu à les transcrire avec un amour qu'attestent la netteté et l'égalité de ses caractères. Les harangues du père s'adressent tantôt au corps de ville, tantôt au roi ; celles du fils tantôt à la cour des aides, tantôt au roi. Cet excellent fils, qui n'était pas, il s'en faut, un méchant orateur, ne veut d'ailleurs rien perdre de sa gloire littéraire. Il transcrit à la suite des harangues qu'il a prononcées, d'autres harangues qu'il devait prononcer, si le roi avait reçu la magistrature, si l'on n'avait décidé qu'on ne haranguerait pas la Dauphine, si l'avocat général qu'il aurait remplacé eût été absent. Il y a quelques faits à remarquer, et le manuscrit est d'ailleurs à conserver comme monument de piété filiale et comme monument d'écriture qui marque sensiblement et à longs intervalles la succession des âges de la main.

Minutes de Nicolas Delisle, pour servir à sa biographie. Un vol. in-4°, cartonné. . . 30 fr.

En France trois Delisles comme trois Bernards, sont ou du moins étaient connus. Claude Delisle, géographe des belles années de Louis XIV, dont j'ai déjà parlé, Guillaume Delisle premier géographe du roi et Nicolas Delisle son frère, qui lui survécut pendant longues années. Ce volume renferme, outre un mémoire sur les découvertes dans la mer du Sud que Nicolas ne lut pas en entier à l'académie des sciences, quelques fragments sur la géographie, plus des copies du brevet de Louis XV qui lui permit d'aller en Russie au service de la czarine, plus une autre copie de son traité avec le prince Kourakin, ambassadeur de Russie. Tous ces manuscrits sont autographes; mais ce qui en rend la collection plus précieuse, c'est qu'il y a une feuille à laquelle sont collés de tout petits carrés de papier écrits de la main de Nicolas Delisle, portant des notes sur sa biographie, qui étaient autant de pierres que d'avance il avait laissées et arrangées pour la construction de son monument. Le dernier petit carré de papier n'est pas de sa main, car qui peut prédire le jour de sa mort? il est de son neveu Buache; il y a marqué le jour et l'année où Nicolas Delisle décéda. Il lui a aussi, en sa qualité d'ancien élève de l'école d'architecture, dessiné un mausolée; car je crois que si l'un de ces deux dessins qui sont à la fin du volume est incontestablement pour Guillaume Delisle, l'autre est probablement pour son frère.

Pensées de Simon Morin, dédiees au roi, avec des poésies, des cantiques, manuscrit du XVIIIe siècle. Un vol. in-8°, maroquin vert, fil. tr. dor. 30 fr.

Ce Simon Morin qu'au chapitre des lois nous avons vu brûler, en 1663, sur la place de Grève, faisait de la prose et des vers. Ses œuvres ont été imprimées, et bien qu'il y en ait eu deux éditions, on les achète, lorsqu'on trouve à les acheter, jusqu'à cinquante francs. Ce recueil offre, outre des variantes des deux éditions, des suppléments fort rares.

Vies des Hommes illustres d'Angers, manuscrit autographe du XVIIIe siècle. Un vol. grand in-8°, basane, racine rouge, dentelles. . . . . . . 20 fr.

Si ce manuscrit est assez gros, ce qui fait honneur à la ville d'Angers, l'écriture n'en est pas belle. Elle est surtout surchargéee d'additions. Le bon patriote d'auteur qui croyait n'en avoir jamais assez dit, qui a pris tant de peine, qui a tant veillé, tant recueilli de faits, tant de dates, qui a recueilli tant de noms, pourquoi nous laisse-t-il ignorer le sien?

Catalogue des livres de la petite bibliothèque du roi Louis XVI, à Versailles, manuscrit de l'année 1778. Un vol. petit in-fol., demi-reliure. . . . . 30 fr.

On peut juger, à quelques égards, des goûts du prince par sa bibliothèque particulière ; celle de Louis XVI était fort variée. On aurait pu y faire une histoire nationale de toutes les parties de la nation, de tous les divers états de son temps. Il y avait de tout. Il y avait des collections d'almanachs, et c'est bien ; des collections de tous les journaux de l'Europe, des journaux les plus anciens, de la Gazette de France depuis 1631, troisième année de son apparition ; des collections de traités d'arts mécaniques, Louis XVI était lui-même un excellent artisan. Je demande ici que par une addition à la charte les rois des Français, dans une grande cérémonie décennale, tracent non-seulement un sillon, mais qu'ils forgent, qu'ils tissent, que tous les travaux de la ruche soient également honorés, n'importent le rang et l'habit des abeilles. Je continue à feuilleter le catalogue de la petite bibliothèque de Louis XVI : on y voit qu'il n'était guère musicien. La collection de musique était toute de vieilleries. La collection d'estampes était fort précieuse. Mais la collection de l'économie politique, la collection des finances et quelques autres étaient bien restreintes. Il n'en était pas ainsi de la collection d'oraisons funèbres. Le bon fils avait pieusement fait rassembler toutes celles du

Dauphin. Il en avait richement fait relier les différents volumes, il les avait fait armorier des armes du Dauphin, et, en signe de son deuil, couvrir de maroquin noir, dentelles et ornements d'argent. Cette collection du moins n'est pas perdue; je l'ai. La collection des brochures est assez variée, il ne ne faut cependant pas y chercher des brochures politiques. Ce n'était pas lui qui ne les voulait pas, c'était la cour dominée par les anciennes idées, dont le défaut de modification a appelé une terrible révolution, au lieu d'une révolution paisible, successive qui aurait fait fleurir la France et le monde, sans interruption de progrès de la société, sans jours de sang.

Traduction de vingt-cinq chants de Roland le Furieux, manuscrit autographe du XVIIIe siècle. Un vol. in-4°, parchemin vert. . . . . . 4 fr.

Arioste a été souvent traduit en français; il le sera encore. Cette traduction manuscrite serait vraisemblablement de quelque secours à celui qui entreprendrait une traduction nouvelle.

Manuscrits autographes de La Dixmerie. Un vol. in-4°, bas., rac. jaune, dentelles d'arg. 60 fr.

Bien sûrement on se souvient de La Dixmerie. Son nom, si on ne lui fait injustice, doit se trouver dans notre histoire littéraire au joli chapitre des Contes. Voici un de ses contes écrit et signé de sa main; il a pour titre: *Le croira-t-on:* et certes il ne paraîtra pas indigne de ceux qui ont été déjà publiés. La Dixmerie faisait aussi des pièces de théâtre, ce volume contient encore le deuxième, le troisième, le quatrième acte du grand opéra de Panthée; le deuxième, le troisième acte de l'opéra des Bons Seigneurs. Maintenant je propose à quelque poète dramatique de compléter ces deux pièces, d'en faire le nœud en voyant le dénouement, comme en voyant le corps-de-logis d'un édifice un architecte fait les deux ailes, tout comme en voyant les deux ailes il fait le corps-de-logis. Ces deux pièces porteront le titre d'Opéra, moitié nouveau, moitié ancien, paroles d'un vivant et d'un mort. Souvent le beau et le bon n'ont qu'un succès fort contesté, fort tardif, tandis que par leur air nouveau, le singulier et le bizarre sont d'abord sûrs de plaire.

L'empire du destin ou état présent de la Russie, poème latin, avec la traduction française en regard, manuscrit du XVIIIe siècle. Un vol. in-4°, veau ponceau, filets d'or. . . . . 80 fr.

Si les lettres russes pleurent la perte d'un grand poème latin de plus de trois mille vers sur les événements du règne de l'impératrice Elisabeth, dédié au comte Rosoumoski, vice-roi de la petite Russie, traduit en français par l'auteur, je puis leur en donner des nouvelles ; il est tombé entre mes mains ; il est là ! Certes quoique la politesse française veuille que je le loue, je ne puis pourtant pas dire que le style de la traduction soit très pur, et l'on doit s'y attendre : mais quant aux vers latins, s'ils ne valent pas ceux de Virgile, ils valent mieux que ceux de Mevius. Je les offre d'ailleurs à vingt francs le millier, et certainement ce n'est pas cher.

Sermons du père Lenfant, jésuite, prédicateur du roi, de Stanislas roi de Pologne, de l'empereur Joseph II, manuscrit autographe. Deux vol. in-fol., demi-reliure. . . . . 200 fr.

La chapelle de l'abbaye Saint-Germain-des-Prés est depuis assez long-temps démolie. Le nombre de ceux qui l'ont vue diminue tous les jours ; c'était là qu'en la fameuse et cruelle année 1792 on avait renfermé et entassé les suspects. Le 3 septembre, vers le milieu du jour où le soleil éclatait à travers les vitres de l'édifice, une voix se fait entendre du haut de la tribune : La mort s'approche de ce lieu ! préparez-vous ! recevez la bénédiction ! Tout le monde tombe à genoux. Quelques instants après les portes sont ouvertes avec fracas. Les bourreaux assassins entrent ; le massacre commence, le sang jaillit, et cette main qui, pour défendre instinctivement un reste de vie, fut sans doute déchiquetée était la même que celle qui, vingt ans auparavant, avait tracé les éloquentes pages de ces deux volumes ; et cette voix qui, du haut de la tribune, avait pour ainsi dire fait entendre le bruit des verrous de la porte de l'autre monde près de s'ouvrir, était la même que celle qui avait prêché ces sermons. Je n'en ferai aucune citation, je dirai seulement qu'on vient d'en faire coup sur coup deux éditions. Ce manuscrit offre des variantes, peut-être des suppléments ; il est d'ailleurs vénérable comme monument ; il l'est encore comme chargé de notes autographes du savant abbé Guillon et de sa signature.

Classification des articles du journal de Trévoux, manuscrit autographe de Maille, chanoine honoraire de Rouen, année 1807. Un vol. in-4°, basane, racine jaune, dentelles d'argent. . 30 fr.

Certes, cette mise à prix est bien petite quand on considère la grande utilité de ce répertoire, au moyen duquel, lorsque vous avez besoin d'un article d'un des douze cents volumes du journal de Trévoux, tout aussitôt et du premier coup vous le trouvez. Le journal de Trévoux est un des plus vastes tableaux de la littérature du XVIIIe siècle, en même temps qu'il est un des plus précieux monuments de la presse des feuilles périodiques. Celui à qui ce manuscrit passera, à qui il épargnera bien du temps et de la peine, remerciera peut-être ce bon et laborieux chanoine de Rouen de le lui avoir légué, et quant à moi, qui l'ai découvert, qui l'ai recueilli, conservé, et solidement relié, il dira que je le lui ai vendu à l'enchère et tant que j'ai pu, que de toute manière il ne me doit rien ; heureusement je ne l'entendrai pas. Dieu me préserve d'entendre toutes les paroles d'injustice et d'ingratitude !

CHAPITRE XXV.

HISTOIRE DE PLUSIEURS AUTRES ÉTATS DONT IL N'EST POINT PARLÉ DANS LES CHAPITRES PRÉCÉDENTS.

Excerpta membranea, a seculo VIIIo *usque ad seculum* XIXum, *collecta ab Amantio Alexi Monteil.* Trois vol. grand in-fol., reliure peinte, figurant une roche granitique, couronnée d'une antique forteresse, flanquée de deux tours. . . . . . 500 fr.

Avec des fragments de manuscrits, des feuillets détachés, des débris rejetés, j'ai formé ce volumineux *excerpta* composé de six cent vingt-trois pièces,

PL. 3, P. 210, T. 2.

Exerpta membranea, manuscrit relié en trois volumes à dos peints.

varié par de nombreuses miniatures, de nombreux dessins, de nombreux plans, de nombreuses cartes, de nombreuses feuilles de musique, de nombreuses nomenclatures, de nombreux tableaux, de nombreux états, de nombreux billets de corporation, de civilité, de commerce, de papier-monnaie, toutes diverses pièces variées encore par des chartes et des actes de différents âges. J'enseigne ici à tout recueillir, à tout ramasser, à ne rien laisser perdre. Je prouve que les fragments les plus petits, les plus incomplets, sont quelquefois dépositaires des documents les plus rares, les plus complets. Dans ce recueil, dont la reliure, si l'on peut ainsi parler, enlace treize siècles, on verra, pour la première fois, avec quelque plaisir, des manuscrits de divers âges, de diverses provinces de la France, de diverses régions de l'Europe, venir se toucher par leurs minces et légers débris, par les feuilles volantes qui en restent.

LA PREMIÈRE TOUR DE LA FORTERESSE OU PREMIER TOME RENFERME.

AU VIIe SIÈCLE.

Un fragment d'épîtres : « *Nostis fratres... infans enim dicitur quia fari non potest... infans « non fans...* » Cette analyse ou dissection syllabaire est écrite en lettres et en mots fort liés, fort difficiles à lire.

AU VIIIe SIÈCLE.

Un fragment d'un traité sur la vie des cénobites : « *Interrogatio...quid est detractio...Responsio...* « *Licet alicui dicere et detractare...* » Ici les lettres, les mots sont liés moins sensiblement, mais leur forme s'écarte beaucoup plus de celle des lettres des monuments romains.

AU IXe SIÈCLE.

Des fragments de livres latins, entre autres un fragment des Evangiles, écrit à deux colonnes, et un fragment d'homélies, écrites avec deux encres, la noire, la rouge.

AU Xe SIÈCLE.

D'autres fragments de la Genèse, du livre de Job, écrits à deux colonnes.

AU XIe SIÈCLE.

D'autres fragments de préparations évangéliques dans le genre de celles d'Eusèbe, écrits à longues lignes. D'autres fragments de l'Explication d'une règle de moines, écriture rouge, noire; et il est à remarquer qu'ici l'encre fait sa cour au seigneur abbé, car les mots : *Dominum timeant abbatem suum; sincera et humili charitate diligant*, sont écrits en grosses lettres rouges.

AU XIIe SIÈCLE.

D'autres fragments d'homélies, écrites à deux colonnes et avec deux encres. La belle écriture est dans ce siècle à son apogée, et ces fragments en sont la preuve. Massillon, sortant des presses de Didot, n'est pas plus beau que *Beatus Hieronymus presbiter*, sortant de la plume de l'habile écrivain de ce manuscrit. Autres fragments d'offices dont l'écriture n'est pas moins belle.

AU XIIIe SIÈCLE.

Des actes, des chartes, des titres, des pièces plus diversifiés. Mais est-ce parce que le monde à venir occupait moins les hommes au XIIe siècle qu'au XIIIe? peut-être. Ou est-ce parce que le XIIe, plus éloigné que le XIIIe, a laissé moins de monuments écrits? Ou bien est-ce parce que le hasard l'a voulu ainsi dans cette collection? C'est peut-être par la réunion de ces différentes causes. Parmi les premières pièces de ce siècle est d'abord, sous l'année 1267, un acte de vente faite devant les deux doyens de Sainte-Marie, *in valle Primini* : le notariat était encore dans l'église. Ensuite, sous l'année 1269, une donation d'un bourgeois d'Etampes à l'abbaye de Maigny. Ensuite viennent des fragments d'oraisons pour les fêtes des dix mille soldats martyrs et des onze mille vierges. Ensuite, sous l'année 1290, des bans d'hommes condamnés au bannissement, publiés aux halles de Saint-Omer. Ensuite, sous l'année 1293 s'offre une charte de Robert, comte d'Artois, relative à la cession d'une maison aux chevaliers de Saint-Jean de Jérusalem, à laquelle succède un compte de la châtellenie de Domfront. Puis un fragment latin d'un rôle de frais pour la garde de l'église de Wissengheem : *Dominus Jacobus Barbator*, IV *den. Curatus*, II *den. Mensa pauperum* XIX *sol.* IX *den. Sorores sancte Clare brugensis*, IX *sol.*, IX *den. Johannes Piaters*, I *den.* Puis un fragment de parchemin où on lit : « Vechi l'escrit de Flers et de « Flamermont de tous ceux qui sont manans...S'en- « suit Jehan de Belval, Jehan Lebreton, Halonic. » Il est vraisemblable que ce fragment a fait partie d'une pièce écrite par un maître d'écriture, car on y trouve une † *a*, *b*, *c*, *d*, suivie de passages latins, suivie d'autres † *a*, *b*, *c*, *d*, de différentes grosseurs, et toutes sans le v. Que n'y a-t-il pas dans ce petit fragment? Il y a encore des vers français.—Des vers français du XIIIe siècle. Voyons!—Ils ne sont pas bons. — Ils sont du XIIIe siècle. — Eh bien! les voici :

« **Boine amours mi fait chanter**
« **Et demener joie,**
« **Pour la bele à cui j'otroie**
« **Mon cuer,**
« **Sains li refuser,**
« **M'aprent**
« **Si bien à amer,**
« **C'oublier ne le poroie :**
« **Poroie,**
« **M'aprent.** »

J'en suis quitte. Je conviendrai volontiers qu'aujourd'hui les instituteurs des écoles font ou feraient mieux les vers, si j'en juge par la prose de quelques-uns. J'en connais un, entre autres, qui prépare l'histoire des écoles primaires. Ah! que n'ai-je part à la rédaction de quelque journal? j'encouragerais de toutes mes forces ce travail, qui par son objet ne peut être mauvais, et qui par les talents de son auteur ne peut être que bon. Je reprends l'énumération, que je terminerai par un compte des frais de funérailles de Margheritain, veuve d'Amiens. Outre les frais de funérailles, il y a ceux de la maladie, ceux des aumônes, ceux des legs, où l'on voit la forme et la couleur des habits des Amiennoises.

AU XIVe SIÈCLE.

Des miniatures de plusieurs manuscrits des Décrétales. L'une représente l'empereur Justinien debout, tout à côté des tables synoptiques du droit romain, figurées en cercles généalogiques. Le peintre a habillé l'empereur comme le roi de France qu'il voyait, et non comme l'empereur romain qu'il n'avait pas vu. De pareils anachronismes de peinture se retrouvent dans les autres miniatures de ces manuscrits telles que l'assemblée de jurisconsultes, la classe de droit, les plaidoiries d'avocats, la séparation d'époux. Les titres en sont bien pris dans le droit romain dont les décrétales étaient en si grande partie composées, mais les représentations sont des scènes françaises du XIVe siècle. Je ne puis parler de toutes ces vieilles peintures ; je veux cependant rire un peu de celle où un grand I est figuré en un long âne vêtu d'une robe de la forme et de la couleur de celle d'un des personnages de la miniature latérale. Vous trouvez ensuite une ordonnance de Jehan de Chalons, cuens d'Auxerre, année 1323. Ce petit comte a un grand conseil, composé de monseigneur Pierre Champion, professeur de lois, du bailli, d'autres monseigneurs. Dans cette ordonnance le grand conseil statue sur la bonne garde de la terre, sur le bon service des trois chapelles, sur la cueillette des rentes, sur la résidence du bailli ; ensuite un traité de droit canonique ; puis des exploits des francs hommes de Ferrières ; puis des comptes d'ouvrages et d'arts mécaniques tant et plus ; puis des fragments de psautier, avec lettres or et couleur, torneures et sept miniatures, dont une représente la simonie sous la forme d'une femme debout, une bourse d'or à la main, devant un gros abbé moine. Puis s'offrent des fragments de *Vita clericorum*, avec une miniature figurant un autel où le prêtre, vêtu d'un long manteau, élève l'hostie, tandis qu'un clerc tient à la main un cierge allumé et qu'un autre asperge le peuple ; puis un fragment d'un compte de subside imposé, en 1339, pour faire la guerre aux Bordelais ; puis des actes en langue d'oc ; des lettres relatives à la vente de vin en taverne ; un état de péage de l'empereur Charles IV à Aiguebelle en Dauphiné ; un compte obituaire ; un contrat de mariage de d'Aubigné et de Marie Laporte. Je ne puis tout nommer, encore moins tout faire connaître ; on le voit.

LE CORPS DE LA FORTERESSE OU TOME SECOND RENFERME.

AU XVe SIÈCLE.

Des fragments d'un compte d'église, année 1402 ;

un compte de la terre de Bonicheroulde appartenant au vicomte de Chatelleraud, dans lequel on trouve pour un service militaire une solde en ails : « Des-« pense du terme de Saint-Michel... à xxiiii nobles « tenans, sujets à garder la foire dudict lieu de Bou-« tot, le jour de la Saint-Barthelemiau, et ont pour « ce faire ledict jour, chascun 1c d'ails, souf qu'il y « en a un qui en tient deux fiefs et en doit deux « services et en prent iic... » fragments d'un calendrier, écriture rouge, noire, lettres initiales bleues. Ce tome renferme encore un acte d'adjudication de la ferme du sceau de la sénéchaussée, de la viguerie et de la châtellenie de Carcassonne, en latin, année 1449. Il renferme encore un fragment de livres de prières et de litanies notées en musique; un fragment d'une vie de saint Odillon; après quoi vient un fragment d'un compte d'Argentan, où l'on voit que les fers de chaque prisonnier pesaient vingt livres, et coûtaient trente sous. Ce tome renferme encore des fragments d'un missel en musique, dont les grandes lettres historiées, les grandes torneures sont d'un travail admirable. Il y a dans le monde deux manières d'employer l'or, celle des prodigues qui, sans discernement, le jettent à pleines mains; celle des hommes d'esprit qui le distribuent avec sagacité et comme il convient. Il y a aussi en peinture deux manières d'employer l'or, celle des mauvais peintres, qui en chargent, en plaquent leurs miniatures; celle des bons peintres, qui ne prennent l'or que de la main du goût et des graces; tel est le peintre à qui ces ornements sont dus. Aujourd'hui ce genre de peinture devient de plus en plus recherché, de plus en plus cher. Aux prix actuellement établis chez les marchands de curiosité ou autres, j'aurais pu élever la mise à prix du Canteraël de 45 fr. à 200 fr.; et à ces mêmes prix des marchands, les miniatures, les lettres historiées et les torneures de cet Excerpta vaudraient seules une somme considérable. Tant mieux! et tant mieux! je me plais à proclamer cette cherté croissante, comme la conservatrice des monuments d'une de nos plus historiques branches de notre ancienne peinture. Autres fragments, autres pièces que renferme encore ce second tome. *Incipit liber Apocalipsis,* lettres historiées; de l'Estat de l'ame, lettres historiées. Compte de réparations de moulins. Transaction, datée du 15 janvier 1458, entre les habitants de Wailly et le seigneur d'Ostel : il faut quatre pieds de parchemin en carré pour régler les droits de passage ou vinage qui doivent incontestablement être payés. Lettres de Louis XI, datées du 3 décembre 1471, relatives à la répartition de cinq mille francs dans l'élection et les villes du comté du Maine. Rôle d'amendes. Censives de la Vacherie et du Moulinet. Quittance des gages du juge conservateur de l'équivalent imposé dans les diocèses du Languedoc. Que de bonnets avait le bon petit roi Charles VIII! Je trouve dans un fragment du compte de sa cour, année 1486 : « Pour trois bonnetz noirs doublez, « fais audict seigneur... LXXV sols... à luy pour trois « aultres bonnets, deux noirs et ung d'escarlate, « LXXX sols... à lui pour six bonnetz noirs doublez « en façon de tocque pour servir audict seigneur... « à luy pour ung bonnet noir à collet long... » Suivent un grand nombre d'autres articles de bonnets du roi.

AU XVIe SIÈCLE.

Vous voyez encore dans ce même second tome des fragments d'actes toujours et toujours plus variés. Qui croirait qu'un pauvre crieur ordinaire en la vicomté de Montpellier ait depuis plus de trois cents ans laissé des traces de son existence? il y a ici la quittance de ses gages, année 1508. Encore au XVIe siècle il est question de croisades; il y a ici un mandement de commissaire du jubilé pour le paiement d'ouvrages de serrurerie du coffre des deniers du *jubile et croisade :* La date? elle est du 21 janvier 1516. Lettres de grace du Vendredi-Saint, 1519; elles sont fort remarquables : Ce n'est pas, y est-il dit, le meurtrier qui a tué le mort, c'est *l'impéricie du cy-*

rurgien. Cette fois, par une exception merveilleuse dans les lettres de grace, le mort n'a pas tort. Rouleau d'aumônes du roi. « A Collette, povre fille fian-« cée, c sols... à ung povre aveugle de Chartres... « à ung povre escollier... à Charles de Laure, povre « gentilhomme, pour lui avoir une robbe, pour-« poinct et bonnet, c sols... à ung povre enfant « pour robbe, chausses, solers, chemises et bonnet, « IV liv. III solz. » Acte relatif à une aumône faite par le roi en l'année 1522; au bas de cet acte le curé de Loches atteste qu'il est monté en chaire et qu'il a exhorté les paroissiens à prier Dieu pour le roi. Les pharmaciens voudront-ils croire qu'au XVIe siècle leurs devanciers vendaient et peut-être fabriquaient des munitions de guerre? S'ils ne veulent pas le croire ils n'ont qu'à lire les fragments suivants : « Parties et sommes de deniers payées par « Pierre de Lagrange... commis à faire le paiement « des repparacions et avitaillements des places fron-« tières, en l'année 1549... A Robert Coste mar-« chant appoticaire... pour plusieurs drogues à « faire artiffices de feu et autres municions... Achats « de drogues et municions faitz en la ville de Rouen... « audit Robert... pour mettre les terbanthines... « poinçon à mettre la poix résine... Achats de LI « lances creuses, avec les hantes, v sols, VI den. « tournois chascun... barils de terbanthines...

« d'huile de lin... » Je désire que l'archiviste de Toulouse ait de meilleurs appointements que ceux de son prédécesseur du XVIe siècle, qui n'avait par quartier que vingt-sept livres, sept sols, six deniers, témoin sa quittance de l'année 1558 qu'on lit dans ce même tome ou corps de forteresse, dont nous ne sommes pas encore près de sortir. Compte de la sénéchaussée de Toulouse, où plusieurs gasconismes actuels se retrouvent : « Pour avoir *repasementé* (pavé) partie « de la salle dudict four de bonne *tuyle plane* (bri- « que plate) et mortier de terre *lise* (glaise)... Aux « carces et prisons de Gaillac... Pour avoir fermé « ung pertuys... de la longueur et largeur de quatre « *pans* (empans). » Passeports de ce temps ; la forme en est remarquable. Feuille de vélin sur laquelle est figuré, au milieu d'un parc, un beau château, terres et bâtiments coloriés, girouettes d'or. Obituaire écrit en lettres de diverses couleurs. On maudit souvent le hasard, il faut ici le remercier d'avoir conservé le fragment où est écrit le nom de Jacquette, veuve Maupeu, qui laisse trois boisselées de terre pour qu'on prie Dieu *pour elle et encore pour ses amis*. Cette bonne excellente femme, qu'on se peint nécessairement aimable et belle, mourut le 19 septembre ; que de larmes elle dut faire verser ! Fanjeau est une vieille petite ville qui est près de Castelnaudari, qui est près de Toulouse.

Les habitants ont ici un monument de la fierté de leurs pères; c'est un acte du 15 octobre 1573, où avant de jurer au vicomte qu'ils lui seront bons et loyaux sujets, ils le font jurer qu'il leur sera bon et loyal seigneur. Revue d'une compagnie d'infanterie faite en l'année 1575; bien qu'elle ne soit pas entière, on y lit que cette compagnie était composée de trente hommes tenant garnison à Langogne en Gévaudan, et qu'elle était commandée par le capitaine Colombet, célèbre dans les guerres de religion. L'histoire dit sans preuve que Henri III aimait singulièrement les petits chiens; la preuve en est ici dans un écrou ou compte écrit sur une longue bande de parchemin comme les paneteries : « A Pierre Colas « pour la despence de vingt petits chiens spaignieulx « de la chambre du roi... à raison de XII den. pour « chascun par jour... » L'histoire dit qu'il avait aussi les goûts des aumôniers de religieuses, et en voici encore la preuve : « A Guillaume Charly, pour « orenges, XII sols VI den... A l'appoticaire, pour XVIII « placts confiture et ypocras, fournis pour le roy, « XIIII liv. » Brevet de conseiller d'état signé de la main de Henri IV.

AU XVIIe SIÈCLE.

Une quittance de cent cinquante livres, annee 1602,

pour un quartier des gages d'un contrôleur de mesures, pièce, à mon avis, fort précieuse. Autre quittance; elle est de l'année 1603, et elle est faite par le lieutenant de la Bastille, pour remboursement du prix de la nourriture des prisonniers. En 1630 il y avait à Lille une damoiselle Franchoise Lemiel, bonne et belle comme Jacquette. Elle fonda cinq prébendes, non cinq prébendes de chanoines, mais « cinq prébendes de pauvres et honnestes personnes, « soit hommes, soit femmes ou anchiennes filles non « addonnées à brimberie publique et vivant honnes- « tement, bons catholiques appostoliques et romains; » je voudrais avoir assez d'espace pour copier tout cet acte de fondation. Les généalogies nous attendent à l'année 1646. Il y en a une, sous cette date, en quatre feuillets, commençant à l'année 1342: si la famille de messire Mouchet, sieur de Baluse, pour qui elle a été faite, existe; si elle a perdu ses titres pendant les troubles de la révolution; si, pour avoir sa généalogie, elle achète cette forteresse avec les deux tours, je ne dis pas qu'elle fasse mal. Certificat de Callot, hérault d'armes de Lorraine, portant que: « Les armes ci-dessus peintes sont celles de « Hans Vabloner, gouverneur des salines de Dieuze, « Marsal et Moyenwic, en l'année 1475, » daté de Nancy, 12 juin, 1663. Autre certificat du 21 juillet 1667, comme le précédent hargé de peinture héraldique; on y voit que les armoiries de messire de Nolet étaient trois fleurs de lis, non d'or, mais d'argent, et l'on sait qu'en fait de blason la différence des métaux est encore plus grande sur les écussons que sur les bureaux des changeurs. J'interromps l'ordre chronologique des pièces, pour parler ici d'une généalogie ou succession de quatorze titulaires d'un office de secrétaire du roi, depuis l'année 1507 jusqu'à l'année 1674. Cette succession est représentée sous la forme d'un arbre généalogique. Passons à la pièce suivante. Louis XIV, le superbe Louis XIV permettait à son frère le duc d'Orléans d'avoir un chancelier garde-des-sceaux ; ce chancelier recevait huit mille livres par an suivant sa quittance de l'année 1685. Cartable alphabétique en demie, écrit sur vélin, avec la proportion géométrique de chaque lettre. Ce cartable est de ce temps et peut servir à l'histoire de l'écriture. L'instituteur qui, ainsi que je l'ai dit, prépare une histoire des écoles primaires, en prendra sûrement une copie, car il a un fort bon esprit : aussi est-il membre du conseil d'instruction de ces écoles. M. Pompée ne trouvera pas mauvais qu'ici j'écrive son nom, que le lecteur, je n'en doute pas, désire de connaître. Lettres d'érection de la terre de Miromesnil en marquisat, année 1687. Brevet de lieutenant de vaisseau accordé à Bart, 1er janvier 1697. Non, ce Bart n'était pas le brave marin qui, à Versailles, ne savait ni parler, ni s'habiller, qui ne savait que se battre : cette année Jean Bart était déjà chef d'escadre. On voit souvent dans les assemblées françaises quelques beaux Anglais ; on voit, mais moins souvent, dans les assemblées anglaises quelques beaux Français; on y voit, mais moins souvent encore, quelques beaux Italiens; il m'a pris envie de mettre ici des lettres de naturalisation données en 1696 par Guillaume III, roi d'Angleterre, à Nicolas Reggio. Ces lettres écrites sur un grand parchemin sont encadrées par de grands ornements et de grands médaillons dans l'un desquels est le portrait de ce fameux prince d'Orange, successivement stathouder de Hollande, roi d'Angleterre, et toujours chef de l'européenne opposition à la grandeur militaire et politique de Louis XIV, grandeur mêlée d'ailleurs de tant d'éclat qu'elle a ébloui même l'histoire, qui n'a pas dédaigné d'écrire le nom de Bontemps, valet de chambre de ce prince. Il y a dans ce recueil, année 1697, une commission de garde-chasse donnée par Bontemps à Denis Deshayes, où il prend le titre de conseiller, premier valet de chambre ordinaire du roi, intendant du château, parc, domaine et dépendances de Versailles, secrétaire général des Suisses et Grisons. Quand on parle bien, on ne dit pas intendant d'un château et parc, secrétaire des Suisses et Grisons. Certainement le valet de chambre de Louis XIV avait une cour; mais certainement il n'y avait pas de grammairiens.

LA SECONDE TOUR OU LE TROISIÈME VOLUME RENFERME.

AU XVIIIe SIÈCLE.

Une nombreuse série de pièces qui vont nous passer rapidement sous les yeux. « Ville de Paris, « quartier des halles, quittance du rachat de la taxe « des boues et lanternes, année 1709. » Autre quittance d'un prix d'amortissement; autre d'un prix de franc fief, année 1715. Vers la fin du XVIIe siècle un président au parlement pouvait être en même temps intendant de province; Lebret était l'un et l'autre : il écrit au ministre Pontchartrain que l'affaire secrète à laquelle il prenait un si vif intérêt est terminée suivant ses désirs; le ministre lui répond par de grands remercîments et de grands compliments de cour : ces deux lettres sont, l'une du 5 avril, l'autre du 18 avril 1714. Autre lettre du 19 juillet 1719, écrite par le comte d'Argenson relativement à une machine à fabriquer les monnaies. Autres lettres originales de maréchaux, de ministres. En voici une datée de Versailles, 12 avril 1734, signée Angevilliers, qui aujourd'hui, à cent un ans de distance, où nous croyons que, tandis que les Etats sont en guerre, les sujets respectifs doivent être en paix, excitera peut-être quelque surprise : « Les biens appartenant dans « le royaume à des sujets de l'empereur et de l'em- « pire, tombant en confiscation par la guerre, je « vous supplie, monsieur, de faire faire des perqui- « sitions. » C'est assez de lettres. Rétrogradons à l'année 1720, où je trouve un état, un compte de deux cent soixante millions en billets de banque de Law, timbrés *Division*. Dans des fragments de l'histoire militaire, généalogique de la maison de Castries, vélin, ornements coloriés, écriture du milieu du XVIIIe siècle, je recueille deux faits : l'un, que les commissions des gouverneurs de ville étaient, depuis l'année 1674, renouvelées tous les trois ans; l'autre, que Louis XIV donnait à des grands seigneurs de sa cour des brevets de juste au corps. Maintenant voyez ce plan, sur vélin, de la justice de l'église et abbaye de Saint-Yves de Braine; lisez-y : « Lieu où l'on (l'abbaye) doit remettre « le criminel aux officiers du comte. » *Ecclesia abhorret a sanguine*. Les officiers laïcs de l'église ne justiciaient pas les criminels. Jetez les yeux sur cet autre plan colorié d'une partie de la ville de Quimper, et ensuite sur cette feuille de vélin où sont tracées des opérations géométriques pour la quadrature du cercle : l'auteur s'est caché, ou un ami l'a caché sous une grande tache d'encre. Année 1762, acte de fondation de onze basses messes à l'église collégiale de Saint-Pierre d'Orléans. Année 1763, lettres de nomination à l'office d'huissier archer en la prévôté générale de la connétablie et maréchaussée de France, à l'île de Ré, signée par le maréchal de Noailles. Ce plan sur vélin des limites de la seigneurie de Saint-Germain-en-Laye, de Marly, contiguës à celles de Bouret et de Fillancour, fixe agréablement l'attention; il n'y a rien de plus frais, de plus artistement colorié, si ce n'est une inscription ecclésiastique, de même sur vélin, portant en lettres longues de plusieurs pouces le mot *chorus*; l'écrivain-peintre y a peut-être mis plus de temps qu'à écrire un petit volume. Je lis une attestation, 30 mars 1766 : « Nous, « marquis de Bays, capitaine commandant les cadets « gentilshommes de S. M. le roi de Pologne, duc « de Lorraine et de Bar. » Plus loin je vois avec plaisir que la société anglaise s'accroît d'hommes distingués de la société française, de même que la société française s'accroît d'hommes distingués de la société anglaise. Ces lettres de naturalisation réciproque, ces honorables adoptions de nations, forment entre les peuples des liens d'estime et d'amitié : pourquoi ne sont-elles pas plus fréquentes? Brevet de commissaire des guerres; je regrette que les commissaires des guerres ou les intendants leurs successeurs ne soient plus habillés de rouge. Deux brevets de médaillon accordés à deux vétérans ; je regrette ces glorieux insignes de deux épées croisées, brodées en or sur le cœur de ces braves anciens soldats que la peur d'une armée ennemie rangée en bataille ne fit jamais battre. Diplômes de franc-maçonnerie de différents pays. Procès-verbal de mesurage de sel au grenier de Nantes, en l'année 1780. Cartes, plans de canaux et de villes fortifiées. Acte de foi et hommage pour la seigneurie de Vaisly, prêté par Dupré de Saint-Maur, le 15 juillet, 1788. Réglement sur les fonctions des assemblées provinciales. Incendie du village de Condé en Barois, le 8 octobre 1788 ; demande de secours faite par deux cents familles à Louis XVI. Lecteur ! la révolution s'approche à grands pas. Elle arrive, elle est arrivée. Elle entre, elle est entrée en France par Paris. Elle bouleverse, elle a bouleversé, elle change, elle a changé tout. Elle ne laisse, elle n'a laissé que la terre, les maisons, et les hommes qu'elle a même dépouillés de leurs anciens habits. Entendez-la ! Attestation de Bailly, maire de Paris, et de Lafayette, commandant général de la garde nationale, portant que le corps des chevaliers de l'Arc et de Saint-Sébastien s'est distingué par son patriotisme, et que les chevaliers se sont joints à la garde nationale pour maintenir l'ordre. Entendez-la ! Entendez-la ! Brevet de sergent de volontaires de Saint-Germain-en-Laye. Décret de l'assemblée nationale. « Louis, par la grace « de Dieu et la loi constitutionnelle de l'état, roi des « Français... l'assemblée nationale a décrété et nous « voulons et ordonnons... l'assemblée, ouï le rapport « de son comité ecclésiastique, déclare nuls et comme « non-avenus tous les titres de collation... » Ce décret de l'assemblée nationale, écrit sur vélin, est du 3 novembre 1790. Entendez-la! Entendez-la! « Mé- « moire autographe de Sabatier des Hautes-Pyré- « nées, rue Grenelle-Saint-Honoré, à l'auguste « assemblée nationale. Le roi doit-il sanctionner les « lois? La nation peut-elle lui donner un *veto* abso- « lu? » Combien, et combien d'autres pièces dont l'analyse serait trop longue! Nous sommes parvenus à l'année 1791. Beaumarchais avait une fille nommée, je sais bien pourquoi, Eugénie, mais je ne sais pourquoi religieuse. La révolution ouvre les portes des couvents et Eugénie rentre chez son père. Alors l'auteur du Barbier de Séville et de Figaro veut donner une comédie patriotique; il compose une ronde imprimée aussitôt sur vélin et dont une partie, et notamment la musique, sont ici; il y prend le titre de premier poète de Paris, en entrant par le faubourg Saint-Antoine. La révolution n'était pas rieuse. Elle fit sans doute la grimace. Pierre-Augustin Caron de Beaumarchais n'hésite pas; il était leste, il saute en Angleterre et bien lui en prit. Je n'ai point parlé d'une revue de la compagnie des gardes-du-corps d'Harcour, passée bien long-temps avant la révolution, pour la rapprocher ici d'un brevet de brigadier de la première compagnie noble d'ordonnance du roi, donné à Coblentz en l'année 1792, signé Louis-Stanislas-Xavier, et Charles-Philippe, comte d'Artois. Cette pièce est cousue tout près de celle-ci. « A « Messieurs les commissaires de la trésorerie natio- « nale. Messieurs, je reçois la lettre que vous m'avez « fait l'honneur de m'écrire... Je suis avec respect, « Messieurs... Le receveur du dictrict Bazire. » Cette lettre, datée de Dijon, le 15 juin 1792, est de trois grandes pages et autographe. Suit une pétition : « A messieurs du directoire du département de « Paris. Pierre-Louis Chastenet de Puységur, an- « cien lieutenant-général des armées françaises, an- « cien secrétaire d'état au département de la guerre, « a l'honneur de vous exposer qu'en 1790 le sieur « Portal, son médecin, lui ordonna de prendre les « eaux d'Aix-la-Chapelle... il ne peut être considéré « comme émigré... » La pétition de Puységur est originale comme les autres pièces de cet *Excerpta*. Je ferai transitoirement observer que Puységur n'était pas lieutenant général des armées françaises, mais bien des armées du roi. Alors tel brave guerrier qui aurait intrépidement abordé une redoute vomissant la mort par cent bouches de bronze avait peur d'un petit comité révolutionnaire. Le courage tient souvent à l'habit, souvent aussi au lieu, souvent aussi au temps. An 1er de la république : « *Anno reipublicæ gallicæ* « *primo, die Mercurii vigesimâ quartâ mensis Oc-* « *tobris, facultas saluberrima Parisiensis, rite con-* « *vocata, per juramentum, ut audiretur lectio ins-* « *trumenti...* » séance de la Faculté de médecine, qui portait bien les moustaches, les carmagnoles ; mais qui parlait toujours, dans ses registres, la langue de la médecine du XIIIe siècle. J'omets l'analyse d'un grand nombre d'autres pièces. Voici l'an deux, à certains égards l'an de l'opprobre de la nature humaine, l'an de cet orage de trois cent soixante-cinq jours, où il ne cessa de pleuvoir du sang, où, si je puis employer cette expression, il ne cessa de pleuvoir à l'autre monde des ames et les plus belles ames de tous les états, de tous les partis. « Liberté, « égalité. Les représentants du peuple, membres du « comité de salut public... Vous trouverez ci-joint, « citoyens, l'expédition de l'arrêté concernant la « somme de trois cent mille livres... » Brevet écrit sur vélin : « Liberté, égalité, fraternité ou la mort. « Je, ministre de la guerre, ai fait constater que le « citoyen... doit jouir de la pension de vingt sous « par jour... » Sur une toute petite pièce de deux pouces en carré : « An deux, 27 nivôse. Bon pour

« soixante-quatre livres de viande, subsistance de « trente-trois employés des équipages d'artillerie. » — « An deux... Au citoyen Beugnet, ci-devant con- « trolleur des finances de la maison ci-devant d'Ar- « tois, rue Nicaise, à Paris. » Épreuves, format in-folio, de jeux de cartes de l'an deux ; de même que la révolution avait dépouillé les Français de leurs habits dorés, de leurs beaux habits de couleur, de même l'an deux dépouilla les cartes de leurs royales figures, leur emporta les armoiries, les hermines, les couronnes, et ne leur laissa que les as, les dix, les neufs, avec les figures de choux, de carottes, de pots, de vases, de chevaux, d'ours, de groins de cochon, neuf Thermidor, dernier jour de l'an deux. « Comptes rendus par les séquestres des biens appar- « tenans à l'émigré Vissec, département de l'Hérault, « 18 ventôse, an IV. » La famille impériale commence à se montrer : « Directoire exécutif. Au nom « de la république française, une et indivisible, « laissez passer librement Jacques Compoix, attaché « à la personne de la citoyenne Bonaparte, allant de « Paris à l'armée d'Italie. Fait au palais du directoire, « le 6 messidor an IV. » Nous venons de voir le ministre Puységur qui ne voulait pas avoir émigré. Nous voyons maintenant sa femme qui rentre en France, après son émigration en Espagne : « An X, 15 bru- « maire. Je soussigné... épouse Puységur... m'engage

« à être fidèle à la constitution de la république... et « à l'arrêté des consuls... pour la garantie des élé-« ments de la liste des émigrés... » En fait de biens révolutionnairement saisis le fisc consulaire ne démordait pas. Fin de l'ère de la république. On se souvient de cet huissier à la chaîne d'or et de son défaut de langue, qui, dans les appartements, précédait Napoléon en criant : L'empereur! l'empereur, messieurs ! Ses cris semblent répétés ici « Napoléon, « empereur des Français... Sur le compte qui nous « a été rendu de la capacité du sieur... de son atta-« chement à l'Etat et à notre personne, nous l'avons « nommé président de l'assemblée du canton de... » « Napoléon, par la grace de Dieu, empereur des « Français, roi d'Italie, protecteur de la confédéra-« tion du Rhin, médiateur de la confédération suisse... « A tous ceux qui ces présentes lettres verront... « Avons accordé au sieur Colonna la permission de « rester au service de S. M. le roi des Deux Siciles. « Donné à notre palais impérial des Tuileries... » Diplôme de la société de médecine. « Séance du « 16 février 1813. Avons nommé membre honorai-« re... le baron... » Vous pensez que c'est ou le baron Alibert, ou le baron Magendie, ou le baron Richerand, ou le baron Larrey ; c'est un baron préfet de Paris. Les huissiers ainsi que les crieurs ne sont pas sujets aux révolutions. Encore le cri de ce même huissier, court et gros, avec son même habit noir, sa même chaîne, son même défaut de langue; mais le cri a changé: Le roi! le roi, messieurs! « Au nom du roi, Charles-Philippe « de France, monsieur, comte d'Artois, colonel « général des gardes nationales du royaume... lui « avons accordé de porter la décoration, consistant « dans la fleur de lis, surmontée de la couronne « royale, le tout en argent, suspendue à un ruban « blanc moiré, ayant sur chacun des bords un liséré « bleu de roi. » Ce brevet de décoration, imprimé sur vélin, est dans un beau cadre d'ornements gravés. « Au nom du roi, Louis, par la grace de « Dieu, au premier huissier requis... mandons et « commandons que le présent jugement... » Circulaire : « Garde nationale sédentaire, ordre de ser- « vice, 20 octobre 1814. Monsieur... rue Haute- « feuille... se rendra le 25 de ce mois, à dix heures « précises, place Saint-André-des-Arcs, en guêtres « noires, pour aller monter la garde à l'Hôtel-de- « Ville... » Autre circulaire : « Paris, 1er décembre « 1814. Monsieur, d'après le désir qu'a manifesté « Monsieur, frère du roi, colonel de la garde natio- « nale, de voir les chasseurs et grenadiers en bon- « nets à poil, vous êtes invité à vous en procurer « dans le délai le plus court... » Diplôme : « Nous, « dignitaires et grand'croix du chapitre français, de

« l'ordre de l'ancienne noblesse des quatre empe-« reurs d'Allemagne, faisons connaître que... a été « nommé par nous en chapitre général français... « prêter le serment... porter les insignes... Dieu « soit en aide à ce chevalier, et l'ange gardien. Dé-« livré en chapitre... le... 1800... » Cet ordre allemand, divisé comme celui de Malte en diverses langues ou diverses nations de l'Europe, fut fondé en l'année 1308; les formules ont été, comme on voit, en partie conservées. Autre diplôme. « Phi-« lippe, par la grace de Dieu, prince souverain et « duc régnant de Bouillon... chevalier, grand com-« mandeur de l'ordre de Saint-Joachim... » Les armoiries, celles de La Tour d'Auvergne, sont gravées en tête. Nous avons vu pendant plus de trente ans, dans les rues et les promenades de Paris, deux prélats grecs, à longue barbe, à longue robe de grosse étoffe violette, à longue crosse ou long bâton de bois. Nous n'en voyons plus qu'un: si l'un d'eux ne vit plus, ce doit être vraisemblablement le prélat Issa-Carous, dont voici le diplôme écrit sur vélin: « Je soussigné Joseph Hamonii, neveu d'Agabius et « d'Athanasis Mattar, patriarche grec, catholique « d'Antioche, colonel commandant le corps des « Mamelucks de la garde royale, certifie avoir avan-« tageusement connu, depuis bien des années, le « prélat grec catholique Issa-Carous, né à Bethléem

« en Judée, de la première famille Betgialia dans la « Terre-Sainte... ordonné prêtre grec du rit catho- « lique... ensuite sacré prélat par le pape Clé- « ment XIV... certifie qu'il a été admis à la table « des empereurs Joseph II... Paul Ier... de Gus- « tave III, roi de Suède... du duc de Glocester... « des tantes du roi Louis XVI... Ce prélat est d'une « famille qui, suivant une tradition constante, des- « cend du roi David... » Je veux bien croire tout cela; cependant ce bon évêque ne fait ou ne fai- sait pas difficulté de s'asseoir à des tables fort bour- geoises et d'accepter des offrandes fort modestes. Année 1822. Certificat : « Nous maire d'Ostoffen, « canton de Truchtenheim, certifions que la rési- « dence de Strasbourg, demandée par M. Gremillet, « percepteur, ne peut nullement nuire au service... » Année 1830. « Compagnie générale d'assurances « sur la vie des hommes... Sur la proposition de « M... qui a déclaré être né en 1773, avoir eu la pe- « tite-vérole... la compagnie s'engage, suivant les « conditions générales, à payer la somme de... à « ses héritiers, moyennant la somme de... que le- « dit... a promis de payer tous les ans. » Règne de Louis-Philippe Ier. Combien de pièces aussi variées et plus variées! On dira peut-être que dans la notice de cet article qui me coûtera près de deux cents francs à faire imprimer, je n'ai point parlé de tout, c'était impossible; que j'ai omis le bon, le meilleur : je ne crains pas, je désire ce reproche.

Instructions catéchismales, manuscrit grec du IXe siècle. Un vol. in-fol., cartonné. . 20 fr.

Un manuscrit de six pages ne devrait pas avoir une longue notice. Toutefois, dans un traité de la conservation des manuscrits, il ne me paraît pas inutile de dire comment j'ai découvert celui-là. Je passais dans la rue de La Verrerie; un grand portefeuille rempli de vieilles estampes, exposé devant la boutique d'un marchand de meubles, attire mon attention par l'écriture du parchemin dont il était couvert. J'appelle le marchand; il vient. Il voulait vendre les estampes et il ne voulait pas vendre le portefeuille. Je ne voulais pas acheter les estampes et je voulais acheter le portefeuille; mais en pareil cas avec quelques pièces de vingt sous on triomphe de bien des difficultés; le portefeuille me resta. Je n'eus rien de plus pressé que de l'écorcher; je donnai le carton au marchand, qui resta surpris, ébahi, qui crut que je lui emportais sa fortune et que j'emportais la mienne. Les feuillets de ce manuscrit sont les mêmes que ceux qui couvraient le portefeuille. L'écriture en est du IXe siècle; elle est à deux colonnes; elle brille par ses lettres initiales en or, en même temps qu'elle plaît à l'œil par la beauté des caractères, leur forme égale, élégante, pure, normale. Quant au contenu, c'est une espèce d'instruction religieuse ou catéchisme grec, dont les demandes sont, je ne sais pourquoi, écrites en caractères coptes, et les réponses en caractères grecs. M. Foisy, employé à la bibliothèque du roi, a eu la bonté d'en faire la traduction qu'il a écrite en regard. En voici un passage :

Demande. « Si quelqu'un, réprimandé à cause de « sa conduite, dit que Dieu a fait les bons et les mé- « chants, lui est-il permis de parler ainsi ? »

Réponse. « Ces principes ont été condamnés « comme hérétiques, impies et blasphématoires. »

En voici un autre assez remarquable :

Demande. « Si, dans la communion fraternelle « il faut retenir quelque chose ? »

Réponse. « Cela est opposé à la déclaration des « croyants où il est écrit.....Celui qui dit que quel- « que chose lui appartient en propre se met hors de « l'église de Dieu. »

Il n'est pas difficile de voir qu'il s'agit ici de l'église ou d'une église des cénobites, car le principe le plus anti-social est la communauté des biens; et la doctrine la plus sociale, celle qui a fait fleurir les sociétés de l'Europe par-dessus toutes les autres sociétés du monde, est la doctrine du christianisme. Ce manuscrit se rattache par un bien petit point à notre histoire littéraire ; c'est en ce que les guillemets, dont nous n'avons fait usage qu'assez tard, se trouvent là sous la forme de petites étoiles.

Lettres missives des XIVe, XVe, XVIe, XVIIe et XVIIIe *siècles*, renfermées dans un portefeuille. . 30 fr.

Je voudrais bien savoir quels ont été, depuis les plus anciens temps jusqu'à nos jours, les opérations génératrices, les procédés successifs de la fabrication du parchemin et surtout de la fabrication du papier ; mais je ne serais pas non plus fâché de savoir comment on a successivement plié les lettres missives, depuis le XIIIe siècle, où on ne les écrivait que sur parchemin, jusqu'à ce jour, où on ne les écrit que sur papier ; et c'est ce que m'apprend cette petite collection. J'y vois que, pour clore les lettres sur parchemin on s'est servi aux XIIIe et XIVe siècles de bandes détachées du parchemin, excepté par un des bouts, et qu'ensuite on s'est encore longtemps de même servi de bandes de papier, mais non détachées du papier, pour clore les lettres sur papier. Je trouve d'ailleurs que l'ancienne manière de fermer et de sceller les lettres missives était incontestablement plus sûre que celle d'aujourd'hui. Une de ces lettres sur parchemin, datée du 13 mai 1438, est un mandement de payer, d'où je conclus que les lettres de change étaient originairement, ainsi que leur nom l'annonce, de véritables lettres missives, contenant des mandats ou ordres de paiement qu'on changeait contre d'autres pareilles lettres, et que tout ce qu'on a dit sur l'invention des lettres de change par les juifs, qui se servaient de ce moyen pour cacher leurs richesses, ou pour les transporter d'un pays dans un autre, est un de ces nombreux contes que se permettent les histoires sans preuves ou sans notes.

Deux cent soixante-quatre pièces originales relatives à des frais de messages, et voyages, depuis l'année 1333 *jusqu'à l'année* 1692, renfermées dans une boîte. . . . . 80 fr.

Ce que pendant un si long espace de temps on desire savoir sur le salaire des messagers, des envoyés; sur le prix des auberges, des vivres; sur le prix des voitures, des transports; sur le louage des charrettes, des chevaux, des mulets, est là. Ce que pendant ce même temps on désire savoir sur les frais de voyages des dignitaires, des magistrats, des fonctionnaires et de leurs gens, est encore là. Ce n'est pas tout; comme, jusqu'à Henri IV, les plus grandes ainsi que les plus petites affaires se traitaient par messager, on peut en quelque manière dire que le mouvement politique, ecclésiastique, administratif, judiciaire et financier de l'ancienne France, ou du moins son histoire, est renfermé dans cette boîte. Ce n'est pas tout encore. Si l'on compulse ces chartes seulement sous le rapport économique ou statitisque, on y trouvera, sans les chercher, bien des monuments d'autres parties de l'histoire nationale. De pareils recueils doivent être fort rares, et peut-être celui-ci est unique.

Portefeuille contenant seize pièces comptables, relatives aux gages de gens de divers états, depuis l'année 1360 *jusqu'à l'année* 1663. . . 20 fr.

Ce portefeuille vaut son pesant d'or. Ce n'est pas beaucoup dire; il est si mince! mais il est si varié qu'il ne peut l'être davantage. *Mandement de payer les gages de Jehanne la commise qui n'est pas morte*, année 1360, *circa*. Quittance d'un avocat et conseiller du roi en la vicomté de Potanton, année 1402. Quittance d'un lieutenant du maître des ports de la sénéchaussée de Beaucaire, année 1434; d'un *custos archivorum Senescallie nemausensis*, année 1480; d'un procureur du roi de l'inquisition de la foi en la sénéchaussée de Toulouse, année 1557; d'un contrôleur au passage de Soyon, année 1562; d'interprètes et truchements, années 1567, 1604, 1614; d'un huissier au conseil de monseigneur le prieur de Joinville, année 1593; d'un jardinier de Fontainebleau; du jardinier du jardin des oranges des Tuileries.

Comptes originaux de dépenses mobiliaires et domestiques des familles, au commencement du XIVe *siècle*. Un vol. in-4°, veau bleu, dent. 50 fr.

L'analyse de ce recueil est dans son titre. Si l'on pouvait personnifier un manuscrit, on représenterait celui-ci sous la figure d'un père ou d'une mère de famille, la bourse à la main, le trousseau de clés à la ceinture. L'histoire dite de France ne connaît que l'intérieur des palais, et si cependant ne s'appelle-t-elle pas histoire royale ; elle ne connaît pas l'intérieur des maisons de la nation, et si cependant s'appelle-t-elle histoire nationale.

Portefeuille contenant soixante-sept pièces comptables, relatives aux pensions faites aux suisses par les rois de France, depuis l'année 1529 jusqu'à l'année 1682. . . . . 12 fr.

Que si l'on me dit que cette collection n'est qu'accessoire aux manuscrits de notre histoire, j'en demeurerai d'accord ; aussi n'ajouterai-je qu'un mot : jamais les austères habitants de la Laconie n'ont été plus laconiques que les Suisses du temps de la bataille de Marignan. Quittance de quarante livres pour ma « pension de l'année... » Suit le nom du pensionné, occupant presque toute la largeur du parchemin, qui d'ailleurs n'a guère plus d'un pouce et demi ou deux en carré ; encore une partie de ce petit espace est-il pris par l'entaille où passe la queue d'un sceau en cire rouge. Je dois cependant ajouter, que, du temps de Louis XIV, les Suisses changent de style, deviennent plus polis. En deux cents ans les cours d'Amboise, de Blois, de Fontainebleau, de Saint-Germain, n'avaient pu faire ce que la cour de Versailles en quelques années fit.

Recueil de pièces originales concernant les ambassadeurs, depuis l'année 1431 *jusqu'à l'année* 1728, *au nombre de vingt et une*, renfermées dans un portefeuille. . . . . 30 fr.

Les mobiles intérêts des états qui ont, dans la succession des temps, si souvent changé les amis en ennemis, les ennemis en amis, si souvent renouvelé toute la face du monde politique, n'ont guère occupé nos historiens de batailles continues : cependant ils ont parfois ménagé quelque bas de page aux négociations et même aux négociateurs ; mais ils n'ont jamais daigné parler de l'auguste état des représentants des peuples et des rois. Dans aucune de ces histoires, pas une ligne des différents chapitres des ambassadeurs, qu'on trouve dans l'*Histoire des Français des divers états*, *XV*e *et XVI*e *siècles*, Histoire, *le Clerc d'ambassade*, Stations, *le Maréchal de Gorze*, *le Fils du maréchal de Gorze*. Pas une ligne non plus des diverses notions que donne ce recueil sur les lettres de créance, sur les appointements des ambassadeurs, sur les logements, les ameublements qui leur étaient fournis, et sur d'autres détails qu'on trouve dans cette collection, entre autres sur l'aide de cent cinquante mille moutons d'argent imposée pour les ambassades.

Journal d'emprisonnement de l'ambassadeur de France à Turin, en 1704, manuscrit du temps. Un vol. petit in-fol., parchemin, filets. . 12 fr.

Le duc de Savoie avait une envie enragée d'être roi. Alors l'empereur d'Allemagne faisait ous at tribuait le droit de faire les rois; de là, toutes les continuelles variations politiques du duc, qui voulait à tout prix se concilier la bienveillance impériale. Louis XIV, instruit qu'il allait encore se joindre à ses ennemis, fit prisonnières ses troupes qui formaient un corps auxiliaire de l'armée française. Le duc, par représailles, fit prisonnier l'ambassadeur de France, qui écrit au roi jour par jour l'histoire de sa détention et lui en demande justice. Il y a dans ce manuscrit beaucoup de faits à recueillir pour l'histoire des violations du droit des gens en la personne des ambassadeurs, histoire heureusement fort courte. Il y a aussi à recueillir des anecdotes curieuses, qu'on ne trouvera sûrement pas dans les silencieuses annales du temps.

Relatione di Roma, alla Republica di Venetia, fatta d'all illustrissimo signor Rainiero-Zeno, manuscrit du XVIIe siècle. Un vol. in-8°, demi-reliure. 6 fr.

Qu'on ne croie pas que cette relation ne soit qu'un nouveau toisé du Forum, du Capitole, de l'amphithéâtre; c'est une galerie de portraits des personnages de la cour pontificale, au milieu du XVIIe siècle, peinte par un peintre Italien. Ce genre d'ouvrages est aujourd'hui, en France, fort à la mode : que ceux qui l'aiment se tiennent donc pour avertis, car cet article n'est ici que pour eux. L'écriture est, jusqu'au milieu du manuscrit, très jolie; elle est ornée de lettres historiées.

Requeste présentée à la reine, par Théophraste Renaudot, en faveur des pauvres malades de ce royaume, année 1643. Un vol. in-4°, veau bleu gaufré, filets d'argent. . . . . . 80 fr.

Il doit rester bien peu d'exemplaires de cette requête, imprimée sur deux feuilles volantes. Celui-ci, qui peut-être est unique, est précédé d'une introduction écrite dans ce même temps. Probablement c'est le plus ancien ou du moins un des plus anciens monuments de l'histoire de notre presse périodique. Le fondateur de nos journaux, Renaudot, le premier des journalistes français, expose dans cette requête qu'il exerce depuis vingt-cinq ans la charge de commissaire général des pauvres malades, auxquels il procure gratuitement les consultations de vingt médecins; qu'il en a guéri et médicamenté à ses frais plus de vingt mille; qu'il a acheté une maison destinée à être *l'hostel des consultations charitables*; mais qu'on traverse par des oppositions son utile entreprise. On doit ici croire, et la reine dut croire que Renaudot concluait à demander pour son hôtel la protection royale. Point du tout! le véritable objet de sa requête était le maintien de son privilége de *la Gazette*, qui commença à paraître en 1631, et non en 1629, ainsi que me le fait dire la page 205 de ce tome. Je prie le lecteur d'y lire *première année* et non troisième année de son apparition. Je le prie aussi de lire, tome Ier, page 60, *Montausier* et non Monpansier; je le prie surtout d'être persuadé que je n'épargne ni temps ni argent pour prévenir les fautes de copie ou d'impression. Mais où est maintenant Renaudot? Revenons au médecin journaliste. Voici par quelle transition il passe de la santé de ses malades à celle de son journal, qui ne lui tenait guère moins à cœur. « On ne peut « faire du bien en France qui ne soit approuvé par « une si bonne princesse, trop équitable pour s'arrê- « ter aux mauvaises impressions que les esprits mal- « faisants lui veulent donner.... » Renaudot, comme tous les inventeurs qui prospèrent, avait des envieux qui s'efforçaient de se mettre à sa place. Ils l'accusaient d'avoir ouvert, dix ans auparavant, sa gazette aux ennemis de Marie-Anne d'Autriche, depuis régente. Le père des journalistes français ne pouvait être un sot; sa défense est adroite et d'ailleurs historique. Après avoir dit que, s'il a imprimé ce que, dans la gazette du 4 juin 1633, on lit sur l'arrestation de quelques prisonniers d'état espagnols dans laquelle la reine se trouvait compromise, il y a été forcé, il ajoute : « Chacun sait que le « roy défunct ne lisoit pas seulement mes gazettes « et ne souffroit pas le moindre défaut, mais qu'il « m'envoyoit presque ordinairement des mémoires « pour y employer... » Voilà donc Louis XIII incontestablement journaliste. « Étoit-ce à moi à exa- « miner les actes du gouvernement?... Ma plume n'a « esté que greffière... mes presses ne sont pas plus « coupables d'avoir roulé pour ces mémoires... que « le curé qui les liroit à son prosne, que l'huissier « ou le trompette qui les publieroit... » Renaudot dit ensuite à la reine qu'alors elle n'avait aucune part aux affaires, qu'il n'a pu que parler de sa vie exemplaire, qu'il n'a pu davantage; il lui dit encore : « Combien j'ay fait faire de vœux à la France pour ses « grossesses et heureures délivrances...» Bien! M. Renaudot! « Les discours que j'ay faits de la ma-

« ladie du roy et de sa mort ont esté de perpétuels « panégyriques de la piété et amitié conjugale « de vostre majesté... » Bien, très bien! M. Renaudot! Le médecin conserva la gazette qui lui valait plus que ses consultations gratuites et non gratuites. Maintenant que je suis assez heureux pour avoir découvert un document concernant l'histoire d'un état devenu par le fait un des pouvoirs politiques, les gens de lettres journalistes seraient un peu surpris qu'à l'occasion de cette annonce je ne leur témoignasse pas ma reconnaissance del eurs nombreux articles sur *l'Histoire des Français des divers états*. Je remplis avec empressement ce devoir, et je sens avec plaisir l'encre couler de ma plume : J'ai à me louer des journalistes ; mais je le dis aussi : Je n'ai pas à me louer de mes contemporains.

Compte de recette et dépense de Nicolas Soret, trésorier généraltriennal des chevau-légers et des mousquetaires de la garde du roi, année 1705, manuscrit original sur vélin. Un vol. in-fol., veau fauve, filets. . . . . 30 fr.

Ce manuscrit, j'en conviens, devrait se trouver au chapitre de l'art militaire, division de la garde ; c'est vraiment un déserteur. Toutefois il le vaut mieux ici que nulle part, puisqu'il nous fait parfaitement connaître deux célèbres corps de cette maison militaire de Louis XIV, l'admiration et la terreur de l'Europe, comme un siècle après l'a été la garde impériale. Vers les temps de Henri IV, il descend des herbages des Pyrénées une compagnie d'excellents, vifs, petits chevaux, montés par de pauvres gentilshommes, habillés d'étoffes du pays. Ces nouveaux cavaliers se battent bien, et aux règnes suivants ils deviennent enfin les chevau-légers de la garde, éclatants d'écarlate, galonnés d'or sur toutes les tailles et jusque sur le bord de leur chapeau. Une compagnie de carabins plaît à Louis XIII, qui lui ôte les carabines et lui donne des mousquets ; elle se bat bien de même ; une seconde compagnie est formée ; l'une et l'autre sont à peu près habillées et dorées comme les chevau-légers. Telle fut encore l'origine et la fortune des deux compagnies des fameux mousquetaires devenues l'école militaire d'où sortirent les meilleurs et les plus renommés officiers. Ce compte va maintenant, pour ainsi dire, placer le lecteur sous le pavillon de l'Horloge et lui faire passer la revue de ces corps. D'abord celui des chevau-légers ; capitaine, le roi, oui, le roi couronné, le roi Louis XIV ; Capitaine-lieutenant le vidame d'Amiens, du nom de Chaulnes, titulaire d'un de ces antiques offices ecclésiastiques militaires que les siècles ont porté dans les rangs de nos armées jusqu'au moment de la révolution. Ce brave vidame reçoit d'abord les appointements du roi, ensuite les siens, ensuite ceux de tous les grades vacants ; et vous remarquerez que le nombre des chevau-légers en grade était, sous le nom d'appointés, de pensionnés, plus grand que celui des simples chevau-légers. Après le capitaine-lieutenant paraît un premier, un second sous-lieutenant ; c'est bien ; mais faut-il pour une seule compagnie quatre cornettes ou étendards ? faut-il pour une seule compagnie dix maréchaux-des-logis, seize brigadiers ou sous-brigadiers, quatre aides-major ou sous-aides-major ? Oh ! il les fallait ; il fallait beaucoup de niches, il y avait à la cour beaucoup de saints à nicher. Deux trompettes auraient suffi ; il s'en présente ici quatre et en outre un timbalier. Dans l'administration le luxe des places est encore plus grand et le luxe des appointements plus grand encore. Certes on n'avait pas besoin pour une seule compagnie d'un commissaire de guerre ; il y en a cependant un, dont les appointements de cinq mille francs sont les mêmes que ceux de Louis XIV, capitaine. A ce commissaire est attaché un contrôleur, à ce contrôleur un contrôleur alternatif, à ce contrôleur alternatif un contrôleur triennal. Mais on est impatient de voir les mousquetaires. L'organisation de leurs deux compagnies était à peu près la même que celle des chevau-légers, avec la différence qu'au lieu de trompettes et de timbales, les mousquetaires avaient des tambours et des hautbois. Les chevau-légers étaient au nombre de deux cents, les mousquetaires au nombre de cinq cents; ils coûtaient d'après ce compte sept cent mille livres, avec lesquelles on aurait eu sept régiments de cavalerie : Quelle bonne fortune, dites-vous, c'eût été pour nos députés de l'opposition ! Ah ! si j'avais eu assez d'espace pour ne rien omettre, vous la trouveriez bien plus grande.

Souverain commandeur du Temple, manuscrit du milieu du siècle dernier. Un vol. petit in-4°, parchemin blanc, figures à l'encre de la Chine. 8 fr.

Un frère d'un grand zèle et d'un bon esprit a fait ce petit ouvrage, dont voici les chapitres : Commandeur du Temple : Ouvrir la loge : Habillement : Réception : Serment : Cordon : Grand-cordon : Gants : Tablier : Attouchement : Mot sacré : Ordre : Priviléges du commandeur : Catéchisme : Fermer la cour. On ne reprochera pas à ce frère son indiscrétion, car depuis long-temps le secret de la comédie est moins connu que celui des francs-maçons, qui dans l'histoire de France doivent à mon avis avoir au moins un petit feuillet.

Projet de traité d'amitié, de commerce et de navigation entre la république française et les

États-Unis d'Amérique, an VIII. Un vol. in-fol., cartonné. . . . . 20 fr.

En vérité cette mise à prix est trop basse ; celui qui achètera ce manuscrit pourra fortuitement, si nos discussions financières avec les États-Unis ne sont pas encore terminées, avoir entre ses mains un document de quelque importance, car il est noirci, fané et il est du temps ; de plus il paraît unique, du moins quant aux observations écrites à la marge.

Original et imitation d'écritures des sept derniers siècles, manuscrit, format in-4°, maroquin rouge, dentelles. . . . . 80 fr.

Il m'importait, dans un ouvrage dont un des principaux objets est la conservation des manuscrits, d'encourager par des louanges méritées les habiles imitateurs de vieilles écritures, qui, par la restauration d'un titre ou des accessoires, sauvent un monument et lui donnent un passeport pour les siècles. J'ai déjà mentionné M. Frédéric de Fontannois, comme un jeune et habile paléographe, comme un très habile imitateur d'anciennes écritures ; mais les plus grandes preuves de son talent d'imitation sont ici, et j'affirme que c'est son coup d'essai. Il me semble que ce jeune homme, qui est dans la première fleur de l'âge, qui a dans sa plume les différentes plumes des différents siècles, qui d'ailleurs en caractérise et en classifie avec beaucoup de sagacité les chartes de toute espèce, devrait dans nos grandes archives, dans nos grandes bibliothèques, en se présentant, trouver une place vide.

Je ne dois pas fermer le dernier chapitre *des matériaux de l'histoire de divers états* sans laisser ici quelques réflexions sur le défaut absolu d'histoires particulières de conditions, de professions, de corporations, de corps de métier. D'où vient ce défaut? Il vient de ce qu'on n'aurait pas cru, en travaillant à ces honorables ouvrages, travailler à l'histoire de France; car les éléments de l'histoire nationale n'avaient pas encore été déterminés. J'ai lieu de croire que, depuis qu'ils le sont par la publication de l'*Histoire des Français des divers états*, on ne dédaignera plus ces histoires particulières. Déjà un habile maître menuisier de la rue des Saints-Pères est venu me demander des documents pour un cours de l'histoire des ouvriers sur bois qu'il fait les jours de repos à ses camarades, et sûrement ce cours écrit deviendra une bonne histoire de ce grand et riche corps de métier. Mes lecteurs savent aussi bien que moi qu'il y a à Paris beaucoup d'artisans, qui écrivent purement leur langue. Qu'on ne soit donc pas en peine sur l'ouvrage du menuisier de la rue des Saints-Pères, ses chevilles vaudront celles de maître Adam; si elles ne sont pas en bons vers, elles seront en bonne prose.

CHAPITRE XXVI.

HISTOIRE DES VILLAGES, DES VILLES, DES PROVINCES, HISTOIRE DE FRANCE.

HISTOIRE DES VILLAGES.

Titres des habitants du village de Saint-Jean de Savigny, contre les habitants du village de Notre-Dame de Couvains, manuscrit de différents âges, contenant soixante-quinze pièces originales. Un vol. in-4° cartonné. . . . . . . 40 fr.

Je rêve en ce moment que par la philanthropie des journalistes et des autres gens de lettres, ce feuillet peut voler par-dessus les Pyrénées, les Alpes, au-delà du Rhin, au-delà des mers, pour semer en tous lieux, en toutes les plus petites divisions territoriales de l'univers, l'idée d'histoires de villages, d'histoires communales, qui partout, dans le tableau local du passé, prépareront le tableau local d'un meilleur avenir; qui partout perfectionneront la pensée, l'action, qui accroîtront partout le bonheur et la vie. Assurément ce n'est pas le rêve d'unhomme méchant, ni même d'un homme insensé; car enfin voyons si ce projet est inexécutable, ou, ce qui en approche, d'une difficile exécution. Voyons en quoi doit consister l'histoire communale.

Et d'abord considérons une commune rurale comme un petit État, ayant, mais en petit, toutes les parties de l'ordre social. Premièrement l'étendue du territoire. L'histoire communale devra donc parler des limites, de la variation des limites; elle devra parler des communs, des pâturages, des friches, des bois; elle en trouvera les documents dans les vieux terriers, les vieux cadastres, les vieux rôles d'impositions. Secondement l'agriculture. Combien de vieux baux à ferme, de vieilles conventions écrites, de vieux comptes de salaires, du prix de la main d'œuvre agricole, qu'on jette au rebut; combien de vieilles traditions sur des essais de nouveaux assolements, de nouvelles rotations de récoltes; sur des essais de nouvelles introductions de grains, de plantes, qu'on dédaigne de conserver, qu'on oublie, qui serviraient à faire ce chapitre, qu'il s'agirait d'animer par le récit des contrariétés qu'ont eu à essuyer les habiles et expérimentés novateurs. Troisièmement les arts mécaniques. Il y a dans chaque village les arts de première nécessité, ceux de la fabrication des instruments aratoires, ceux de la maréchallerie; il y a ceux du tailleur, du sabotier, du cordonnier ou savetier, du meunier, du boulanger, du boucher, du barbier : il s'agirait aussi d'animer ce chapitre par l'histoire de l'artisan villageois, de son état, de sa condition, et en même temps de nombrer les arts qui ont pu prospérer, et ceux qui n'ont pu subsister. Quatrièmement le commerce, qui a dû être toujours le même depuis le xe siècle, quant aux productions agricoles, mais non quant aux productions artielles, mal nommées industrielles. Les vieux comptes fourniraient des documents sur les progrès, les variations, les prix. Là, sans doute, sont les quatre principales parties de l'histoire des villages ; mais là elles ne sont pas toutes. Il ne faut pas omettre l'histoire des chemins à laquelle les vieux terriers, les vieilles matrices de rôles suffiront. Pour l'histoire des finances il suffira encore des vieux et des nouveaux rôles. On ne peut guère supposer que, dans un village, il n'y ait quelqu'un qui possède d'anciens papiers de procès ; voilà pour l'histoire de la justice. On ne peut guère non plus supposer que la commune, dans un temps ou dans un autre, n'ait plaidé ; voilà probablement d'excellens matériaux pour plusieurs parties de son histoire. C'est ici le moment de m'interrompre et de parler du Recueil de titres annoncés en tête de cet article. Saint-Jean de Savigny auquel il a appartenu et auquel je désire qu'il appartienne de nouveau, est un beau village. Un autre village voisin, celui de Notre-Dame de Couvains, qui se croyait plus beau et qui lui contesta le droit de s'intituler paroisse, disant qu'il n'était qu'une annexe. Aussitôt procès, et procès fort âpre, car ces deux villages sont en Normandie. Le dossier des pièces produites par le village de Saint-Jean de Savigny est tombé entre mes mains, et il y deviendra le premier recueil des matériaux manuscrits d'une histoire communale. En effet l'histoire du territoire s'y trouve dans l'extrait du cartulaire de l'abbaye de Cerisy, XIe et XIIe siècles, coté n° 61; la division du territoire se trouve aussi dans un petit terrier de Rochefort, même cote. Plusieurs autres cotes ou pièces cotées peuvent servir à l'histoire de diverses autres parties de l'ordre social de cette commune : la cote n° 4 et autres aux arts mécaniques; la cote n° 20 et autres au commerce; ainsi des autres cotes. J'ai lu dans ce recueil un acte d'association ou de formation de confrérie dont les statuts sont fort naïfs et fort curieux; on y remarquera une aumône de pain blanc et une autre de pain bis. J'ai encore lu dans un autre acte, que la commune avait fait planter le cimetière en pommiers, dont elle affermait le produit. Cet acte a deux faces: une bonne, une mauvaise, mais si mauvaise, que je prends la liberté de dire à ces bons et honnêtes habitans de la commune de Savigny que le champ des morts ne doit porter d'autres récoltes que les douloureux souvenirs ou les pensées religieuses. On le voit, les documents ne manqueront pas, et je reprends plus tranquillement la série dequelques autres chapitres qui doivent aussi faire partie d'une histoire communale. Vient maintenant celui des écoles. Les anciens titres sont à cet égard fort rares ; la mémoire des hommes âgés peut alors un peu y suppléer par la comparaison des anciennes écoles avec les nouvelles. Mais je m'aperçois qu'il serait beaucoup trop long de donner ici le titre du reste des chapitres ; je me bornerai aux suivants qui gagneront le plus de monde : à celui des institutions dont la révolution a détruit un grand nombre ; à celui des usages, qui autrefois étaient innombrables, qui bigarraient si joyeusement le cours du temps, qui dans les villes ont été détruits par la révolution, grande raisonneuse, grande amie de l'uniformité, qui dans les villages ont lutté contre elle, et se sont en général conservés ; à celui des antiquités, des romances, des proverbes, des dictons, des traditions ; enfin à celui des hommes localement célèbres. Je vais essayer la poétique de ce dernier. Nous avons à Paris un curé dont la douceur, la tolérance, la science sont évangéliques, dont les actions, toujours généreuses, sont toujours silencieuses. Je ne le nomme pas ; ses paroissiens le nomment : mais peut-être est-il aussi nommé dans plusieurs autres paroisses, car les curés des paroisses de Paris sont généralement et ont de tout temps été d'excellents curés. Il en est de même dans les paroisses des villes de province, tandis qu'il n'en est pas, dit-on, de même dans toutes les paroisses des campagnes où les pieux et prudents erremens de leurs respectables prédécesseurs du dix-huitième siècle sont quelquefois abandonnés par de jeunes curés du douzième, en petit nombre à la vérité et tous les jours en plus petit nombre. Ainsi à mon avis, ce chapitre doit mentionner d'abord le bon curé qui a été porté au tombeau dans les bras de ses paroissiens, au milieu des louanges de sa longue vie pastorale sans tache. Grand nombre de curés ont employé à des institutions de bienfaisance l'argent que les pauvres ne leur ont pas demandé; ils doivent à ce seul titre, et tous les fondateurs de pareilles institutions doivent être mentionnés dans ce chapitre; car la bienfaisance envers le public est seule un titre de célébrité. Le maire est un curé politique presque aussi intimement uni au village que le curé clérical; aux mêmes conditions, même honneur, même mention... Si l'ancien seigneur, ses fils ou ses successeurs à son château, à ses possessions ont, comme s'ils continuaient à percevoir des cens et des rentes, continué à être les bienfaiteurs de la commune, inscription de leur nom dans ce chapitre. Tout le monde connaît un notaire dont la bourse, la plume, ont toujours été au service, non des querelleurs, mais des opprimés; tout le monde connaît un ancien jurisconsulte qui est venu consacrer le reste de sa vie à la pacification des guerres judiciaires, qui, ainsi que saint Louis, tient ses assises de conciliation au pied des arbres, auprès des fontaines; inscription du nom de l'un et de l'autre, dans ce chapitre. Un habitant du village a perfectionné un instrument, une méthode d'agriculture; inscription de son nom. Un autre a délivré le pays d'une bête féroce, ou d'un brigand; inscription de son nom. Un autre a fait construire un abreuvoir, un autre un lavoir, un autre un petit pont, une partie de chemin vicinal; inscription de leur nom et sur le monument et sur les pages de ce chapitre. Je me permettrai ici une petite digression pour inviter nos législateurs à nous donner une loi qui accorderait à celui ou à la famille de celui qui aurait fait construire un pont, une partie du grand chemin le droit d'en perpétuer le souvenir par un marbre, une colonne. Il me semble que souvent un homme riche emploie plus mal son argent qu'à élever sur le bord d'une grande route une fontaine monumentaire, où son nom serait béni par tous les voyageurs qui viendraient s'y désaltérer. Je voudrais surtout qu'au milieu d'une grande plantation d'arbres, sur un sol stérile, s'élevât un cippe o ùserait gravé le nom de celui qui aurait, pour ainsi dire, mis une pièce à la robe de verdure que Dieu avait si bénignement donnée à la terre. Mais je n'ai pas dit comment doit être le livre de cette histoire communale; il doit être sur parchemin, format petit in-f°, d'une reliure solide. Le prix en serait de quatre-vingts, cent francs, ce qui ne ferait pas plus d'un sou ou deux par habitant, qui tous, riches, pauvres, grands, petits, hommes, femmes seraient glorieux de donner leur sou ou leurs deux sous pour l'histoire du village. Quand ce volume serait plein, on en commencerait un second, un troisième; et, de proche en proche, dans la France, dans l'Europe, dans tout le monde, les plus petites divisions territoriales, les plus petits villages auraient tous leur livre d'annales. Je désirerais d'ailleurs qu'il y eût des figures, et entr'autres la représentation de l'église et du clocher, du vieux château avec ses fortifications, des anciens édifices, des monuments antiques. Il faudrait encore, que sur une autre feuille se trouvât la représentation d'un villageois et d'une villageoise vêtus du costume local. Il faudrait encore d'autres dessins, mais si l'on n'avait pas un dessinateur sous la main, le notaire ou le secrétaire greffier en sauraient assez pour figurer avec leur plume, les formes carrées des bâtiments d'une école ou d'une salle d'asile, ou d'une halle, portant écrit au-dessus ou au-dessous le nom de ceux aux dépens de qui ils auraient été élevés. Maintenant on me dira sans doute qu'aux chapitres dont j'ai donné les titres j'aurais peut-être dû joindre celui de la population, et du nombre des familles, on aura raison; le Recueil des titres de Saint-Jean de Savigny contient un pareil état. Je désirerais de plus que les magistrats, le curé, les hommes publics de la commune fussent en tête; je voudrais aussi qu'on écrivît avec les noms des chefs de famille, ceux de leurs épouses, et que, dans différents chapitres, il fût encore parlé des femmes, surtout de celles qui dans les épidémies se seraient dévouées au service de leurs voisins malades; qu'il fût encore parlé des courageux médecins qui seraient venus braver les dangers de la contagion. Peut-être, si je l'omettais, on omettrait le chapitre des années abondantes, des années disetteuses, des années de sécheresse, de pluie, de gelées, de vents, de grêles, d'ouragans. Naturellement les histoires des villages doivent avoir le chapitre de la pluie et du beau temps.

Ce que c'est qu'une bonne ou heureuse page, une page sur les villages; tout le monde, notre roi, nos ministres, nos pairs, nos députés, nos fonctionnaires, nos gens de lettres, nos lecteurs de nouveautés, nos riches hôtes étrangers, tout le monde, excepté nos villageois qui ne la connaissent pas encore, veulent l'avoir; et pour l'avoir ils veulent avoir le chapitre, et pour avoir le chapitre, ils veulent avoir le livre qui se vend peut-être par milliers, peut-être par dix milliers. Ah! je le répète, ce que c'est qu'une bonne ou heureuse page, une page sur les villages!

Neuf plans topographiques du territoire de Goussainville et des environs, de différents temps et de dimensions différentes, renfermés dans un portefeuille. . . . . 20 fr.

Les géomètres ne sont guère plus communs dans les villages que les dessinateurs; cependant je voudrais qu'à chaque histoire communale fût joint un plan du territoire de la commune, avec la représentation du village et des hameaux. Ce plan devrait se trouver au chapitre du territoire. Là et en regard devrait se trouver aussi le tableau où état sommaire de tous les ténements, de tous les champs, de toutes les possessions, avec leurs histoires, car chaque possession en a une. Je pourrais, moi, faire celles de chaque possession de la ferme qui appartenait à mon père; je les ai apprises dans mon jeune âge, ou de lui ou des bons cultivateurs du lieu; j'en ai cité, au XVe siècle et au XVIe, deux, celle des Croix-blanches, celle de Condamine; j'en cite au XVIIIe quelques autres. Lorsque les opérations du cadastre seront enfin terminées, on aura, ainsi que je l'ai déjà dit, la représentation de la culture et de la couleur de toute la terre de France jusqu'au plus petit morceau, de même que, lorsque les histoires communales seront faites, on aura jusqu'au plus petit morceau l'histoire variée de toute la terre de France. Qu'ici les gens de belle humeur veuillent bien garder leur logique de plaisanteries sur la fatigante, énorme et inutile masse des détails; qu'ils se souviennent que rien n'est petit dans les villages, où telle grande et antique maison, telle croix, tel poteau, a l'importance du Louvre, de la Colonne, de l'Obélisque; et en outre qu'ils se souviennent que plus l'homme connaît de détails, plus il a d'idées fixes, justes, nettes, plus il approche de l'intelligence de Dieu, qui ne voit que des détails; car les espèces, les genres, les classes, les généralités, les récapitulations, les résumés, sont des béquilles avec lesquelles, dans ses longues courses, se soutient notre esprit, ou, si vous voulez, des ailes avec lesquelles il vole quelquefois très haut, sans doute, mais aussi avec lesquelles quelquefois il s'égare, dès qu'il perd de vue les objets, les détails. Ces neuf plans de Goussainville, objet de cet article, ont, du moins quelques-uns, quatre, cinq pieds en carré, ils ne peuvent guère se raccorder au volume d'une histoire communale; cependant on peut les réduire et en tirer soit le plan soit le tableau que je demande, car il y a le dessin de grandes maisons et d'ormes de villages. Dans un de ces plans se trouvent les divisions territoriales, portant chacune le nom des différents propriétaires depuis près de deux siècles. Les autres sont d'ailleurs tous chargés des noms des possesseurs de ce temps : Seigneur. Seigneur. les Carmes. Monsieur de Montmorency. les Feuillans. les Feuillans. Monsieur Masparaut. la Cure. l'Hôpital. la Cure. Monsieur Charpentier. Monsieur de Nicolaï. Monsieur de Nicolaï. Depuis la face de la propriété a été bien changée ; ces neuf anciens échantillons sont à conserver.

Plans de parties de bois des environs de Paris, de différentes années du XVIIIe *siècle*, dont les noms se trouvent dans l'état y joint, au nombre de vingt, renfermés dans un portefeuille. . 35 fr.

On vient de voir la vieille face de la terre cultivée ; on voit ici la vieille face de la terre boisée. Ces parties de bois étaient de l'église ; elles sont aujourd'hui de l'État ou des particuliers acquéreurs, et leurs anciens plans contiennent des arpentages précieux et d'importants bornages. Ils sont d'ailleurs si fraîchement coloriés, les allées en sont dessinées si spacieusement, qu'on semble s'y promener.

Plan sur vélin, des bois de l'abbaye de l'Isle-

Adam, deux pieds et demi en carré, renfermé dans un portefeuille. . . . . 15 fr.

Ces bois disposés en fer à cheval, divisés en coupes successives, sont lavés en vert. L'abbaye située au centre, est lavée en rouge. Mêmes observations pour l'importance de ce plan.

Carte de la forêt de Bondy, année 1814, cinq pieds en carré, renfermée dans un portef. 12 fr.

Tout près du territoire de Vincennes est le grand territoire de la forêt de Bondy, enclavant les territoires de plusieurs communes figurés par des espaces blancs au milieu des teintes vertes des forêts, offrant les grands chemins, les chemins moins grands, les petits, les plus petits chemins, offrant le nouveau chemin d'eau, le canal de l'Ourcq. Ici la terre a une face de laquelle ont disparu les vieilles lignes des délimitations seigneuriales, cléricales.

Plans de parties des bois des environs de Paris de différentes années du XIXe *siècle, dont le nom se trouve dans l'état y joint, au nombre de neuf*, renfermés dans un portefeuille. . . . . . 15 fr.

Mêmes observations qu'à l'article précédent.

Pourquoi n'ai-je point porté au chapitre de l'agriculture ces plans de forêts avec les autres? On ne manquera pas, et avec raison, de faire cette question à laquelle je réponds que c'est parce que j'ai voulu en même temps et alléger et varier les chapitres ; j'ai d'ailleurs pu le vouloir, puisque les bois sont les parties les plus notables des territoires des villages.

Plan de la ferme de La Minière près Versailles, sur une feuille de deux pieds et demi en carré, renfermé dans un portefeuille. . . . . . . 4 fr.

Par le même motif, c'est-à-dire parce que j'ai voulu varier et alléger les chapitres, et aussi parce que les territoires des fermes sont des parties des territoires des communes et qu'elles en sont des parties fort notables, j'ai encore, ici, porté ce plan qui figure les terres de La Minière divisées en nombreuses et longues portions, comme si elles appartenaient à de nombreuses familles qui les auraient partagées et à chaque génération repartagées : au reste, je ne demeure pas très loin de cette ferme, j'irai quelque beau jour m'y promener ; j'en saurai la raison et à la seconde édition je la dirai.

Collection d'anciennes cartes communales, formant une partie de l'atlas de l'ancien Parisis, au nombre de dix renfermées dans un portef. 20 fr.

Ces cartes ou plans topographiques offrent aussi, comme celles de plusieurs articles précédents, la vieille face de la terre de France ; elles sont chargées de détails historiques, visibles à des yeux attentifs. Si les communes du Parisis, la partie du territoire français la plus riche et la plus civilisée, veulent les premières faire leur histoire communale, elles auront, là, d'anciennes cartes, bien plus précieuses que leurs cartes actuelles. Elles trouveront encore dans cette collection des cartes de communaux, des cartes de parties de territoire de commune à disjoindre.

Collection de nouvelles cartes communales du Parisis, sur papier transparent, au nombre de vingt-trois, dont les noms sont écrits sur l'état y joint, format de différentes dimensions depuis deux pieds jusqu'à six pieds en carré, renfermées dans un portefeuille. . . . . 40 fr.

Ces cartes ou plans topographiques, dresséespar les ingénieurs du gouvernement, sont nettement dessinées, nettement écrites, légèrement et agréablement coloriées. Mais qui donc prendra ce fouillis, se demande le lecteur? Qui? vous-même, si vous êtes chef d'établissement agricole, de ferme modèle, d'école rurale; vous-même, si vous êtes chef des conservateurs ou un des chefs conservateurs d'une grande bibliothèque publique. Vous-même, si vous êtes riche et savant propriétaire. Aujourd'hui vous appelez ces cartes fouillis, dans la suite vous les appellerez précieux, indispensables documents manuscrits.

Compte du terroir de Merch, fait par eskevins, par cormans et par ses sept hommes, année 1327, manuscrit original, sur parchemin. Un vol. in-fol., basane racine verte, dentelles. . . . . . . 30 fr.

Y a-t-il; Non il n'y a pas d'aussi joli manuscrit pour servir à l'histoire des villages. Le petit terroir ou territoire de la Merch ou Merck formait une espèce de petit état souverain, divisé en sept paroisses qui étaient ses sept petites provinces. Si l'on veut d'abord savoir à combien montaient les tailles de chacune ou du moins à combien montait le total, on saura que c'était à 2,200 livres, et de plus que toute la recette du compte n'était composée que de ce seul chapitre, et que ce chapitre n'était composé que de ce seul article. Ce petit état de Merch se trouvait à la fin du XIIIe siècle aussi obéré qu'un de nos grands états du XIXe. Il payait 1662 livres de rentes à vie, et il y avait dans ses finances un déficit de 158 francs, déficit fort considérable, car tout est relatif. Et pourtant les dépenses de son petit gouvernement n'étaient pas scandaleuses. Les sept provinces ou sept paroisses avaient à leur tête sept magistrats, appelés les sept hommes, dont les fonctions étaient gratuites. Les échevins qui formaient le gouvernement permanent n'étaient pas non plus salariés; seulement, sous le nom de droitures, ils recevaient 42 livres. Le traitement du clerc qui était le secrétaire d'état n'excédait pas 15 francs; ce n'était pas trop; le sergent du territoire, qui représentait l'armée soldée, n'avait que 10 francs; ce n'était pas trop non plus. Nous remarquerons que dans ces anciens temps, on comptait en France un assez grand nombre de ces petites souverainetés d'une lieue de long et d'autant de large; celle-ci en était une. Elle faisait tous les ans pour 300 livres de présens aux puissances de son voisinage: Bons princes! bons rois! tenez! prenez! acceptez! mais ne nous mangez pas! Nous sommes si petits; vous n'en seriez guère plus gros.

Onze comptes de recettes et dépenses de seigneuries, de villages dont le nom est en tête de chacun, écrits au XIIIe et au XIVe siècle, sur autant de rouleaux, reliés en un volume format in-fol., basane racine verte, dentelles. . . . . . 70 fr.

Avant d'aller plus loin, demeurons d'accord, le lecteur et moi, que si aujourd'hui le château, lorsqu'il est neuf, n'est que la plus grande, la plus belle maison du village, et que si, lorsqu'il est vieux, il n'est que la plus grande, la plus vieille maison, autrefois le château était la tête du village, dont les maisons étaient le corps, les mains, les pieds, et que par conséquent l'histoire du château fait vraiment partie de l'histoire du village. Maintenant je dirai que ces comptes, pleins de documents, offrent les revenus fonciers, les revenus féodaux, les revenus féodaux-judiciaires du château, mais avec un si grand mélange de détails agricoles, de réparations aux moulins, aux fours, aux halles, qu'ils font très souvent l'histoire matérielle de la commune. Je vais donner les extraits de quelques-uns. Compte du bailli de Langlée, année 1290; déjà dans ce village on faisait de la bière; les cressonnières du château étaient affermées 40 sous. Outre le bailli il y avait, pour le service de la terre, un garennier à cheval, un garennier à pied, un garde des eaux. Compte de la terre de Fampon, année 1314. La grange, le moulin, le four et, sous le nom de prévôté, la justice étaient donnés à ferme. Le four rendait dix livres, la justice vingt. Mention de remueurs de blé, de mesureurs de blé, du prix du blé: « Muid de bled... III sols le muid... Mencaud de « blé, VIII deniers. » Mention du prix des pourceaux: « Pourciaux acatez... pour V pourciaux à « XXVIII deniers le pourciau... » Réparations: « Pour « couvrir une grange... Pour referrer les ponts... » Cultures: « Pour les vignons de Hesdin qui plan-« tèrent vignes au Gart, VIII solz... » Compte de la baillie de Buvry, année 1324. Les villages de cette terre payaient des rentes en pains de froment. Compte des revenus du Castel de Biaume, année 1329: « Premièrement de la ville (du village)

« de Riencourt pour petits poullés que cheux de « la ville doivent le jour de Saint-Jehan, rechu « XXIX poullés, VI deniers piéche... » La charge de vidame, de militaire défenseur des églises, était aussi donnée aux femmes : « De la ville (du village) « de March, rechu XL capons... desquels la vidamesse « de Chartres en eut pour son quart (sa part) VIII. » Prix de la paille. Prix des murs, des murs en mortier gâché avec de la paille, des murs chaperonnés : « Vente de feurre, VIII solz le cent... Pour II^{c} « XXV pieds de mur... entour le courtil (le jardin) « XXV solz le cent. Item pour III^{c} de feurre mis au « mortier dudit mur, VIII solz le cent. Item pour III^{c} « manées d'esteules, dont ledit mur fut couvert, à « VIII solz le cent. » Compte Ghillebert de Niédonchel, chevalier, bailly d'Esperleque, année 1333. Recette « De VI potiers qui font pos de terre, pour « cascun IIII deniers... De menues corvées que plu- « sieurs personnes doivent, XV solz IV deniers... De « gaites en deniers (guets et gardes convertis en « argent) que plusieurs personnes doivent..... « Capons, cascun XIII deniers... Gélines, cascune « X deniers. Tonlieux... Recettes de bos .. cascun « arpent de la forest de Belan vendu XX livres... » Gages... réparations... vitres... Compte de Gillebert, chevalier, bailli de Le Montoire, année 1334, Recettes : « Molin a huille accensié... dismes... De

« Gilles Bannel pour reconnaissance de son fief ungs « blancs esperons valent XII deniers... Recette du « bos... Recette des connins (lapins)... Connins « du parc accensiés... » Gages de différents serviteurs : « Sergens de Le Montoire VIII deniers par « jour... Le loutrier, pour gages de lui et de son « chien, VIII deniers par jour... » Je borne ici les citations.

Compte de recette et dépense des terres et des salines, possédées dans le comté de Bourgogne par la duchesse de Bourgogne, année 1327, manuscrit du temps. Un vol., grand in-fol., maroquin rouge. . . . . 50 fr.

Je souhaiterais bien que ce précieux manuscrit passât entre les mains de bons villageois bourguignons assez instruits pour pouvoir s'instruire encore; ils se grouperaient tout autour ainsi qu'autour d'un lutrin. Le maire en déchiffrerait un mot, le curé deux, le notaire trois. Ils auraient, en commençant, de la peine; mais comme ils en seraient payés! ils liraient la vraie histoire de leurs pères. D'abord ils verraient qu'ils étaient taillables, qu'ils payaient des tailles, et ils confondraient ces tailles avec la contribution foncière. Eh! mon Dieu non; c'étaient des tailles de servage. Mes amis! ne vous en effarouchez pas trop, car le plus grand libéral et même le premier gentilhomme de la chambre peut, aussi bien qu'un autre, descendre en droite ligne d'un serf. Ensuite comme ils seraient contents d'être délivrés de la commandise qui, en Franche-Comté, signifiait la tutelle seigneuriale des veuves et des mineurs; comme ils seraient contents de ne pas acquitter les redevances de cette longue nomenclature des droits féodaux imposés à leurs pères! Et qu'ils riraient ensuite en voyant les grands tas de blé emmagasinés aux greniers du château, enlevés par cette innombrable foule de moines, de moinesses, il faut le dire aussi, par cette innombrable foule de pauvres honteux, de pauvres non honteux, de pauvres des hôpitaux, de pauvres de toute espèce auxquels la piété et la bonté des hauts seigneurs ouvraient les portes. Ils croiraient ne pas bien lire en lisant: « Item, pour la part « madame, des coustumes des chandelles; et ne croist « ne décroist xxxii solz vi deniers... » Mes bons amis, vous lisez bien; vos pères, ainsi que tous les villageois de la France et de l'Europe, étaient assujétis à toute sorte de redevances, à fournir même de chandelles ces grands et forts châteaux qui employaient leur force partie à vous faire travailler, partie à vous défendre. Vous verrez ici ces châteaux se remplir d'arbalètes à pied, à tour. Vous y verrez la menace, l'attente des guerres privées. Madame, c'est la duchesse de Bourgogne, reçoit deux, trois, quatre cents gend'armes ; mais ce ne sont pas de nos gendarmes actuels, chargés de la police intérieure ; ce sont de beaux, superbes cavaliers, vêtus ainsi que leurs chevaux, de fer, d'écarlate et d'or, dont un grand nombre prenaient le titre de monseigneur, titre alors, je vous assure, assez commun. Ce compte porte une infinité d'autres faits, les uns relatifs à l'histoire de vos anciennes mines de sel ou saulneries, les autres relatifs à l'histoire de vos villages. Quelque pressé que je sois de ne pas vous retenir plus long-temps, cependant je veux encore lire avec vous les articles où il est parlé des présents, entre autres de celui d'un cerf, d'une biche et d'un petit cerf, entre autres de celui de deux bœufs gras, présents faits par une grande dame à une autre grande dame.

Ce sont les rentes le prévôté de l'église Saint-Piat de Seclin, qui se paient à la saint Jehan-Baptiste, à la saint Remi et as autres termes en suivant apriès, manuscrit du xve siècle. Un vol. petit in-fol., cartonné. . . . . 12 fr.

Je suis bien aise d'avoir vu Seclin, petit bourg ou grand village sur la droite de la route de Lille à Lens. Seclin avec sa vénérable église aux sombres murailles, située à l'extrémité de belles rues, de belles maisons nouvellement bâties ou réparées, ressemble un peu à un maure vêtu de blanc. La partie de la riche plaine de Flandre qui entoure Seclin produit, comme au temps où ce censier a été écrit, du froment qu'on appelait fourment; nourrit aussi, comme dans ce temps, des poules, des chapons qu'on appelait gélines, capons. Le prévôt ou chef du chapitre de Seclin y avait bonne part; ce manuscrit n'est que l'état détaillé des redevances appartenant à son bénéfice. On y trouve des articles où il y a quatre ou cinq villageois pour payer une obole, huit ou dix pour acquitter la rente d'une poule, ce qui prouve que les terres accensées avaient été partagées, repartagées et repartagées. Ce prévôt est titré de monseigneur, ainsi que deux ou trois autres personnages des environs. Il y est encore fait mention de plusieurs femmes appelées dames, titre alors équivalant pour les femmes à celui de monseigneur pour les hommes. Je donne et dois donner tous ces différents détails parce que tout ce qui est dans les villages fait partie de l'histoire des villages. J'ajouterai que ce chef de l'église de Seclin percevait des droits sur les terres des prêtres de Chemi, des capelains de Saint-Estève, des distributaires ou obediengerds d'église, des béguines, des pauvres, des malades; mais les propriétés ecclésiastiques, pas plus que les personnes ecclésiastiques, ne pouvaient être saisies. Le prévôt savait certainement cela; aussi le censier vous avertit-il que dans ce cas il y avait toujours une espèce d'éditeur responsable, un débonnaire villageois dont on pouvait fort bien saisir les propriétés et la personne. Je fais tout ce que je puis pour que ce manuscrit retourne aux archives de Seclin, et dans cette intention je n'en ai pas porté très haut la valeur présumée, quoique les habitants de ce beau village, dont les maisons sont, comme je viens de le dire, blanches, fraîches, à jalousies, à contre-vents peints en vert, puissent y mettre un bon prix. S'ils le recouvrent, ils y liront dans une grosse et régulière écriture, comme celle des missels, que leur territoire était divisé en mairies ; ils y apprendront les anciens noms, les anciennes limites des différents ténements, ainsi que de leurs tenanciers et de leurs prédécesseurs; ils y apprendront en même temps, et sans trop de vanité, que plusieurs de leurs prés, de leurs champs relevaient de la table du prévôt. Ils y trouveront souvent la topographie des maisons, des rues de leur village et des villages voisins. En voilà, ce me semble, assez pour que cet article vienne à leur connaissance. Je tiens et je leur montre un beau titre de famille ; sûrement ils ne le laisseront pas dans mes mains, ni dans d'autres.

Papier censier de la terre de Blancmesnil, année 1475, manuscrit original. Un vol. in-4°, cartonné. . . . . 10 fr.

Ce censier de la terre de Blancmesnil est partiel. Il ne consiste que dans la déclaration ou dénombrement de son manoir et appartenances, donné par le seigneur de Compans, au seigneur de Blancmesnil; mais ne le laissez pas périr, car voyez que de documents il contient sur l'histoire des villages. On y apprend qu'en ce temps il y avait à Paris, près lequel est situé Blancmesnil, des mesureurs jurés; qu'ils ne mesuraient les terres qu'en présence des propriétaires ou de leurs représentants; qu'ils disaient dans leurs rapports de quelle espèce de blé les terres étaient emblavées; qu'ils déterminaient la mesure de l'arpent à tant de pas en carré. On y voit les prix de ferme et la durée des baux de neuf ans pour les grains, de dix ans pour les pailles. On y voit enfin la description du manoir seigneurial des Compans, moitié château, moitié ferme, comme tous les petits châteaux des siècles passés.

Papier censier de Compans, de l'année 1497, manuscrit original. Un vol. in-4°, cartonné. 8 fr.

Qu'on lise avec attention l'extrait suivant pris au verso du premier feuillet de ce censier. On y verra comment la plume féodale a bien décrit, bien marqué le territoire par les appellations locales, par les monuments de la religion, par ceux des usages, par ceux de la puissance : « Le terroir de Compans, » nous sommes toujours auprès de Paris, au pied de la montagne de Montmartre, « s'estend du costé de-« vers Thieux jusqu'à l'orme Philipe, et du costé « devers Mesnil, jusques à la fuche aux hountz « (peut-être à la flacque, à la mare aux ormes), et de « là au buisson du chasteau ; et du costé devers Nic-« tey jusqu'à l'orme des Trois visages, et de là aux « lieux qu'on dit La Croisette en tirant à l'orme aux « Valés, et en revenant au long du chemin de Clayes « jusqu'au chemin royal, et de là au buisson Mi-« taine, et du buisson Mitaine jusqu'à la fosse des « Nitaulx. » Autre part il est parlé des justices ou fourches patibulaires, servant alors si souvent aux indications des limites des différents territoires. Qui n'aura pas une idée de la face successive des campagnes ne pourra la donner au lecteur de son ouvrage. Il ne pourra faire, ou il fera mal l'histoire de la terre de France, l'histoire de France.

S'ensuit les tenants et aboutissants des terres, depuis la ferme Saint-Lazare, estant au long des vaignes de la Molette, jusqu'au bout des fossés du grand chemin, près la butte allant du Bourget à Dusgny, manuscrit original de l'année 1502. Un vol. in-fol., cartonné. . . . . 20 fr.

Lorsque descendant du faubourg Montmartre il me plaît d'aller me promener dans les plaines foulées, un de ces printemps, le matin de la bataille de Saint-Chaumont, sous les pieds de l'armée française et de l'armée ennemie, je puis, à deux siècles et demi de distance, ce manuscrit à la main, reproduire l'ancienne physionomie de cette plaine avec toutes ses cultures, toutes ses délimitations, avec toutes ses couleurs, tous ses traits ; je puis en même temps ressusciter les propriétaires et les appeler tous par leurs noms.

Les maisons du Bourget et jardins, tant du costé de la rue que d'autres costés, manuscrit du milieu du XVIe siècle. Un vol. in-fol., cart. 20 fr.

L'histoire des terres doit faire partie de l'histoire des villages. L'histoire des maisons doit aussi en faire partie. Je puis de même, ce manuscrit à la main, voir et faire voir, à deux siècles et demi de distance, les anciennes rues, ou plutôt l'ancienne rue du Bourget avec ses anciennes maisons, ses anciennes enseignes qui les timbraient alors au lieu de nos numéros. Je puis voir et faire voir ces longues rangées de saints de tous les noms, de croix, de soleils, de lunes de tous les métaux, de chevaux de toutes les couleurs, que tantôt le jour éclairait si pacifiquement, que tantôt les vents, les pluies et les tempêtes agitaient avec tant de bruit. Je puis voir et faire voir où étaient des jardins, des prés, à la place des maisons actuelles. Et quant aux anciennes maisons, je puis aussi faire voir quels honorables personnages, tels que des chevaliers de Saint-Lazare et autres encore plus honorables logeaient où l'on vend aujourd'hui avoine, son, recoupe, au sac et au boisseau.

Estat du revenu de la terre et seigneurie d'Oisy, *année* 1566. Un volume petit in-folio, cartonné. . . . . 8 fr.

Ce joli petit manuscrit sur papier est un compte de recette et dépense, rendu en 1566 à la chambre des comptes de La Fère, dans le temps que l'Artois était encore espagnol. On voit dans les chapitres de dépense que s'il y avait des bénéficiers d'église, il y avait aussi des bénéficiers de château, avocats, procureurs, conseillers, prud'hommes. Le seigneur d'Oisy n'y résidait pas; l'enclos était affermé. Toutefois, l'état de la maison pour les gardes, les sergents, les portiers n'avait pas changé; on continuait même à nourrir des cygnes. Les chapitres de recette ne sont pas non plus sans intérêt. Outre les tailles, les rentes et autres droits féodaux, le fisc de la seigneurie tirait encore un revenu des carrières de grès. Ce manuscrit porte le muid de froment à XII livres. Je crois qu'il y a erreur, car à Paris le setier était à V livres.

Recueil d'actes originaux du XVIIe *siècle, relatifs aux sacrifices faits par les trois villages, Zell, Opvbych, Lebbecq, pour que leur territoire continuât à faire partie de celui de la mère-patrie*, manuscrit sur parchemin. Un vol. in-fol., parchemin. . . . . 20 fr.

Dans l'histoire des villages j'ai ici l'occasion de célébrer la continue générosité de trois villages qui furent français sous nos deux empires. Je ne puis la laisser échapper; ces villages sont situés dans le bailliage de Tenremonde. L'infante Isabelle, gouvernante des Pays-Bas, voulut, en 1632, pour satisfaire peut-être quelque fantaisie de femme, pour acheter peut-être quelque pièce de toilette, les vendre je ne sais à qui. Ces trois pauvres petits villages se présentèrent au gouvernement la bourse à la main: Comment! vous voulez donc nous vendre? lui dirent-ils; ah! gardez-nous plutôt, et nous vous donnerons trente mille florins; et ils les lui donnèrent. L'argent de ces villageois fut trouvé bon, et en 1651, avant l'expiration des trente ans durant lesquels on leur avait promis qu'ils ne seraient pas vendus, on manifesta de nouveau l'intention de les vendre. Aussitôt ces bonnes gens d'accourir de nouveau avec leur bourse. Ils payèrent dix-huit mille florins, et il leur fut promis que de trente années on ne les vendrait pas. Ils n'étaient pas vendus en 1716 car on leur accorde un troisième terme plus long et pour moins d'argent. Ces actes sont fort étendus; il y a tous ces faits et bien d'autres.

Plan de Monceaux, de Bagatelle, de Villers-Coterêt, de Chanteloup, de Saint-Fargeau et autres châteaux, dont les divers noms et les divers prix se trouvent à l'état y joint.

Les représentations des châteaux doivent être soigneusement conservées, soit pour l'histoire des villes, soit surtout pour l'histoire des villages, en ce qu'elles sont les témoignages matériels des temps où en France quarante mille hommes étaient les maîtres de tous les autres hommes, où quarante mille maisons à tours et à créneaux étaient les maîtresses de toutes les autres maisons.

HISTOIRE DES VILLES.

Supplément aux Antiquités des villes, de Duchesne, ou Recueil d'anciens titres originaux concernant les villes de France, depuis le XIIIe *siècle jusqu'au* XVIIIe. Un vol. in-fol. max., basane racine bleue, dentelles. . . . . 150 fr.

Duchesne a écrit l'histoire des villes comme nos historiens ont écrit notre histoire de France; il a parlé des églises, des monastères, des citadelles, des batailles, des siéges. Ce recueil, dont les pièces ont été classées ville par ville et disposées dans le même ordre que les Antiquités de Duchesne, formerait un excellent supplément, pour une refonte ou une réédition de cet ouvrage qui porterait, ainsi qu'il est juste, le respectable nom de Duchesne; car il est beau de traiter l'auteur d'un ouvrage, sinon refait du moins considérablement accru, de la manière avec laquelle a été traité le savant abbé Moreri, dont le dictionnaire, successivement doublé, triplé, quadruplé, a toujours porté son nom. Veut-on quelques citations de ce supplément? Ville de Paris : « De par le prévost « des marchants et eschevins... le receveur des ay- « des... paira aux canonniers nommez au roulle... A « Paris, le XXII[e] jour du mois de décembre MV[c]LX... » Ville d'Orlians : « Comme du commandement de ho- « norable home et saige maistre Pierre de Saint-Me- « mein, lieutenant du gouverneur du duché d'Orlians, « les bourgeois, manans et habitans de la ville d'Or- « lians aient esté assemblez par ban et par cri... ont « autorisé... Guillaume Boudri... maistres, proviseurs « et gouverneurs du pont d'Orlians, de la maison « et hospital estant sur icelui... d'accepter le don de « rentes et héritages fait par maistre Jéhan Du- « buisson, jadis chanoine de l'église d'Orlians... au- « dits pont, maison et hospital... pour touiours me « chanter par chacun jour une messe en la chapelle

« estant sur ledict pont... Ce fu fais le vendredi v[e] « jour du mois de février, l'an M IIII[c] et v.» Ville de La Rochelle : « Jean de l'Escale, conseiller du roi, pré-« sident au siége présidial de La Rochelle... Il est en-« joint, du consentement du procureur du roy, au re-« ceveur des deniers d'octroy, de délivrer à Pierre « Maillon, secrétain de l'église Saint-Sauveur en « cette ville, la somme de sept livres dix sols pour « un quartier de ses gaiges, pour avoir sonné la retraite « en ladite église... Fait à La Rochelle, le 4e jour de « juillet 1644... » Ville de Bordeaux : « Charles, roy « de France, à tous ceux qui ces lettres verront... « avons accordé et accordons que lesdicts mar-« chands angloïs puissent venir en nostre ville de « Bordeaux... Donné à Amboise, le VIIIe juillet « mil CCCC LXIII. » Ville de Nîmes. « Les consuls de « Nismes confessons avoer ressu de sieur Robin Méry, « resseveur... la somme de carante une livre ternoes « à eus deu, à cause de leurs gages, poennes et tré-« baux en la taxation et coéquation de l'assiette faite « audict Nismes... le VIIe janvier l'an M CCCC LVIII. » J'arrête ici les citations. Les uns diront que c'est trop peu. — Donnez-moi de l'espace. Peut-être, diront les autres, aurait-il mieux valu ne pas en faire. — Peut-être.

Receptio et expensa ville Calesii, *annis* 1268,

1289, 1295, manuscrit original. Un vol. petit in-f°, veau rose, dentelles. . . . . 40 fr.

Il faut, je crois, diviser l'histoire de ces grands rassemblements de maisons et d'hommes, appelés villes, autrefois entourés d'une noble ceinture de murailles et de tours, aujourd'hui, s'ils ne sont comme Calais des villes fortes, s'éparpillant à volonté dans la campagne ainsi que des villages; il faut la diviser en deux périodes l'une féodale, l'autre municipale. Nous sommes ici encore dans la période féodale. Calaisiens! voici donc votre histoire au XIIIe siècle, que vous ont laissée, dans leurs comptes latins, *magister Petrus*, *receptor*, maître Pierre, receveur et ses successeurs; je vais les faire parler en français. Voulez-vous savoir combien vous payiez pour les tailles? vous payiez mille livres. Et pour le cens? neuf cents livres. Dans le chapitre des dépenses, il est fait mention de votre constitution, *ad renovandam legem nostram*. Le comte d'Artois se chargeait des salaires de vos échevins, mais vous lui payiez tant et tant pour vos étaux de bouchers, de bladiers, de drapiers, de marchands. A la suite de la recette vient la dépense : Réparations aux fortifications; frais de voyages; achats d'habits qu'on appelait robes, tabards; autres et toute sorte de dépenses avec le prix. Il est parlé d'anciens usages en termes que vous expliquerez mieux que moi : *Item* XVI den. *pro calceamento Candekin, nocte Magdalene*. Vous brassiez déjà de la bière. Que d'autres choses vous disent ces comptes! je n'en rapporterai plus qu'une. Vous aviez surtout peur d'être surpris par les Anglais : *Item* VIII *sol. datis clocheluders, ad pulsandum propter Anglicos.*

Comptes de recette et dépense des chevaliers baillis de Calais, années 1307, 1308, 1309, 1312, 1313, 1324, 1326 ; manuscrit du temps. Un vol. grand in-fol., basane, racine rouge, filets. . 50 fr.

Calaisiens! enfin au XIVe siècle, vos financiers parlent français. Je remarquerai d'abord que dans ces comptes, comme dans les précédents, toutes les recettes sont encore féodales; mais elles offrent ici dans un tableau bien plus grand, bien plus varié, bien plus riche, le spectacle de votre ville et de votre commerce. Les droits d'entrée, dont elles offrent aussi l'état détaillé, sont fort historiques pour les annales de vos pêcheries : « De cascun nef, ba- « teau qui vient peschier à Calais de delà Boulogne, « v sols et VIII deniers... » Dans les comptes suivants, nouvelle mention des *peskeries*, des aventures de mer. Chapitre des exploits et amendes, chapitre des mœurs. Chapitre des œuvres, chapitre des arts. Chapitre du salaire des magistrats ou officiers féodaux. Chapitre du gouvernement de la ville; Calaisiens! vous étiez si bien régis féodalement qu'il est parlé des viviers, de la garenne de Calais, du chastel et de sa grant salle. Chapitre dons et aumônes. Chapitre de l'église. Calaisiens! encore une fois, voilà votre histoire des anciens temps.

Comptes de recette et dépense de la Baillie d'Aire, années 1303, 1305, 1332, 1342, manuscrit du temps. Un vol. grand in-f°, basane, racine bleue, filets. . . . . 40 fr.

Habitants d'Aire! je vous dirai comme aux habitants de Calais : Voici, dans ces comptes, votre histoire des temps passés. Vous étiez de même féodalement régis; aussi ferai-je seulement et fort sommairement quelques remarques. Il y avait un connétable du Boulonnais. Il y avait dans les salles du grand château d'Aire un autel où le prêtre chantait. On affermait les herbes des fossés. Mention des confiscations. Narration de meurtres. Prix du gibet, de l'échelle, des cordes, du salaire du pendeur, du pain donné au pendu. On trouve çà et là des détails d'agriculture; on trouve, au chapitre Despens de baillie, combien de gerbes par jour battait un batteur en grange; on y trouve que les toiles étaient appelées draps de fil. Les derniers feuillets de ce compte portent les frais des funérailles d'un bâtard dont le seigneur avait hérité de droit; la herse et le drap de charité avaient été loués.

Comptes de recette et dépense des baillies de Saint-Omer, années 1306, 1310, 1313, 1321, 1328, 1342, manuscrit du temps. Un vol. in-fol. max., basane bleue, filets, 40 fr. Et en outre, à cause d'un précieux document sur l'artillerie, n'existant peut-être pas autre part, 40 autres francs. 80 fr.

Je dirai de même : Habitants de Saint-Omer! dans ces comptes est aussi votre histoire des anciens temps; non de ce que vous faisiez; mais de ce qu'on faisait de vous, car vous étiez de même régis par le gouvernement féodal. Ici le noble magistrat, chevalier, bailli, administrateur, receveur, enregistre, comme les baillis des autres villes, ce que vous payiez au fisc du maître du pays; toutefois les variantes des perceptions ou des faits donnent aux comptes de cette ville, comme à ceux des autres villes, une physionomie toujours différente. Le premier de ces comptes commence ainsi : « Du fief messire Jehan de Saint-« Omer, qu'il tient de monseigneur le conte, en « fief; c'est assavoir tout le pois de toutes marchan-« dises de la ville de Saint-Omer et tout ce que li hale « de Saint-Omer li doit... » La pesée publique de tout ce qu'à Saint-Omer on vendait, était donc tenue en fief de même qu'une seigneurie. Plus loin on trouve l'acensement, la ferme du produit des clams et des respons, c'est-à-dire des plaintes et des défenses. Au chapitre Rechoite pour exploits, est une suite de délits pécuniairement punis: « Pour chose qu'il bat-« tit... qu'il meurdrit... xx liv. xxx liv. La part de ma-« dame, les deux tiers... » Parmi les articles de dépense on lit celui-ci : « A Pierre Dumaire, artiller, pour en-« penner x milliers de garros.... VIII liv... A Jehan de « Cassel, tourneur, pour tourner IIIc de fus de gar-« ros pour traire de canons et ycheaus amenuser « as debous au moy des boistes, liquel furent en « garnison au castel de Saint-Aumer, de cascun « cent v solz... A Bernart le caudronnier, pour l'a-« cat de une vielle caudière, pour tailler en pennes « à empenner les dis fus de garros, xx solz. A Pierre « de Waurans, coroyet, pour XVI livres et I quart « d'arain pour faire pennes à ce que dict est em-« penner, acatée à luy, cascune livres II solz VI den. « A Jehan Patin et Bernard le caudronnier, pour les « dites caudières d'arain et II vielles caudières, li « une pour le quisine du castel de Saint-Aumer, « et l'autre du castel d'Espreleque, tailler en « pennes et empenner les dis garros, de cascun « ouvrier, li un par l'autre XII journées, à cas-« cun II solz pour jour... A Andrieu le seuve, pour « IIIc de cleus à cleuer les debous des dis garros, IIII « solz VIII den. Au dict Andrieu, pour VIm et demi de

« cleus à cleuer les dites pennes, III solz VI den. le « millier; pour I sac de carbon pour escauffer les « fers dont ils traioient les dis garros de canons, III sols « XI den. A Jehan le boursier, pour quir acaté à luy « à enveloper les bous des dis garros, IIII solz. A « Guillaume de Dyeppe, II livres et demie et « demi quart de poudre de salpêtre pour les dis « canons, à XXX solz le livre. Item au dict Guillaume « pour iche meisme, II livres et demie de vif soulfre, « XVIII solz. A Colard du Loquin, pour I laichet mis « pour fremer les boistes sous l'engien dont on trait « les dis canons II solz. Au dict Colard, pour III laiches « mis à une fenestre qui fu soye hors du pont l'eauch « pour y traire par IIII, se mestier fust... » Cet article du compte n'est pas facile à entendre. Je voudrais bien savoir comment les antiquaires, hommes de guerre, l'entendront. Voici comment je l'entends : On tournait les tiges des grandes flèches, appelées garros ou carreaux, de la forme du fer acéré qui les terminait. On les empennait, c'est-à-dire qu'on les garnissait de minces ailerons de cuivre, à quoi celui des vieilles chandières était très propre. On attachait les ailerons au bois par des clous beaucoup moins grands que ceux par lesquels on y attachait le fer de la pointe. Jusque là je suis à peu près sûr de ne pas me tromper. Maintenant je ne le suis plus, et je ne puis, d'après l'ambiguité des mots, la mauvaise rédaction du comptable, dire si les canons seuls lançaient les garros, ou s'il y avait addition d'une autre machine. Et remarquez d'ailleurs la composition de la poudre, où, au lieu des trois quarts et demi de salpêtre qui aujourd'hui composent notre poudre, il n'y en a ici qu'un peu plus de la moitié. Remarquez encore qu'il n'y a pas de charbon. Une chose plus remarquable, c'est que l'esprit humain ne va jamais d'un objet disparate à un autre objet disparate sans retenir quelque chose du premier, sans le mêler avec le second. Ainsi on ne finit pas tout à coup de se battre avec des arbalètes; on ne commença pas tout à coup à se battre avec des canons; on ne finit pas tout à coup de lancer des flèches; on ne commença pas tout à coup à lancer des boulets. On lança, dans les canons, des flèches, ou du moins au moyen de machines mises en jeu par la nouvelle invention de la poudre, qu'on appelait, notez-le, poudre de salpêtre. Je suis bien aise que ce soit cette belle, et depuis si long-temps guerrière ville de Saint-Omer, qui m'ait fourni ces importants détails sur les premières armes à feu, desquelles la vieille histoire bataille, soit par défaut de science, soit par défaut de raison, n'a rien ou presque rien dit.

Originaux des comptes de recette et dépense des baillis, des baillis receveurs, des receveurs de Béthune, *années* 1318, 1328, 1331, 1340, 1347. Un vol. in-fol., basane porph., filets. 40 fr.

Cette autre guerrière et célèbre ville de Béthune, depuis le mariage de Marie de Bourgogne, si souvent canonnée, prise et reprise, était aussi en ce temps drapée sous le réseau féodal. Ses maisons, ses places, ses rues, ses habitants, ses fortifications, ses fossés, faisaient tous partie de la grande ferme de la baillie, dont les divers articles sont les vrais matériaux de l'histoire ancienne de cette ville, ou, si l'on veut, les vraies couleurs pour en peindre la vieille face. « Du « Tonlieu de la halle... Du tonlieu des biestes, des « troupeaux... De la pesquerie, des tours, de le « fossés achensés... Du cheppaige, de la geole, de la « chastellerie achensée... » En avançant on lit : « Re-« choite de plusieurs villes des appartenances de « Béthune... » On voit bien que là, villes veut dire villages, villages de la banlieue.

Comptes de recette et dépense du bailli et des receveurs d'Hesdin, *années* 1323, 1336, 1337, 1342, 1344. Un vol. in-fol. max., basane verte, filets. . . . . 40 fr.

Serai-je encore obligé de répéter ici que ces comptes de villes, dans leurs chapitres des matières qui leur sont communes, sont, pour celui qui les étudie avec attention, continuellement variés, attrayants? J'ouvre le compte de 1323 au chapitre Despens de gages, de fiefs et d'aumosnes, et j'y trouve : «... Pour « les gages du portier du castel, LXII sols... ; pour les « gages du serviant en le garenne, LXII sols... du « serviant des yawes (eaux), LXII sols... pour le fief « Aleaumne, IIc de harangs... autres fiefs... harangs « sores... » Saure signifiait-il comme aujourd'hui fumé et salé? dans ce cas la salaison des harengs serait bien plus ancienne que Buckefield, à qui l'invention en est attribuée. « Pour l'administration du pain et du « vin aux autels... aumosnes... à l'église... Pour une « candeille qu'on offrit pour madame, el cuer Saint-« Martin... Pour le restor du vivier as canoines.... « pour les gages maistre Jacque de Bouloigne, mais-« tre des painctres et des engiens... » Lignes bien précieuses pour l'histoire du génie et de l'artillerie... « Pour les despens du baillieu fais en l'assise de Mons-« troel, commenchant le vendredi après le Tous-« saint... » Au chapitre Mises de baillie, compte de l'année 1344 : « ....La nuit de Saint-Clément, pour « mener IIII sommes de connins à monseigneur de « Boullogne... » Je remarque dans ces comptes une infinité de présents de lapins qui, pour les courtoisies, étaient une espèce de monnaie seigneuriale. Autres détails remarquables par leurs contrastes : « Venaisons au castel.... A Jehan de Bou-« chet pour rentes..... Au pendeur, pour le tierche

« de XXXIII solz VIII deniers..... Pour II livres de « sieu à lances (chandelles à mèche de bois que nous « avons vu nouvellement inventer, comme tant « d'autres anciennes inventions) à prendre warde as « vins des caves du castel... Pour le vin des servians « qui justichierent Pierre Pikaut.... Pour les wans « (gants) du pendeur..... Pour moële noeve acatée « à Abbeville, pour le molin du hacket... » Je comprends qu'à Hesdin on fît venir d'Abbeville de la quincaillerie; mais des meules de moulin! Le port ou le transport coûta 15 fr. 10 s., à peu près la valeur de trente setiers de blé.

Original du compte de recette et dépense de la ville d'Arras, *année* 1437. Un vol. in-fol. max., basane, racine rouge, filets. . . . . . . 40 fr.

Original du compte de recette et dépense de la ville d'Arras, *année* 1474. Un vol. in-fol. max., basane, racine verte, filets. . . . . 60 fr.

Original du compte de recette et dépense de la ville d'Arras, *année* 1484. Un vol. in-fol., basane, filets. . . . . 50 fr.

Original du compte de recette et dépense de la ville d'Arras, *année* 1594. Un vol. in-fol. max., basane porphyre, filets. . . . . . . 40 fr.

J'aidit que l'histoire des villes devait être divisée en période féodale et en période municipale; mais j'ajoute ici que la période féodale finit fort avant dans la période municipale, et que la période municipale commence fort avant dans la période féodale; en d'autres mots, que ces périodes sont fort mêlées. On peut classer les trois premiers de ces comptes dans la période féodale, et le dernier dans la période municipale, car en 1594 le maître du pays n'y résidait plus. Le gouvernement avait cessé d'être comtal et était devenu royal, et l'éclat du magistrat municipal s'était accru de tout ce qu'avait perdu celui d'une royauté lointaine, résidente par-delà les mers, ou du moins par-delà la France. Dans ces quatre comptes on voit bien mieux Arras que dans les géographies ou dans les descriptions du temps; on voit vraiment la ville. Au chapitre Rentes héréditaires, on voit le peuple paroisse par paroisse. On le voit se nourrir, se vêtir, au chapitre Grains, Bêtes vives, Boucheries, Vin, Cervoise, Epiceries, Draps, Teintures, Mercerie, Pelleterie. On le voit acheter, vendre ses propriétés, au chapitre Des sceaux et du notariat de l'échevinage. Le chapitre des mœurs du peuple se trouve dans celui des amendes. Le chapitre des dons à la ville est celui du dévouement et de l'amour civique des habitants. Le domaine, les revenus, l'administration, se trouvent dans d'autres chapitres. On devrait étudier, dans les comptes des villes du Nord, l'état politique des bourgeois ou habitants ayant droit de cité. Il y a deux chapitres sur l'exercice des droits de propriété, autre pour le bourgeois, autre pour le forain. En parcourant les chapitres de recette, on en trouve un qui fait mention d'une aide accordée par la ville au duc de Bourgogne. Voyez-vous là une profonde trace de l'ancienne liberté communale! Au chapitre suivant, le premier de ceux de dépense, on apprend que le roi de France avait une partie de l'aide accordée par les états d'Artois au duc de Bourgogne; qu'on note bien ceci pour l'histoire des finances provinciales. Les chapitres de dépense sont les plus intéressants, et, parmi ces chapitres, il faut surtout lire et relire celui des Communes choses. Ces comptes sont arrêtés et signés par les échevins, du moins par ceux qui, y est-il dit, savent signer. Le commissaire du duc, président de l'assemblée, prend le titre de sergent des forêts, gouverneur d'Arras. Ces quatre comptes, rendus dans un espace de près de deux siècles, offrent tantôt la même ville, tantôt quatre villes successivement différentes; ces permanences, ces changements, s'ils étaient portés dans un tableau littéraire analytiquement disposé, seraient l'histoire et seraient la vraie histoire d'Arras.

Mémoires, rapports, documents, concernant plusieurs villes, manuscrits du XVIIe et du XVIIIe siècle, renfermés dans un portefeuille. . . 20 fr.

Ces documents sont fort bons. Ville de Paris : rapport à la faculté de médecine sur le cimetière des Innocents; prospectus de construction de deux grands aquéducs. Ville de Lyon : prise de possession des biens des célestins de Lyon par le roi de Sardaigne. Ville de Carcassonne : mémoires et contre-mémoires dans le différend mû entre les habitants et l'évêque, où vient l'histoire chronologique de la ville haute, de la ville basse, et des priviléges de la première. Ville de Marseille : mémoire sur les priviléges des citadins. Ville de Vannes : état ecclésiastique. Ville de Nantes : inventaire de l'artillerie du château en 1736 ; mémoire concernant l'exercice des emplois des officiers municipaux. Ville de Rennes : état de l'incendie de l'année 1720, quartier par quartier, rue par rue, avec le toisé des parties brûlées, des parties non brûlées, avec l'estimation du dommage, porté à sept millions, manuscrit du temps.

Abrégé des antiquités de Paris et des choses les plus remarquables qui se trouvent dans tout le royaume de France. Se vend à Paris chez Pierre Giffart, marchant libraire, rue Saint-Jacques, à l'Image Sainte-Thérèse, manuscrit autographe de la fin du XVIIe siècle. Un vol. in-12, veau brun, filets. . . . . 8 fr.

Il y a apparence que Giffart ne voulut pas de cet ouvrage, car je ne sache pas que ce manuscrit ait été publié ni par lui ni par autre. L'orthographe du mot marchant, *mercator*, et bien d'autres fautes de ce genre, aura peut-être fait peur aux libraires. Ce brave homme d'auteur, qu'on n'aurait pas délaissé aujourd'hui qu'on a trouvé le moyen de détailler les volumes à un sou la feuille et de faire croire que lorsqu'on dépense cent fois un sou on ne dépense pas cinq francs, commence ainsi : « Au lecteur. Comme « il y a beaucoup de personnes qui ont esté dans les « unes et les autres villes de ce royaume et qui y « ont pu remarquer quelqu'unes des choses qui « sont ici descrites, c'est pour rafraichir le mé- « moire à ces personnes; et pour en donner une « idée à celles qui ne les ont point vues que.... Je « crois que la lecture n'en sera pas désagréable... « Adieu!... » En somme, et après une lecture telle quelle, je puis assurer que, l'on ne trouve pas de bonnes pages, on trouve par-ci par-là de bonnes lignes. Il n'y aurait pas eu grand inconvénient à laisser perdre ce manuscrit; il n'y a pas non plus grand inconvénient à le conserver.

Lettres originales de ministres, d'amiraux, de maréchaux, et d'autres personnages pour servir à l'histoire de Marseille, depuis l'année 1687 *jusqu'à l'année* 1734, avec deux plans manuscrits, l'un de la citadelle, l'autre des arsenaux de cette ville. Un vol. in-fol., basane, racine violette, dentelles. . . . . 30 fr.

Cette antique reine de la Méditerranée française, m'a toujours vivement intéressé. Je me plais à la considérer dans ces lettres par des côtés par lesquels je ne la vois pas dans ses différentes histoires. Quel beau spectacle offre d'abord son port où viennent se confondre les peuples de l'Europe, de l'Afrique et de l'Asie! Malheureusement, ce spectacle est quelquefois troublé par les émeutesdes Marseillais qui s'opposent au départ des vaisseaux chargés de blé destiné pour les ports étrangers. Marseille, située dans un beau, mais non dans un bon pays, craint toujours de manquer de pain; aussi vois-je ici que, pour ses magistrats, la police n'est que le second objet, que l'approvisionnement en grains est le premier. J'y vois en même temps que le gouvernement partage cette sollicitude, qu'il exempte de tous droits les blés qu'on y porte. La prospérité de ses fabriques n'excite pas moins la sollicitude du gouvernement, et un Marseillais ne peut pas lire sans reconnaissance la lettre du ministre Seignelai, fils de Colbert. Ces lettres parlent de bien d'autres matières; elles parlent des douanes, des finances, de l'administration de la ville; elles parlent beaucoup de fortifications, d'approvisionnements de poudre, de milices urbaines et de la banlieue. Cela doit être, car la grande et cruelle guerre de la succession est de ce temps. Encore, s'il n'y avait pas eu de misérables guerres intestines; malheureusement il y en avait entre les autorités civiles et les autorités militaires; il y en avait même dans la pacifique enceinte de Saint-Victor, où parmi les moines les uns voulaient, les autres ne voulaient pas rétablir l'ancienne règle, tombée dans un si grand relâchement que plusieurs moines, qui servaient dans les dragons comptaient tout à la fois et au couvent et au régiment. Mais où sont les jésuites? ils sont bien là aussi; ils disent et ils répètent qu'il leur conviendrait d'avoir quelques quatre-vingts arpens d'un terrain situé près de l'arsenal, qui n'est bon à personne, qui leur serait bon pour y bâtir une de leurs nouvelles maisons. Des difficultés, des obtacles s'élèvent; ils les aplanissent; ils demeurent maîtres du champ de bataille, c'est-à-dire du terrain qui enfin leur est concédé. Leur lettre de remercîment, bien qu'elle finisse par un toisé, une opération géométrique, ne laisse pas d'être des plus spirituelles. Les frères des écoles chrétiennes ont leur tour; le cardinal de

Fleuri s'intéresse à eux. Il s'intéresse aussi au bureau des pauvres; ce recueil renferme plusieurs lettres originales de ce bon cardinal, entre les bras duquel se reposa si long-temps la France épuisée de sang et d'argent. Si je voulais passer aux ouvertures de nouvelles rues, aux réouvertures des anciennes portes de la ville, aux constructions des édifices, aux travaux publics, je ne finirais pas et il faut que je finisse, et peut-être il l'eût fallu plus tôt.

Lettres signées par le comte de Toulouse, amiral de France, par le maréchal d'Estrées, avec plusieurs pièces originales relatives à l'histoire de Toulon, et avec deux plans manusc. de cette ville. Un vol. in-fol., demi-reliure en parch. 12 fr.

Marseille est la reine de la Méditerranée française; Toulon est le roi des ports de la Méditerranée; je veux dire qu'il en est le plus beau, le plus vaste, le plus profond, le plus sûr. On s'est depuis long-temps attaché à l'agrandir et à le fortifier. Louis XIV y a contribué plus que tous ses prédécesseurs ensemble; et c'est de la continuation des travaux entrepris de son temps, c'est des creusements et des curements qu'il s'agit dans les premières lettres. Il s'agit ensuite de plusieurs autres objets et notamment des réglements donnés par Henri IV et Louis XIII pour fixer les rapports entre les habitants et les soldats de la garnison. Deux grands plans de cette ville terminent ce recueil ; l'un a été fait après la levée du siége, vers 1707, l'autr equatre-vingts ans après : tous les deux offrent des détails et des explications à la marge.

Ordonnances, arrêts, sentences, réglements, concernant la ville de Paris aux XIVe, XVe, XVIe *et* XVIIe *siècles, extraits des livres du Châtelet*, manuscrit du XVIIIe siècle. Un vol. in-fol. basane racine, filets. . . . . 30 fr.

Ce que je dirai à la dernière section de ce chapitre, sur les registres des parlements et sur leurs rapports avec l'histoire de France, est d'avance applicable aux registres municipaux et à leurs rapports avec l'histoire des villes. Les extraits qui composent ce manuscrit ont été faits dans les bannières ou livres du Châtelet, appelés Livre blanc, Livre jaune, Livre rouge, Livre noir, de la couleur de leur couverture, parce que les auteurs ou les compilateurs de ces livres n'avaient jamais su leur faire un titre. Il y a dans ce manuscrit douze chapitres ; je suis tenté de les appeler douze lampes qui éclairent les différentes parties du vieux Paris, dont bientôt il ne restera que la cathédrale, en supposant que l'on continue à l'entretenir, et le palais des Thermes, en supposant qu'on en termine la couverture qui, je ne sais depuis combien d'années, bâille si ignominieusement au milieu du beau Paris, tous les jours plus beau, tous les jours plus neuf, tous les jours plus différent de ce qu'il était, car je vois, en suivant successivement les feuillets de ce manuscrit, que sous Charles VI et Charles VII, plusieurs quartiers avaient été abandonnés, que les maisons croulaient ou bien étaient écroulées, et que les propriétaires s'en disputaient le sol et les ruines. Dans ces temps, chacun faisait paver le devant de sa maison; mais souvent les paveurs jurés, prétendant avoir le droit exclusif de paver, défaisaient ce que les bourgeois avaient fait faire par d'autres; une ordonnance les menace du gibet. Au XVe siècle, le pont de pierre central était le pont Notre-Dame; les habitants firent une collecte pour le faire rebâtir, et ils en déposèrent le produit à l'hôtel-de-ville : malheureusement les échevins mangèrent le pont; il fallut plaider, leur faire rendre gorge, et les pauvres Parisiens se passèrent de leur pont central pendant douze ans. Déjà au XVe, au XVIe siècle Paris était éclairé, mais seulement dans certains temps, et seulement par les lanternes qu'entretenaient les bourgeois. Alors on taxait comme aujourd'hui le pain, et en outre le blé. C'est dans une ordonnance de taxe qu'on trouve l'origine de la plaisante expression de barguigner : défense aux barguigneurs de barguigner, de marchander avant l'ouverture du marché. Alors aussi il y avait la taxe des hôtelliers, les restaurateurs de ce temps-là, la taxe de la viande par pièce de mouton, de veau, crue, cuite, lardée, non lardée, la taxe des serviettes dont au repas on s'était servi, la taxe des draps dans lesquels on avait couché. Il va sans dire que ces ordonnances parlent du guet, de la garde municipale, de la barrière des onze-vingts sergents à verge. Comment les historiens de cette partie de l'histoire de France n'ont-ils pas fouillé plus souvent les bannières du Châtelet? il y avait à prendre par jointées. En vérité, ce livre manuscrit est un livre d'or. On veut que je convienne, et je conviendrai volontiers, que ces extraits se trouvent assez communément; cependant, s'il vous les faut, vous ne les trouvez pas; et alors les copistes des vieilles écritures vous les font chèrement payer : ils font payer leur science, ils font bien.

Plan hydraulique de Paris, deux feuilles de 6 pieds, renfermé dans un portefeuille. . . 30 fr.

Si l'on annonçait un nouveau plan hydraulique de Paris, fait par un architecte du gouvernement, je suppose par M. Philippon qui, au moment où j'écris, ouvre dans un quartier resserré, infect, la belle et riante place de Saint-Laurent, tout le monde voudrait voir ce plan, où il n'est tenu compte ni des maisons, ni des édifices, ni des monuments, où l'architecte ne vous fait voir que le sol de Paris, veiné soit par les aquéducs qui viennent de la Seine soit par les égoûts qui y vont. Et parce que celui-ci a quelque soixante, quatre-vingts ans, il ne doit pas moins nous intéresser; en effet, c'est un ancien Paris souterrain à comparer avec le nouveau; c'est un monument historique, d'ailleurs recommandable par ses grandes dimensions, ses figures, ses couleurs, sa conservation.

Plan de Paris sur quarante-huit feuilles, format grand atlas, renfermées dans un portef. 20 fr.

Je n'ai point dit plan de Paris en quarante-huit feuilles, car je ne le crois complet qu'aux deux tiers. Toutes ces feuilles sont muettes; pas un seul nom de rue, pas un seul mot écrit; il y a des feuilles qui sont entièrement repassées à la plume, d'autres qui ne sont tracées qu'au crayon, d'autres qui ne sont que commencées. Les derniers traits du pinceau du baron Gros ont été respectueusement recueillis, vivement disputés. Les derniers traits du compas du géographe Buache ne doivent pas être moins respectueusement recueillis, moins vivement disputés : toutes les grandes bibliothèques de Paris seront empressées à leur ouvrir les portes, et la bibliothèque de l'Institut sera la plus empressée.

Plans de quelques monuments de Paris, renfermés dans un portefeuille. . . . . 12 fr.

Il y a un vieux plan du grand prieuré de France ou du Temple, un plan original d'une colonne à élever à Louis XV sur la place Dauphine, année 1750. Il y a des plans de parties à réparer au collége de Charlemagne, à l'école de dessin, à l'école de médecine. Il y a le développement d'une des voûtes sphériques de la Bourse.

Carte de la ville de Saint-Denis et de son territoire, écrite vers le milieu du XVIIIe *siècle,* format grand atlas, doublée en toile, étui doré. 20 fr.

Comment une terre qui porte, avec les figures de tant de croix, les saints noms de toutes ces Croix, les saints noms des Reposoirs, les augustes noms des Couronnes, les terribles noms de Fosses aux Anglais, porte-t-elle aussi les ridicules noms de Moulin fondu, de Mont du dos d'âne, de Château fétu, de Toutbête, de Malassis, les gaillards noms de Chemin aux fillettes, les sales noms de la Jonchée... Je n'ose achever d'écrire ce nom qu'on lit au point le plus méridional de la carte ; je n'ose commencer d'écrire cet autre qu'on lit au point le plus septentrional de l'enceinte de Saint-Denis. Il y a encore sur cette carte plusieurs autres noms à noter. Toutes les sousdivisions sont écrites en lettres rouges. Bien des châteaux et des maisons y ont été figurés assez exactement, entre autres ceux et celles de Saint-Ouen, de Chantourtrel, de Villetaneuse. La montagne de Montmartre et son temple, presque aussi ancien qu'elle, se montrent à un côté. L'historique face de la fertile et célèbre terre qui sépare la capitale des rois de France de leurs tombeaux ne se retrouve sans doute nulle part plus ressemblante que sur cette carte.

Plan de la ville de Meulan, fait vers le milieu du siècle dernier, 4 pieds de hauteur sur 5 de largeur, renfermé dans un portefeuille. . . . . 8 fr.

Pourquoi celui qui a eu l'idée si patriotique de figurer tous les édifices, toutes les maisons de cette ville, sans doute sa ville natale, et d'y écrire les noms de tous les propriétaires, n'a-t-il pas aussi écrit le sien? Je l'aurais à mon tour écrit ici bien volontiers. Je voudrais que dans toutes les villes on fît tous les cinquante ans un pareil plan; on y verrait, outre la permanence des propriétés urbaines dans les mêmes mains, la filiation des familles.

Comme ces matériaux sur l'histoire des villes sont riches en faits! comme l'ancienne France se retrouve vivante dans ces anciens parchemins! En général il en est à peu près de même de presque tous les comptes municipaux. Et cependant combien d'histoires de ville avons-nous? deux cents peut-être. Je parierais que nous n'en avons pas trois cents, tandis qu'avec le secours des archives de nos mairies, qu'on ne cesse, qu'on ne cessera de dilapider, nous pourrions et nous devrions en avoir cinq ou six mille, c'est-à-dire autant que de villes. Mais, sans me donner les airs de prophète, j'assure qu'il n'en sera pas ainsi à l'avenir. Oh! que d'histoires de villes, et en outre que d'histoires communales, que d'histoires de conditions, de corps de métier, de professions, auront les âges futurs! et comme alors chacun aimera davantage le lieu où il est né, s'honorera davantage de l'état où il a été mis, où il s'est mis! Et de plus, que d'accroissement de bonheur privé, de tranquillité publique, lorsque ces milliers d'histoires descendront en petits formats dans toutes les classes, pour en diversifier les lectures politiques par les lectures littéraires.

Je sais que Voltaire se moquait de cette multiplicité d'histoires particulières, c'est-à-dire des plus variés et des meilleurs matériaux de l'histoire nationale; mais Voltaire, au XVIIIe siècle, n'avait pas vu aussi bien que Bodin, au XVIe siècle, ou que les derniers ministres de Louis XIV, ou que le censeur oratorien, en quoi elle consistait; et il n'en a jamais fait qu'un petit nombre de pages inaperçues au milieu de ses brillantes pages batailles, fracas de trônes, renversements d'empires, révolutions. Et moi qui écris si hardiment ceci, l'ai-je faite? oui, sans aucun doute. Ah! c'est que j'ai eu trente ou quarante ans d'une imperturbable santé et d'une imperturbable application pour en rassembler les matériaux ; c'est que, jeté par la révolution dans les grandes administrations publiques, j'ai, nuit et jour, manié les documents relatifs à l'histoire des diverses parties de la société; c'est que j'ai, très jeune encore, publié une statistique départementale dont les différents chapitres correspondent aux différents bureaux des administrations publiques, de même qu'aux différents chapitres de cette statistique départementale correspondent les différents chapitres de l'*Histoire des Français des divers états*, la vraie histoire nationale, la vraie histoire de France, qu'on ne peut appeler une histoire de mœurs, puisqu'elle est l'histoire de l'agriculture, des fabriques, du commerce, du gouvernement, des finances, de la guerre, de la marine, de la législation et des autres parties de l'ordre social; qu'on ne peut plus vouloir refaire, ni pour le fond, à moins de vouloir compléter ou décompléter ce qui est, dans toutes les parties, essentiellement complet, ni pour la forme, qui doit être celle-là, à moins de vouloir dans l'histoire répudier l'analyse, source de toute instruction, à moins de vouloir tomber dans les résumés, le vague, le vide.

Soit! soit! me dit-on; mais pourquoi tant insister sur la manière d'écrire l'histoire dans un traité de ses matériaux manuscrits? Pourquoi? pour une bonne, une excellente raison; je la donnerai à la dernière page.

Journal de Famille, manuscrit autographe du XVIIIe siècle. Un vol. in-8°, parchemin vert. 20 fr.

Ainsi que je l'ai dit, l'histoire des familles agricoles se place d'elle-même et naturellement dans l'histoire communale ou des villages; mais il n'est pas possible que l'histoire des villes, dont les habitants sont si nombreux, puisse recevoir l'histoire des familles; aussi proposerai-je à chaque famille, dans les villes, d'avoir la sienne. On va secouer la tête, on la secoue déjà; n'importe, je poursuis. Je propose d'établir dans chaque maison un gros volume solidement relié, rempli des annales domestiques. Sans doute la louange l'emportera sur le blâme, cela doit être; malgré cela ce livre ne sera pas moins utile. Pourquoi la noblesse fut-elle instituée? n'est-ce pas afin que les vertus des pères fissent naître les vertus des enfants? Avec ce livre de famille, toute la nation serait noble, toutes les familles sans exception auraient des aïeux, d'honorables aïeux, dont les différents genres de mérite auraient de même leur généralogique descendance. Dans le livre de famille se trouverait l'évaluation de la fortune de chaque génération. L'industrie, la probité seraient louangées; aussi le serait l'économie. Les petits-fils ne voudraient point dilapider la fortune patrimoniale, s'exposer aux reproches de la postérité qui serait leur postérité. L'histoire de toutes les professions, de toutes les conditions, de tous les talents se trouverait encore, et cela va sans dire, dans ces livres. J'ajoute que les femmes, les mères, les filles y auraient leurs chapitres. Elles voudraient avoir de beaux chapitres, et elles les mériteraient. Le monde, m'objecte-t-on, serait blanchi de papier. Autant vaudrait, répondrai-je, qu'il le fût de bon papier que de papier barbouillé de poisons, d'erreurs et de platitudes. On secoue moins la tête, on cesse de la secouer; je le vois; on fera bientôt, çà et là, des histoires de famille. Je puis donc passer à l'analyse de ce journal manuscrit qui a servi de texte pour la mémorable proposition que je fais à la bonne France, ma chère et immortelle patrie. C'est un journal tenu par un homme du beau monde, où il parle tantôt de lui, tantôt de ses enfants, tantôt des personnages qui, plusieurs années avant la révolution, ont occupé la scène politique. Ce n'est certes pas là, il s'en faut, l'histoire ou livre de famille que je demande aux Français, au nom de leur bonheur et de celui de leurs descendants.

HISTOIRE DES PROVINCES.

Comptes de recettes et dépenses des receveurs du comté d'Artois, années 1311, 1321, 1322, 1327, 1346, 1349, manuscrits originaux, reliés en un vol. in-fol., basane violette, dentelles. 50 fr.

J'ai dit qu'en fait de monuments historiques les comptes des villes étaient les manuscrits sinon les plus précieux, du moins les plus importants ; je me suis un peu trompé ; j'en connais d'aussi importants, mais je ne connais que ceux-là ; ce sont les comptes des provinces. Ils offrent les mêmes divisions sociales que ceux des villes, et des divisions beaucoup plus grandes. Examinons sommairement ceux de la province d'Artois et commençons par la recette. Elle varie dans chaque compte ; cependant elle se compose en général du blé, de l'argent de rente, des droits féodaux sur les campagnes, des assises ou impôts sur les villes, dénomination dont les Anglais ont fait *excise*, des amendes, des condamnations, des confiscations, des compositions des Vérités, c'est-à-dire des cours de justice. On n'est pas peu surpris que la recette fasse mention aussi de la vente des cerises de Conflans près Paris, possédé par la maison d'Artois. Quant à la dépense de ces comptes, elle mérite presque à chaque article une attention particulière. Les constructions, les réparations, l'entretien des châteaux comtaux, nécessitaient de grands frais, moindres cependant que ceux des approvisionnements en blé, en viandes salées, en vins, en denrées que nous n'appelons pas, qu'on appelait garnisons, en solde des soudoyers, des soldats, des gens de guerre que nous appelons, qu'on n'appelait pas garnisons. Je ne saurais trop le répéter : la valeur des mots a, comme le valeur des monnaies, variée, dans les différents temps. Ce qui coûtait beaucoup, ce qui coûtait le plus était l'armement, sans compter les onguents pour les navrés, dont on faisait, dans ce temps de fer et de sang, de grandes provisions par avance. Le maître des engiens était alors un des officiers les plus considérés ; on ne lui épargnait pas les courtoisies de pots de vin ou de cervoise ; il en était de même du maître des pavillons et tentes. Disons aussi que les achats de flèches, de carreaux, de viretons, se trouvent mentionnés avec des achats de salpêtre, car déjà nous entrons dans les temps où le canon commençait à se faire entendre. J'ai dit autre part que, sur les hautes toitures, il y avait des bannières en cuivre ; j'ajoute ici qu'il y en avait en toile, et qu'on nommait celles-ci bannières de couture. On saura que les frais d'habillement des maîtres, des gens de la maison, absorbaient une partie des revenus féodaux de la province. Les chapelains étaient habillés de la même qualité de drap que les genties femmes. Dans ces comptes, les livrées de draps ne cessent de se représenter; et, soit dit, par occasion, à l'illustre maison de Montmorenci, les antiquaires ont vu avec peine que depuis quelques années elle ait fait dépouiller à ses gens la livrée d'une manche de couleur tranchante, monument de l'ancienne magnificence des grands seigneurs, qui habillaient leurs officiers et leurs gens, de draps, de *pennes*, et qui, lorsque les draps de leur couleur manquaient, en faisaient porter au moins une manche. De combien de divers objets parlent donc ces chapitres de dépense? Ils parlent entre autres des pensions, mot qui alors signifiait gages, salaire. Les pensions des seuls châtelains tiennent de grands espaces de parchemin... Les autres officiers, agents ou serviteurs ont leur tour. Les avocats et les procureurs ont aussi le leur. Les messagers, pour ne venir qu'à la fin, n'y perdaient rien. C'était une grande dépense dans cette maison princière, toujours en guerre, en négociations ou en fêtes, que les messages au roi, au connétable, à telle armée, à tel siége, à telle ville, à telle autre. Il est fait encore mention de grandes dépenses de présents, surtout en vins, en vins d'une destination particulière, en vins de nuit, qu'on buvait dans le lit quand on s'éveillait. Autres grandes dépenses en cire, en flambeaux, en lanternes. Autres en linges de toute sorte ; la tiretaine, l'étoffe de laine et de fil, du moins le mot, ainsi que celui de canevas, n'étaient déjà pas inconnus. Je trouve dans ce compte que, lorsque le roi mariait sa fille, le comte d'Artois payait jusqu'à cinq mille francs. Si la veuve du roi était la reine blanche, la veuve d'un comte, d'un grand seigneur était la dame blanche. A cause du joli opéra de la Dame blanche, j'espère qu'on l'apprendra et qu'on s'en souviendra.

Le cartulaire fait au mois d'avril, l'an mil CCC IIII[xx] et VI, *par ordonnance de monseigneur G. de Dormans, arcevesque de Sens,* manuscrit original sur vélin. Trois vol. in-fol. mar. violet, gaufrures gothiques, ornements et filets d'or. . 1500 fr.

Un habile archéographe, attaché à un établissement public à qui, un de ces jours, je lisais cet article voulait que je portasse à trois mille francs la mise à prix. On est étonné. On ne sait pas que ce cartulaire, il n'y a que peu d'années, eût été vendu dix fois plus, qu'on se le serait arraché à quinze à vingt mille francs. Si l'on en doute, on n'a qu'à jeter les yeux sur les anciens catalogues de ventes de livres. Aujourd'hui le nombre des cartulaires n'a pas augmenté, le nombre de ceux qui les recherchent et les poursuivent n'a pas diminué ; mais la révolution a brisé les portes de fer derrière lesquelles ils étaient gardés, en même temps qu'elle a expulsé les vénérables, érudits, intègres gardiens des antiques archives monastiques. Si depuis, il se trouve dans le commerce de la librairie des cartulaires, il ne s'en trouve guère que comme dans les marchés, il se trouve, révérence parlant, des faisans dorés, des oiseaux rares. J'ai à dire encore pourquoi, dans ce traité de classification aussi bien que de conservation de manuscrits, le cartulaire de l'archevêché de Sens n'est pas au chapitre de l'église. Véritablement s'il y était il y serait à sa place; toutefois il est mieux ici, car il y frappe davantage; car surtout il y conserve le portrait du vieux Senonnais, dont on voit, à travers la poussière de huit ou dix siècles, les campagnes et les villes. Le territoire était alors moitié glèbe, moitié franc; les hommes étaient moitié serfs, moitié libres; mais la liberté des terres et des hommes s'accroissait avec une rapidité continûment progressive. L'arrondissement territorial affranchi prenait souvent le nom de franchise; au lieu de village ou paroisse de Saint-Pierre, de Saint-Jean, on disait : *Franchesia de sancto Petro*, *de sancto Johanne*. Déjà au xe, au xie, au xiie siècle il y avait dans le Senonnais beaucoup de vignes; il y avait aussi des châtaigneraies. L'arpent de champ se vendait trois livres en l'an 1272; l'arpent, dit le cartulaire, a quarante toises en carré. L'arpent de pré se vendait cinquante-six sols parisis en l'an 1365; l'arpent de vigne

7 livres, en l'année 1264; l'arpent de bois 3 livres en l'année 1223 : alors les bois étaient les propriétés les plus communes. Existe-t-il encore dans le Senonnais la *Sylva rabiosa*? l'appelle-t-on la Forêt rabieuse, ou la Forêt enragée, ou la Forêt des enragés? J'ai un ami de ce pays qui le sait bien, qui me le dirait bien ; mais il est en ce moment absent de Paris. Il y avait aussi dans le Senonnais beaucoup de pêcheries ; celle de la partie de la rivière d'Yonne qu'on appelait rivière Vicomtesse était affermée 16 liv. par an. Les habitants de Brinon transigèrent avec leur seigneur sur le genre d'instruments de pêche dont ils devaient se servir : ils ne pouvaient prendre les plus gros ni les plus petits poissons. Un acte de vente de l'année 1275 fait mention d'une aliénation de rente de douze muids de froment, au prix de douze cent quarante-cinq livres, ce qui suppose que le froment ne valait que six ou sept sols le setier. Une charte de l'année 1334 fait mention des dîmes en gerbes, en raisins. Une autre charte de l'année 1370 fait mention de la grange dîmeresse. Une autre de l'année 1275 fait mention de la vente d'un passage de rivière avec bac et bateaux. Une autre fait mention de la concession d'un marché au village de Brinon. En ces temps les châteaux protégeaient militairement les villages : charte de l'année 1386 portant accord entre l'archevêque de Sens et les habitants de Saint Julien du Sault qui s'en-

gagent à payer le tiers des réparations du château de Saint Julien, et à faire les barrières, à la condition que l'archevêque en fournirait le bois. En ce temps aussi plusieurs églises protégeaient militairement les villages; car c'étaient de vraies forteresses au dedans desquelles les sacristains et les bedeaux chantaient, au dehors desquelles ils se battaient; charte de l'année 1365, où le roi permet que les habitants du village d'Euroles fortifient leur église. Ce cartulaire nous montre aussi le territoire de Sens coupé en comtés, recoupé en vicomtés, en baronnies et en fiefs. L'année 1280, la dame de Ville-Thierry voulut absolument vendre son tiers de la vicomté de Sens à l'archevêque. On dut inutilement lui dire : madame, vous perdrez votre qualité, et quand vous passerez dans les rues de la ville vous ne serez plus rien. Mais désir de femme est un feu qui dévore, imaginez d'un désir de vicomtesse. Celle-là ne peut résister à l'envie d'avoir deux mille livres dans son coffret, c'est-à-dire le tiers de la valeur de la vicomté. On ne peut se faire une idée du mouvement qu'avaient alors les ventes, les échanges des fiefs, des justices à sang, à fouet, à amendes, qu'avaient les ventes, les échanges des serfs. Il est fait ici mention des serfs possédés en commun par plusieurs seigneurs, du partage de leurs enfants, de l'échange de la moitié d'une femme contre la moitié d'un homme. Je remarquerai, et ce ne sera pas, je crois, pour la première fois, qu'alors les notaires étaient clercs tonsurés ; ils n'en prenaient pas moins la main des archevêques comme celle des autres hommes, la main des vicomtesses comme celle des autres femmes, pour leur faire jurer l'accomplissement des clauses des actes. Siècles des croisades, siècles des léproseries : sans doute ces hôpitaux n'étaient pas plus rares dans les campagnes du Senonnais qu'ailleurs ; car ce cartulaire fait mention de plusieurs, entre autres d'un appelé *domus de Popelino* situé près Sens ; il était administré par un écuyer. Dans ces mêmes temps les plus beaux lits des villages consistaient en un bois de lit, un ciel entouré de courtines, une paillasse, une coete, une couverture, un coussin, un couvre-chef, puisque le cartulaire dit que c'étaient les lits des curés. Les portes de la ville de Sens s'ouvrent, se rouvrent dans ces vieux feuillets ; on y parcourt les rues, les places ; je puis dire, aussi exactement que si j'avais visité cette ville au XIIe au XIIIe siècle, où étaient les halles, la poissonnerie, la draperie, le change. Et si un drapier de ce temps voulait me tromper sur le loyer de sa boutique, le faire de huit sous, je lui soutiendrais qu'il n'était que de sept ; et si un changeur du temps voulait me mentir sur le prix de son échoppe, je lui prouverais qu'il ne payait pas moins, qu'il ne payait pas plus de vingt sous par an. La ville de Sens fut érigée en commune en 1189 : ici est la précieuse charte de cette érection. Quand les habitants du Senonnais donnaient caution bourgeoise, ils n'étaient pas forcés à tenir prison. J'ai été fort surpris qu'à Sens un geôlier de prison fût en même temps huissier, qu'il pût vocalement assigner les parties. J'ai encore été plus surpris que, dans sa procuration, une dame pût donner, à un procureur fondé pour toutes sortes d'affaires, la commission d'aller, comme juge, tenir les audiences dans les juridictions de ses terres. Le bailliage de Sens avait au XIVe siècle une bazoche, et la bazoche possédait des prés ; si cette bazoche existe encore, si les jeunes légistes veulent rentrer dans leurs prés, je leur donnerai volontiers un extrait certifié de ce cartulaire. Combien d'autres parties de l'ordre social du Senonnais dont il ne m'est pas possible de parler ! Je terminerai par celle de l'église. Un beau matin, au mois d'avril 1386, le bon Guillaume, si j'ai bien entendu, se prit à dire à son secrétaire : « Il faut, conformément aux statuts, faire un cartulaire. — Oui, monseigneur. — Et il faut qu'un cartulaire d'archevêché commence par l'archevêque. — Comme de raison. — Dites que je suis chanoine de Tours, de Melun, de Provins, de Notre-Dame-du-Val. » L'archevêque Guillaume tenait probablement beaucoup à son titre de chanoine de Tours, car à Tours il se coudoyait avec le roi de France, qui en était aussi chanoine. « Dites que, lorsque je fais mon entrée dans certaines églises, on me remplit les mains d'argent, qu'on me donne tant, et que, lorsque je fais mon entrée dans d'autres, on m'en remplit les mains et les poches, qu'on me donne tant et tant. Dites qu'à mon installation l'abbé de Saint-Jéhan-les-Sens me fait politesse d'un bœuf gras, et que l'abbé de Saint-Pierre-le-vieux me fait politesse d'un autre. Dites que toutes les abbayes de Citeaux sont tenues envers moi, chaque année, *à ung repas pendant ung jour entier*. Dites que j'ai le droit, dans un grand nombre de couvents, de vestir soit un moine soit une moinesse. » Que l'imagination du lecteur ne s'allume pas; il ne s'agit ici que du droit de nommer des moines, des moinesses, ce qui annonce combien alors il était difficile d'entrer dans les monastères. La puissance de l'église aime à se montrer en ce cartulaire, où les nobles se vendent fort chèrement le droit de garder la porte de Notre-Dame du Charnier de Sens; où le roi, le duc d'Orléans, les palatins de Champagne et de Bourgogne font hommage à l'archevêque, se déclarent ses hommes; où plusieurs grands seigneurs font hommage même à sa crosse, se déclarent les hommes de sa crosse; où les clercs délinquants sont aussitôt rendus par l'autorité civile, témoin ce clerc qui avait volé à la boucherie un quartier de mouton, et qui, à la première demande, fut transféré dans les prisons archiépiscopales. C'est à lire, et avec la plus grande attention, ce que les chartes attestent de la hiérarchie et de la discipline. Un archidiacre, même un cardinal, s'il était chanoine, était obligé de prêter serment et de faire hommage à l'archevêque. Mais si, dans le chapitre, tout pliait individuellement ou était rompu, le faisceau capitulaire ne pliait pas et n'était cependant pas rompu. Ce cartulaire ne peut dissimuler les luttes du chapitre, qui arrache et brise trois fois dans l'église la masse du bedeau de l'official. Aussi les archevêques usaient-ils souvent des voies de douceur et faisaient-ils de magnifiques présents surtout en livres. Cependant ils prenaient quelquefois les voies de rigueur; l'un d'eux en mourant laissa dans le même testament de grandes sommes aux pauvres pour leur subsistance, leur habillement, et de grandes sommes à ses successeurs, pour soutenir vigoureusement la guerre contre les rebelles chanoines qui voulaient se soustraire à l'autorité archiépiscopale; toutefois rien n'y fit. Nous avons vu dans le chapitre de l'église que le pape déclara le chapitre exempt de l'ordinaire. La faute en fut aux archevêques, lorsqu'ils permirent qu'il y eût leurs supérieurs parmi leurs inférieurs, qu'il y eût des cardinaux parmi les chanoines.

Cartulaire de l'abbaye de Saint-Bertin, manuscrit du xve siècle, sur vélin. Un vol. in-4°, veau rose, dentelles. . . . . . , ... 120 fr.

Encore des matériaux d'histoire des provinces. A la fin du xiie siècle, l'Artois était régi par le droit romain, du moins quant aux dots. Le nom de majorats, que l'on croit particulier à l'Espagne, se trouve dans l'Artois au nombre des titres féodaux. Il paraît aussi que, dans cette province, et sans doute ailleurs, le seul fait de la confession établissait, au viie siècle, une filiation spirituelle et adoptive entre le pénitent et le confesseur. Les Vandales et les Normands ont fait successivement des incursions dans l'Artois. En 1057 il y avait non un comte, mais un marquis de Flandre, en même temps maître de l'Artois, de Guines, de Boulogne : *acta est hec confirmatio a me Balduino, Flandrentium Dei gratia marchiano*. Ordinairement c'est dans les tarifs des péages qu'on voit l'état du commerce ainsi que le prix des marchandises d'un pays ; aussi est-ce dans un tarif du péage de Saint-Omer que je vois l'état du commerce, ainsi que le prix des marchandises de l'Artois ; et je trouve ce tarif, de même que toutes les autres pièces d'où j'ai tiré les documents qui précèdent, dans ce cartulaire de l'abbaye de Saint-Bertin, dont malheureusement il reste encore moins que de son antique église à moitié ruinée... Je ne puis ne point m'arrêter ici un moment, ne point parler du spectacle qu'offre aujourd'hui cette église. «Comment, « au milieu de tant de savants antiquaires de la Mo-« rinie, de tant d'habitants instruits et riches ; au « milieu de tant de maisons si fraîches, si belles, « peut-il exister, pour effrayer l'œil et l'imagination, « une haute et poudreuse carcasse d'un de nos plus « hardis et de nos plus élégants édifices? » J'ai, il y a peu de temps, au nom de tous les voyageurs, tracé à la pointe du couteau ces mêmes mots sur une grosse pierre tombée des voûtes. Mais, ajouterai-je ici, n'existe-t-il donc pas, certes, il existe des moyens de restaurer ou plutôt de refondre ces grandes ruines, d'appuyer contre ces faisceaux de colonnes qui ont porté un si grand nombre de siècles, qui en porteraient un plus grand nombre encore, contre ces épais et indestructibles murs, de nouveaux bâtiments appropriés aux besoins de la population du département et de sa ville capitale. Il n'y a pas à Saint-Omer de salle d'assemblée électorale; il n'y a pas de salle d'exposition des produits industriels, de salle d'exposition des produits agricoles; il n'y a pas de musée de peinture, de musée d'arts mécaniques; il n'y a pas de lieu de réunion des corps littéraires. Les vieux cintres, les vieux arcs doubleaux, les vieux arcs-boutants, les vieux, mais nerveux bras de cet édifice, pourraient recevoir tous ces établissements, qui auraient une entrée commune, l'ancien et admirable portail couronné des deux hautes tours qui ne sont pas aujourd'hui moins solides que si l'on venait de les bâtir. Sans doute il faudrait beaucoup d'argent; mais le département est si riche, si magnifique, si peuplé d'hommes savants, d'hommes généreux! Qu'ils permettent d'ailleurs aux autres Français de joindre leurs souscriptions aux leurs, qu'ils le permettent aux autres nations; leur voix arrivera au moins aussi vite au-delà de la Manche qu'aux Pyrénées. Ah! qu'ils accueillent cette proposition, et la France aura un grand monument de plus, un monument où l'architecture du XIVe siècle, et l'architecture du XIXe auront pour ainsi dire fraternisé, un monument à certains égards unique. Je termine en demandant aux orateurs du parquet et du barreau de Saint-Omer leurs éloquents secours. J'ai été à même d'avoir la conviction que la cause de la restauration de cet édifice ne pourrait être en meilleures, en plus puissantes mains. Ils s'attireraient, avec la reconnaissance de la France, les célestes bénédictions du bon saint Bertin, dont la naïve histoire, en vieux français, est écrite dans ce cartulaire.

Original du compte Berthaut Lefèvre, dit Constant, fait vers très noble et . . . dame madame Isabel de Meleun, comtesse de Eu, des rentes et revenus appartenant à ma dite dame, à cause de son douaire, année 1387, manuscrit sur vélin. Un vol. in-fol. basane, racine rouge, dentelles. . . . . 60 fr.

J'ai grande envie de faire l'histoire d'Eu; je la vendrais bien. D'abord le ministre chargé de la police, à qui l'on dirait qu'il se fabrique à Eu autant de serrures qu'en aucun autre pays du monde, et que son histoire intéresse celle de la sûreté générale, s'il était de bonne humeur, sourirait, ferait une petite souscription; quant au public, j'entends le public du jour et non le public du lendemain, il est si bon diable qu'il est encore plus facile à gagner que le ministre. Si je faisais cette histoire, je procéderais en ordre inverse de la chronologie. Je commencerais par ce qui est; je montrerais, autour du beau château actuel, une population industrielle, un pays retentissant du bruit des marteaux et des limes; je montrerais les mains noires de ces laborieux serruriers, remplies du brillant or qu'elles attirent de toute part. Et rétrogradant de siècle en siècle, et arrivant à celui de mon manuscrit, j'en traduirais le vieux français en français du jour; aussitôt on verrait les ancêtres de ces fabricants aujourd'hui si richement logés, si bien vêtus, si bien nourris, habitant, aux anciens temps, des maisons de genêt, de paille et de boue. Qui n'a pas lu ce compte ne peut se faire une idée de la variété des matériaux qu'il offre; les pères de ces célèbres serruriers d'Eu y sont de petits paysans drapiers, ne mourant cependant pas de faim, encore moins de soif, car il y est souvent parlé de longs états de vente de vin, de bière, de cidre, de poiré et de vin de cerises. Le titre de ce traité qui est aussi une histoire de France bibliographique, aurait autrefois fait peur aux dames, il n'en sera peut-être pas maintenant de même. Dans tous les cas, je voudrais bien qu'elles sussent qu'au comté d'Eu, les femmes ne payaient aucun droit pour le vin qu'elles buvaient pendant leurs couches. En ce compte se trouve pour ainsi dire, dessinée la ville d'Eu, ses rues, ses marchés, ses halles. La topographie des villages, tous appelés villes, s'y trouve aussi. On y voit encore que les comtes d'Eu se dérobaient quelquefois au bruit du palais de leur capitale, aujourd'hui la maison de plaisance du roi, pour aller jouir de la paix de leur maison de plaisance, le château de Monceaux sans doute antérieurement chef-lieu d'une seigneurie dont le seigneur avait pareillement sa petite maison de plaisance et de paix.

Recueil de pièces originales, concernant la province de Normandie au nombre de quatre-vingt-

une, depuis l'année 1357 jusqu'à l'année 1589, renfermées dans un portefeuille. . . . . . . 40 fr.

Ces braves Normands, qui ont conquis et l'Angleterre, et une partie de l'Italie, et une partie de la Terre Sainte; ont fait aussi de grandes conquêtes dans les sciences, dans les lettres, surtout dans l'histoire. Mais, parmi ces derniers conquérants, les uns ne vivent déjà plus que dans les annales littéraires. En ce moment l'ombre du savant Pluquet, neveu du savant abbé Pluquet, accourt vers moi. Qu'elle reçoive mon hommage de commémoration, dû à nos amicales et longues relations, dû à son excellente histoire de Bayeux et à ses autres excellents ouvrages. C'est juste, c'est bien, me diront ses anciens collaborateurs, ses compatriotes, mais voyons maintenant le portefeuille. Soit! voyons-le, ou du moins parcourons-le. Au XIVe siècle d'abord, s'offre un procès-verbal de signalement et d'appréciation de chevaux des hommes d'armes de Bayeux. Ensuite s'offrent divers actes : Pret pour le rachat du roi Jean : Réparations au château de Bayeux. Ensuite s'offre une taxe de dix livres à payer par Jean Vauchis, à cause de sa part de la taxe générale de vingt mille livres accordée par les trois états de plusieurs diocèses de la Normandie *pour le videment* des Anglais de Saint-Sauveur-le-Vicomte. Il est vraisemblable que les Anglais ne vidèrent pas Saint-Sauveur, puisque deux ans après, en 1377, je trouve un état de paiements faits aux charretiers de Bayeux, qui allèrent au siége de cette ville porter quatre canons jectans pierres et quatre petits jectans plommées, boulets de plomb. Autres divers actes : Guette du château de Bayeux : Office de clerc conseiller en la cour spirituelle de cette ville. Au xve siècle se trouvent une quittance de cloutier pour cloux employés à la réparation des halles de Bayeux ; une aide de quatre cent vingt mille francs octroyés par les trois états, en 1423, au roi d'Angleterre qui, en Normandie, se faisait appeler roi de France ; et en 1426 une autre aide de cent vingt mille francs accordée encore au même roi. Vient une répartition ou assiette des tailles accordées en 1427 ; ce mot de tailles est à noter. Viennent d'autres pièces relatives à des aides accordées en 1432. Vient une autre pièce relative à l'exécution de trois hommes adversaires du roi d'Angleterre, qui vous arrête douloureusement. Vient enfin une convocation du ban, en 1451, pour courir sus aux Anglais. Il y a aussi des pièces mentionnant les fouages, les monnéages de la province. Au xvie siècle, mandement « pour arrestations de larrons.... pour frais de geolage.... salaires de gardes des halles... » Que de faits, ici et ailleurs, sur ces braves, bons, loyaux et fidèles Normands ! mais, comme on voit, je ne prends pas encore congé d'eux.

Chartes anglo-normandes ou Recueil de pièces historiques, originales concernant l'occupation de la Normandie par les Anglais, au nombre de cent cinquante-neuf, depuis l'année 1419, *jusqu'à l'année* 1458, renfermées dans un porte-feuille. . . . . 100 fr.

La Normandie conquit l'Angleterre, au XIe siècle. L'Angleterre, quatre siècles après, conquit à son tour la Normandie; mais ce fut après avoir conquis aussi une grande partie de la France. Il y a encore cette différence, que la conquête de l'Angleterre fut permanente, que les Anglais restèrent Anglo-Normands, au lieu que les Normands refoulèrent les Anglais hors de leur pays et restèrent purement Normands. Mais avant les glorieuses victoires qui libérèrent la terre française, cette belle province fut pendant quarante ans hérissée de lances anglaises. Alors toutes les parties de l'ordre social se perdirent dans celle de la guerre ; ainsi dans ce recueil il n'est mention de l'agriculture, de récoltes, que pour l'approvisionnement des garnisons ; il n'est mention de finances que pour les impôts de guerre ou pour les soldes des garnisons. Enfin il n'est mention d'arts que dans leur rapport aux fortifications, à l'artillerie. J'ai déjà donné d'importants documents sur l'histoire de l'artillerie ; j'en donnerai encore ici d'autres que j'extrairai de ce recueil. On voit dans un mandement de John Stenlawe, général gouverneur des finances du roi, tant en France qu'en Normandie, année 1436, que le service d'une batterie était composée de maçons, de charpentiers, de charrons, de forgeurs, sans compter la garde composée d'une lance ou homme d'armes et de plusieurs archers. Je crois que les canons de fer que j'ai vu, il y a quelques semaines, désenterrer dans les sables qui bordent la rade de Calais, où un voyage forcé m'a emmené, sont de ces temps ou même des temps postérieurs, et non comme on le croit, du temps d'Édouard III, qui fit le siége de cette ville. Il fallait que pendant les premières années de l'occupation de la Normandie par les Anglais, l'artillerie ne fût pas encore bien terrible, puisque parmi les pièces de ce recueil, année 1421, est une quittance d'un cordier du château d'Arques, pour le prix de trois douzaines et demie de cordes de chanvre, longues d'une toise, destinées à suspendre en dehors des murailles les râteliers de bois chargés de pierres qu'on lâchait sur les assaillants. A la date du 23e juillet 1435, je trouve une quittance de Guillaume Glocestre, maistre des ordonnances et artilleries du roy : Était-ce le chef ou grand-maître de l'artillerie ? Je passe à la cavalerie. J'ai lu à quelqu'un qui connaît bien l'Angleterre un état de solde d'un capitaine de seize archiers à cheval, pour la garde des chemins, daté du 4 août 1429; il m'a dit que sous le nom de guetteurs, cette ancienne maréchaussée y existait encore.

Monstres et revues anglo-normandes, depuis l'année 1420 *jusqu'à l'année* 1434, *au nombre de onze*, renfermées dans un portefeuille. . 40 fr.

Qu'on vienne voir ici l'armée anglaise du XVe siècle, remplissant les villes, les châteaux-forts de la Normandie, ou plutôt en étant sortie et se déployant dans la campagne pour se montrer aux inspecteurs, et en passer les revues. Ces anciennes montres nous apprennent que les différentes troupes de garnisons anglaises étaient économiquement composées d'un homme d'armes sur quinze, vingt archers, et qu'il y avait dans chacun et des gens à pied, et des gens à cheval. « Somme des archiéries à pied et à cheval...» Il s'y trouve d'ailleurs un mélange de noms anglais, français, surtout de noms normands ou gascons. Quant à la forme, elle est la même que celle des revues françaises, à quelques différences près, dont je noterai les suivantes.

Revue du 1er juillet 1429...

«.. Jehan, *major* (plus âgé), homme d'armes à « pied.

« Jehan Wedronne, archier.

. . . .

« Gains de guerre.

« Jehan *major* gaigna ung cheval, le VIIe jour « d'avril, qui fut prisé XVI escus d'or.

« Item, Jehan Wodenne gaigna ung cheval…

« Item, Benneberry gaigna ung prisonnier… »

Revue du 13 mai 1441…

« Monstre de VIII hommes d'armes et XLV ar« chiers… qui sont des gens des champs et agaicies, « vivant sur le pays et sans gaiges… lesquels de II^c « LXVII hommes d'armes et V^c LXIII archiers, or« donnez et continuez à monseigneur de Talbot, « maréchal de France. »

La proportion des hommes d'armes aux archers n'était plus la même lorsque le trésor n'était pas chargé de la solde.

« Monstre du 21e décembre 1442…, lesquels sont « ordonnez estre en ceste présente année mise sus, « soubz monseigneur le comte de Schrosburgi (Salis« bury), pour servir le roi au recouvrement de la « ville de Dieppe par bastilles ou autrement prise… » D'où il résulte qu'alors on assiégeait une forteresse avec de petites forteresses; d'où je prends occasion d'inviter les conservateurs des musées d'artillerie, de génie, soit français, soit anglais, soit autres, à figurer outre leurs plans reliefs de places bastionnées, des plans reliefs des anciennes fortifications, des ouvrages d'attaque et de défense, de manière à montrer chronologiquement à l'œil, au moins depuis l'invention de la poudre, les changements graduels des remparts et des tours en enceintes bastionnées, ou, pour parler le langage de l'art, la génération des anciennes lignes droites circulaires en lignes droites angulaires. J'en ai parlé à mon XVe, à mon XVIe siècle; j'en parlerai encore à mon XVIIe et à mon XVIIIe.

Lettres des rois d'Angleterre, ducs de Normandie, depuis l'année 1419 *jusqu'à l'année* 1438, *au nombre de quinze*, renfermées dans un portefeuille. . . . . 30 fr.

Sur ces quinze lettres, il y en a trois du duc de Bedfort, régent, et douze des rois d'Angleterre; ces dernières sont en termes d'antiquaires, vidimées, c'est-à-dire qu'elles sont des copies certifiées par le *vidimus* des autorités compétentes. Dans quelques-unes de ces lettres, le roi fait don de terres de plusieurs fidèles seigneurs français, appelés rebelles. Il y en a une autre où un seigneur est relevé du défaut d'hommage; une autre où le régent ordonne, sous peine de perdre corps et biens, à tous chevaliers, écuyers, gens d'armes, natifs d'Angleterre, d'Irlande, d'*Allemagne* et de Gascogne, d'aller en armes à Chartres, rendez-vous général de l'armée. Il y en a une autre où le roi permet à un avocat, seigneur, de se faire remplacer pour le service militaire de son fief; une autre où le roi veut que les fortifications de Mortemer soient rasées, une autre, où le roi fait ajourner devant l'échiquier un bailli dont un curé avait à se plaindre. On ne m'aurait peut-être point passé de ne point parler de ces lettres-là; on me passera plus facilement de ne point parler des autres.

Pièces originales anglo-normandes, relatives à des messages, depuis l'année 1420 *jusqu'à l'année* 1470, *au nombre de quatre-vingt-neuf*, renfermées dans un portefeuille. . . . . 50 fr.

Si je disais que ces pièces contiennent des documents souvent uniques pour l'histoire militaire, financière et politique de l'Angleterre et de la France, pendant la première moitié du XVe siècle, dirais-je trop? peut-être oui! Eh bien! voyons; je ne donnerai pas toutes mes preuves, mais j'en donnerai plusieurs. Message du 21 septembre 1427, où est mentionné le mandement du duc de Bedfort, publié aux grand'messes de toutes les églises, enjoignant aux nobles et aux personnes faisant profession des armes, tant Anglais, Normands, que Français, de se trouver le 10 mai à Domfront, rendez-vous général. Autres messages de dates postérieures, pour faire avancer les différents corps de troupes. Autres, relatifs à des lettres écrites au duc d'Yorck, à Talbot, à Sommerset, à Arundel, à Salisbury, ou par eux écrites. Autres, concernant des ordonnances, des lettres adressées par le cardinal d'Angleterre, l'archevêque de Rouen, chancelier, le cardinal de Luxembourg, aux capitaines de garnisons. Dans un message il est fait mention du siége de Conches; dans d'autres il est fait encore mention de siéges d'autres villes. Des barils remplis d'argent monnoyé étaient envoyés d'Angleterre, comme on le voit par un autre message. On voit aussi par d'autres messages que les états provinciaux de Normandie avaient accordé au roi d'Angleterre un aide de deux cent mille livres, ensuite un autre aide de quatre-vingt-dix mille livres. Plusieurs messages concernent les transports de l'argent de ces impôts et leur escorte Il y a des messages où il est question de mesures politiques; il y en a où il est question de la mise en jugement de prisonniers politiques. Enfin, vers l'année 1452, tout ce mouvement de voyages, de messages, s'arrête subitement. La valeur patriotique l'emporte, les Anglais sont forcés à repasser la mer par leur porte de Calais; Il n'y a plus que la France victorieuse. Jusque là il y avait eu deux armées, deux parlements, deux chanceliers, deux rois, deux Frances.

Recueil de pièces originales relatives à l'histoire du Rouërgue, depuis l'année 1432 jusqu'à l'an-

née 1670, *au nombre de soixante-et-une*, renfermées dans un portefeuille. . . . . 30 fr.

Je me contenterai de faire quelques remarques. Dans un mandement du sénéchal du Rouërgue, année 1432, à noble Jehan Mallet, trésorier du roi, le bourreau qui venait de fustiger un larron, est poliment traité de maître, et son salaire, y compris les cordes, les gants et les sandales, est fixé à deux livres. C'est la seule fois que je trouve l'indemnité pour les sandales; je comprends pourquoi on payait les gants, encore mieux pourquoi on payait les cordes; je ne comprends pas pourquoi on payait les sandales. Le mandement porte que le larron avait été jugé par le commissaire des consuls de la ville royale de Verfeil. Dans un autre mandement de la même année, adressé par la chambre des comptes de Bourges, dont la juridiction comprenait le Rouërgue; au trésorier de cette province, on voit qu'une partie de ses archives historiques doivent se trouver aux mémoriaux de cette chambre. De pareilles indications sont toujours à noter. Dans un mandement de l'année 1433, et dans différents autres mandements, on voit aussi que chaque ville du Rouërgue, ou grande ou petite, avait un châtelain. Il paraît, par des ordonnances de paiement, et par des quittances de l'année 1449 et des années suivantes, que les provinces, s'il faut en juger par celle du Rouërgue, avaient chacune leurs garnisons d'hommes d'armes et d'archers dont le nombre était fixe. Je citerai maintenant ici une pièce comptable qui dit qu'en 1497, la justice du Rouërgue n'entendait pas raillerie avec les belles dames. Une d'elles, surprise en adultère avec un pelletier, eut le fouet, non pas le petit fouet des religieuses pendant l'avent ou le carême, mais le public et terrible fouet donné par un bourreau qu'on avait fait venir de Cahors. Cette collection n'offre pas dans les autres siècles, moins de faits historiques; je me bornerai à deux. En 1525, le juge de Nonenque recevait par an un salaire de cent sous. En 1614, Bertrand de Saugnac, seigneur de Belcastel, pensionnaire au service du Roi, recevait mille francs. On voit qu'il n'y avait pas alors grand gain à rendre la justice; il valait mieux faire la guerre.

Compte des revenus du comté de Clermont d'Auvergne, manuscrit original de l'année 1514. Un vol. in-fol. veau bleu, dentelles. . . . 80 fr.

L'Auvergne et le Rouërgue, depuis leur roi Vercingetorix, c'est-à-dire depuis le temps de César, sont, qu'on me permette cette manière de m'exprimer, deux frères montagnards qui ont la même physionomie physique et à peu près la même physionomie morale. L'histoire des diverses parties de l'ordre social de l'un peut souvent servir à l'histoire des diverses parties de l'ordre social de l'autre. Ce compte en fournit çà et là plusieurs fois la preuve. Que de faits à y recueillir! que de faits variés! Mais par lesquels commencer? Je vais suivre l'ordre de pagination. Fol. 5; je vois, à ce feuillet et à ceux qui suivent, que les droits féodaux perçus dans le Rouërgue étaient perçus dans l'Auvergne; toutefois, dans l'Auvergne, j'en trouve que je n'ai jamais vus que là. « Au jour Saint-Denis des menuz cens... tant « en argent, avoyne, que chappons, nommez les cens « du hanap...: » Ce droit de gobelet était fort considérable et donnait largement de quoi boire et même de quoi manger. Qu'était-ce que le droit d'admonement que je n'ai vu non plus que là? Même feuillet; il y avait bien dans les villes du Rouërgue comme dans celles de l'Auvergne des consuls, mais dans les villes du Rouërgue il n'y avait pas de pairs. « Des pers et habitans de Clermont pour la voierie « de leurs pasturages et communautez... » J'ai déjà parlé de la pairie féodale, j'ai maintenant occasion de mentionner la pairie municipale. Nous aurions grand besoin d'une histoire de la pairie ou des diverses pairies de France, que nous connaissons moins, je crois, qu'aucune autre partie de notre histoire. Folio 6; les officiers du comte vendent à un tanneur du faubourg de Clermont une prise d'eau venant de la fontaine Estain. Fol. 8; les habitants des mairies sont chacun à leur tour tenus de faire la collecte des tailles. Même feuillet; rente de soixante anguilles. Fol. 10; revenu des terres, en ces temps, déduit de la concession des prés et des champs. Le taux de la concession des prés était de sept sous de rente annuelle par arpent. Même feuillet; les vignes payaient un droit de vinage : les viviers étaient imposés à un cens. Fol. 6 et suivants; empoissonnements, pêche des étangs, longueur des carpes, prix des carpes. J'ai dit au XVIe siècle que les bouchers, aux jours maigres, vendaient le poisson : « De Per« rot Brontel et Joakim Moreau, bouchers, pour la « vente àeux faite de sept cens des dites carpes, à « la raison de VIII livres parisis pour chacun cent...» Même feuillet; fermes muables. Dites-moi, Auvergnats! savez-vous qui, au temps de ce compte, étaient les juges de paix de votre capitale? C'était un juge prévôt de la ville, et un juge prévôt forain. Savez-vous quelles preuves de science et de capacité on exigeait d'eux? les voici : « De la ferme de la pré« vosté de la ville dudict Clermont, bailliée à Jehan « Tournel, comme plus offrant et dernier enchéris« seur, moyennant la somme de cent quatorze li« vres parisis par an. De la ferme de la prévosté

« foraine dudit Clermont, bailliée et délivrée à « Pierre Delacroix, comme dessus, parmi et moyen- « nant la somme de dix-huit livres parisis, avec le « droit de cire (de sceau) y appartenant... » Vous voyez que les magistratures étaient données à ferme et à l'enchère; et je ne puis vous assurer qu'il fallût être gradué, homme de loi pour être adjudicataire. Dans ce feuillet se trouve aussi la ferme du notariat de cette ville; le prix en était de soixante livres, et il y a bien apparence qu'alors elle ne valait guère plus. Le comte donnait tout à ferme, jusques au criage du vin, au tonlieu, ou impôt, sur les bottes d'ail et les pots de terre. Je m'arrête à peu près au dix-septième feuillet de ce beau compte, composé de cent dix-sept. Ces feuillets, et je ne suis point parvenu aux plus riches, à ceux de la dépense, sont comme les rangées des pics du Mont d'Or, où le spectateur qui les parcourt découvre les plus magnifiques points de vue de l'Auvergne.

Sommaire chronique d'Arthois, par Franchois Baudouin, manuscrit du XVIe siècle, écrit sur papier. Un vol. in-4°, basane, racine verte, dent. 15 fr.

Cette petite chronique semble d'elle-même venir ici se placer pour prouver combien la vieille histoire est peu historique, puisque les comptes des provinces, qui en réalité ne sont que de simples journaux de recette et de dépense, tenus par des comptables, valent sous ce rapport infiniment mieux. En effet, tandis que ces comptes sont pleins de matériaux qui appartiennent aux diverses parties de l'ordre social, qu'est-ce qui remplit cette chronique? Ce sont des dates et des noms : « L'an mil quatre « cens cinquante et cinq, Louis Daulphin de France, « filz ainé du Roy Charles septiesme, estant en dis-« sention contre son père, se retira par déchà chez « le duc Philippe... L'an mil quatre cens cinquante « et six, dame Isabeau de Bourbon, duchesse de « Charollais, accoucha en la ville de Bruxelles d'une « fille nommée Marie, qui fut héritière de tous les « Pays-Bas. » Je ne dis pas cependant que tous les feuillets soient aussi arides, car au suivant il est parlé de la sévère justice du duc Philippe, digne surtout alors du nom de bon que la postérité lui a donné; au suivant, de Jean Leclerc, ce charitable abbé de Saint-Waast, qui, en temps de disette, ouvrait ses magasins de blé, et vendait au prix des années d'abondance. La forme de cette chronique est la même que celle de Monstrelet, que celle des marbres capitolins, des marbres de Paros, de l'enfance de l'histoire.

Extrait de la négociation de Riswick, en 1697,

au sujet des réunions faites par Louis XIV en Alsace et dans les trois évêchés de Lorraine, manuscrit du temps. Un vol. in-fol., cartonné. . 10 fr.

Louis XIV dans ses belles années, après la cession de l'Alsace, l'occupation de la Lorraine, avait érigé des cours domaniales qui réunissaient à la France toutes les mouvances de la province cédée et de la province occupée. Ces réunions excitèrent les réclamations des États voisins ; mais, je viens de le dire, le roi était dans ses belles années. En 1697, à l'époque de la paix de Riswick, il ne l'était plus et il fallut négocier. L'espèce de procès-verbal de ces négociations forme l'objet de ce manuscrit, fort utile ou fort intéressant pour l'histoire de nos deux fortes provinces du Nord-Est; car sans la fermeté de Louis XIV plusieurs cantons qui aujourd'hui crient : Vive le roi des Français ! crieraient : Vive je ne sais qui. Il est souvent parlé dans ces négociations des préfectures et sous-préfectures de l'Alsace; on voit que ces dénominations, qui nous sont venues de l'Empire romain, ont passé par le Saint-Empire.

Copie de la lettre du ministre Torcy au vicomte Dechaux, et de la réponse, année 1697, manuscrit du temps. Un vol. in-4°, relié en parch. 20 fr.

Le territoire de l'Aldude, entre la Navarre française et la Navarre espagnole, forme une petite vallée gazonnée d'environ seize lieues carrées, où les pasteurs français et les pasteurs espagnols, depuis la fin du XVIe siècle, tantôt gardent paisiblement ensemble leurs troupeaux, accordent, confondent leurs chants, leurs musettes, leurs danses, tantôt se battent à outrance et ensanglantent leurs pelouses fleuries. Dans la lettre du vicomte Dechaux, il est incontestable que, de son temps, les Espagnols furent les agresseurs, qu'ils voulaient de leur côté convertir leurs cabanes en maisons bâties à chaux et à sable, qu'ils ne voulaient pas que les Français pussent de leur côté en faire autant, et qu'ils brûlèrent plus de cent de leurs nouvelles maisons ainsi que le moulin dont la construction avait été ordonnée par le gouvernement. Cela se passait en 1696. Le roi de France et le roi d'Espagne s'efforcèrent de terminer ces différends par des commissaires; je ne sais trop s'ils y réussirent. Ces deux lettres, qui ont à peine huit pages, m'ont paru une espèce de titre ou de monument pour la France; aussi les ai-je fait soigneusement relier.

Si le pays d'Agenois a toujours fait partie du pays de Languedoc; manuscrit du XVIIe siècle, cahier in-fol. de cinq feuillets, cartonné. . 10 fr.

Ce léger manuscrit est un savant factum historique, pour l'Agenois qui voulait être traité comme pays de Languedoc, contre la ferme des aides, qui voulait traiter l'Agenois comme pays de Guienne. La ferme citait ses chartes; l'Agenois citait les siennes. Aujourd'hui, sans faire tort aux bonnes gens de l'Agenois, je puis être de l'avis de la ferme, et je le suis.

Lettres originales, écrites par l'amiral, par des ministres, des maréchaux et d'autres personnages, au commencement du XVIIIe *siècle, pour servir à l'histoire des états de la Provence. Lettres originales écrites par des ministres, des conseillers d'état, des archevêques et d'autres personnages, au commencement du* XVIIIe *siècle, pour servir à l'histoire de la même province*, reliées dans un même volume in-fol., cartonné. . . . . 40 fr.

Ces lettres sont fort curieuses; je puis l'assurer. Je parle moins de celles qui sont relatives aux états de Provence, et qui cependant fixent les historiens sur les rapports qu'avait avec le ministère, cette ancienne représentation provinciale; que de celles qui concernent la province. Les canons de la guerre de la succession tonnent. Armement des côtes, retranchements creusés, fortins élevés. Vigilance de l'intendant; Philippe d'Orléans, depuis régent, le remercie au nom du roi; sa lettre est terminée par ces mots : Votre ami, Philippe d'Orléans. C'est un temps d'alarme; dix ou douze étrangers paraissent en-deçà des frontières ; tout aussitôt le commandant envoie les reconnaître : il y envoie la maréchaussée locale et lui adjoint des domestiques armés de son antique château de Vence. Paix d'Utrecht ; désarmement, retour du commerce. En 1715 la Provence est dans l'abondance de blé ; toutefois le gouvernement n'accorde des passeports aux commerçans qu'avec de grandes restrictions. Il n'a pas à s'en repentir ; cinq ans après, en 1720, la disette est extrême. La Provence crie, le prince de Monaco crie, demande mille charges de blé pour nourrir les troupes en garnison dans sa principauté. A la disette de blé se joint la disette d'argent. Système de Law. Les propriétaires provençaux aiment mieux laisser gâter leur blé que de l'échanger contre des billets de banque. Les effets de l'émission de cette monnaie volante sont à remarquer ; et c'est aussi à remarquer dans ces lettres que l'énergie des expressions amicales quand il s'y agit d'argent. Il y a plusieurs lettres du régent, relatives à la sévère exécution des édits ; il y en a plusieurs de ce fameux Law, qui aurait fait la fortune de la France, s'il avait pu maîtriser le mouvement de sa roue, s'il avait été le maître de borner l'émission des billets. J'ai donné une assez longue attention à sa signature, aujourd'hui si rare, et dont, il y a cent quinze ans, on avait par milliers. Vers ce temps la Provence fut imposée au sixième, au dixième deniers : entr'autres lettres du prince de Monaco qui se trouvent dans ce recueil, j'en ai lu une sur cette imposition, dont il réclame la suppression dans son marquisat de Baux. J'aime la fierté de ce roitelet de petite ville, qui, se dressant sur ses ergots, dit que la terre de Baux était possédée en franchise par le roi de France, qu'elle n'a pas perdu de sa dignité en passant entre ses mains. La noblesse de la Provence réclame aussi contre cette imposition. Le temps de priviléges n'était pas celui de la tolérance ; on est affligé de voir dans ces lettres, l'autorité poursuivre le mariage des protestants d'Apt et de plusieurs autres villes. Une des dernières lettres parle des honneurs rendus aux gouverneurs de la province, lorsqu'ils faisaient une entrée. Leurs gardes, revêtus des casaques de livrée, la carabine haute, les environnaient ; toute la garnison était sous les armes ; la grosse artillerie tirait dix volées ; c'était assurément bien de la fumée et du bruit.

Mémoire sur les chemins, les rivières, les ponts et les canaux de l'Orléanais, avec une carte géodésique. — Mémoire sur ce qu'il conviendrait d'ajouter aux capitaineries. — Côtes de Bayonne, atterrissements, et projet de dessèchement de quarante-un mille arpens de terrain couvert par les étangs; manuscrits renfermés dans un portefeuille in-4°. 10 fr.

Les deux premiers sont des manuscrits autographes de Buache; ils ont été écrits vers l'année 1731. Le dernier est un manuscrit de l'année 1815, signé par l'ingénieur Tassin, qui mérite une grande attention, car il s'y agit de l'ensablement du port du Cap-Breton et du dessèchement des côtes. Si le ministre de la marine n'a pas un double de ce projet, il devrait ne pas laisser échapper ce portefeuille.

Mémoire des intendans sur les provinces de Flandre, Hainault, Picardie, Soissonnais, Artois, Orléanais, Berri, Touraine, Anjou, Maine, Bretagne, Poitou, Aunis, Lyonnais, Auvergne, Bourbonnais, basse Guienne, haute Guienne, Béarn, Navarre, Languedoc. Six volumes in-fol., veau brun, filets. . . . . . 80 fr.

En demandant aux intendans un mémoire sur leur généralité, en leur en faisant dresser le plan, Louis XIV et son conseil sentaient le besoin d'une histoire des diverses parties de l'administration publique, des diverses parties de l'ordre social; mais ils ne sentaient pas distinctement que cette histoire était la vraie histoire nationale, la vraie histoire de France. Le siècle n'était pas assez mûr; et cela est si vrai qu'à cet égard le nôtre mûrit encore. Nos petits-fils feront imprimer religieusement ces mémoires des intendants, au lieu de se contenter de l'abrégé qu'en a fait le comte de Boulainvilliers. On connaîtra l'excellence de ces matériaux historiques par l'analyse de celui du royaume de basse-Navarre et pays souverain de Béarn, dû à l'intendant Lebret; la voici : En général le climat de ce pays est froid au printemps, chaud en automne. Les montagnes s'appellent pics; le pic du Midi est le plus haut des Pyrénées. Les rivières s'appellent gaves, et le volume de leurs eaux tient à la fonte des neiges. Les forêts donnent des bois de mâture. Un tiers des terres est cultivé; les deux autres tiers sont laissés en jachère pour produire *du fumier*, c'est-à-dire des fougères avec lesquelles on fume les terres. Depuis peu des mines de fer ont été découvertes dans ce pays; les fournaises y sont en si grande activité qu'on fait, pour le service de la guerre, neuf cents milliers pesants de boulets ou de bombes. Cette généralité où, suivant le mémoire, on filait encore à la quenouille, où l'on manquait de rouets, où l'on ne tricottait des bas, des bonnets qu'à l'aiguille, où les fabriques de la grande draperie n'avaient pu s'établir, donnait déjà en ce temps l'exemple de la fabrication des faulx. Notre industrieuse France a cependant continué jusqu'à nos jours, jusqu'à l'établissement de la belle manufacture de M. Garrigous à Toulouse, de payer annuellement plusieurs millions à l'Allemagne pour des faux de son agriculture, à la fabrication desquelles il ne fallait alors comme aujourd'hui que du fer, des marteaux et la courageuse volonté de cet honorable homme, dont, suivant moi, le nom ne doit jamais s'effacer des annales de l'industrie. La Navarre, continue ce mémoire, ne met guère dans le commerce que ce que lui a donné la nature : des grains, du vin, des chevaux, des bestiaux, du porc salé, vendu sous le nom de jambon de Bayonne, des oies confites à la graisse. En parlant des chemins, le mémoire dit qu'ils sont mauvais, que les ponts sont de bois. Les différents petits peuples qui forment la population de la généralité ont conservé leurs habillements, leurs usages, leurs mœurs. Épisode sur les cagots. Autre épisode sur la langue du pays. Suivant le mémoire, les anciennes lois, sous le nom de fors, s'y étaient aussi conservées. L'ancienne magistrature composée de châtelains, d'alcades, de jurats, contrastait avec la nouvelle, avec le parlement. Les impôts n'y étaient établis et levés que par le consentement de la représentation nationale du pays, des états, quelquefois assemblés en plate campagne. Le gouvernement ecclésiastique, le gouvernement civil, le gouvernement militaire, les milices provinciales, la description des villes, le caractère, le génie des habitants, l'histoire des rois et des princes, que Lebret appelle l'histoire du pays, ont successivement leur tour. Deux traits font connaître le temps où cet intendant écrivait. En parlant du maïs, tout nouvellement cultivé dans la Navarre, il dit que les agriculteurs y tiennent beaucoup; toutefois qu'il faudrait le leur interdire, si les avantages de cette culture ne balançaient les désavantages. Plus loin, après avoir parlé des mœurs des Béarnais, il ajoute : Ils sont glorieux et difficiles à vivre; mais en sachant se contraindre.... on ne laisse pas d'en tirer parti pour le service du roi. C'est la dernière ligne.

Arrêts du Conseil d'État concernant la retrocession de la Louïsiane et du païs des Illinois, faite au roi par la compagnie des Indes, année 1731. Un vol. petit in-fol., cartonné. . . 10 fr.

Puisqu'aujourd'hui les Solons anglais viennent étudier chez les Égyptiens français certaines parties de l'art social, puisqu'à leur tour les Solons français vont en étudier chez les Égyptiens anglais certaines autres, je désirerais que quelqu'un de nos Solons du Conseil d'état allât étudier en Angleterre ou même en Hollande, et l'art de faire prospérer les compagnies de commerce, et l'art de faire prospérer les colonies. Comment donc! lis-je bien? Oui je lis bien, car ces copies sont sur vélin, et ont été écrites par les belles plumes des bureaux du ministre Philippeaux, qui les a signées. Comment donc! notre ancienne Compagnie des Indes, au lieu de s'enrichir dans une terre qui ne demande qu'à produire, supplie le roi de reprendre la Louisiane, pays plus grand et plus beau que la France; et, pour la lui faire plus facilement reprendre, elle lui donne quatorze cents livres. Comment donc! le gouvernement de la France n'a pu depuis apprendre à administrer cette superbe province d'outre-mer; et dans ce permanent découragement, Napoléon, comme ne sachant qu'en faire, nous la vend aux États-Unis avec moins de formalités qu'un particulier vend un de ses champs. Je trouve dans ces arrêts que la Compagnie des Indes avait un bénéfice de cinquante pour cent sur les marchandises importées dans la Louisiane; j'y trouve aussi que le gouvernement prit en déduction le prix de deux cent quarante-cinq nègres. On remarquera que chaque nègre n'est évalué qu'à sept cents francs; c'était alors le bon temps ou plutôt le mauvais temps des nègres.

État-major du département de monseigneur le comte de Saint-Florentin, ministre et secrétaire-d'État, année 1747. Un vol. in-12, maroquin rouge, tr. d'or.

État-major du département de monseigneur le comte de Saint-Florentin, ministre secrétaire-

d'État, année 1760. Un vol. in-8°, maroquin rouge, tr. dor., ensemble. . . . . 10 fr.

Ces deux manuscrits vont me fournir l'occasion de parler de quelques faits. Je les achetai à un libraire qui voulait absolument en être débarrassé et qui croyait n'avoir là que deux anciens almanachs de noms écrits à la main. J'eus à peine parcouru quelques feuillets du premier que j'y vis un état des fonctionnaires ecclésiastiques, civils, militaires, des provinces, d'une date de près de cent ans. Je m'aperçus qu'il y avait, relativement aux mutations des gens en place, des lignes rapidement écrites par le ministre, toujours court de temps comme tous les ministres de tous les siècles; je m'aperçus ensuite quel'auteur de ce recueil en avait mal fait le titre, et je reconnus qu'ainsi que nos ministres actuels, les ministres d'alors rangeaient mal leurs qualités car les ministres d'alors auraient dû et ceux d'aujourd'hui devraient se qualifier de secrétaires-d'état ministre de.... Ils ont été secrétaires-d'état avant d'être ministres et le ministère est né de la secrétairerie. Je ne finirais pas si je voulais noter tout ce qu'offre de curieux ce manuscrit, où se trouvent les cours de justice, de finances avec leurs huissiers, les sénéchaux d'épée, les baillis d'épée, les gouverneurs avec leurs gardes; où se trouvent des évêques, des abbés, qui sont gouverneurs militaires de villes; où se trouvent des pères chartreux qui le sont aussi, car au chapitre Bourgogne on lit : « Pierre Chalet; les chartreux gou-« verneurs; appointements 1200 livres. Pour l'entre-« tien de vingt soldats, 1602 livres. C'est le supérieur « des chartreux qui est gouverneur de ce fort. » Il y avait alors plus de trois cents de ces petits gouvernements de l'intérieur aujourd'hui entièrement supprimés. Il n'y avait pas d'abus en cela dans les vieux siècles, où chaque ville, grande, petite, était fortifiée; l'abus vint ensuite quand les fortifications tombèrent en poussière et qu'il ne resta plus que le gouverneur avec ses mains et ses poches. L'état-major de 1760 ne contient que des noms de gouvernement et de gouverneurs, sur une plus grande échelle. Il n'y a pas de ligne écrite de la main du duc de Saint-Florentin. Peut-être ce ministre n'avait plus alors sa main, car je tiens de son vieux maître-d'hôtel qu'un fusil mal chargé la lui fracassa, et qu'on fut obligé de la lui amputer. Quant au chasseur qui lui avait présenté le fusil, il fut congédié à l'instant; mais avec une pension de quatre cents francs. Il faut dire courageusement le mal, même d'un ministre; quand on ne le dit pas, on fait un vol à la société : il faut aussi dire courageusement le bien; quand on ne le dit pas, on fait un vol et à la société et au ministre.

Documents, actes, lettres, concernant la prin-

cipauté d'Orange, écrits au commencement du XVIIIe *siècle*, renfermés dans un portef. . . 20 fr.

Que ne puis-je faire faire un tour rétrograde à la roue des siècles? Un tour donnerait une grande valeur à ce dossier; deux tours lui en donneraient une plus grande en nous reportant à l'année 1635, où les princes disputaient encore les États, l'épée et la plume à la main. Il y a eu plusieurs dynasties de princes d'Orange, entre autres celle des comtes de Châlons, dont le dernier prince, nommé Philibert, institua en 1630 héritier son neveu Réné de Nassau, qui, bien qu'il n'en eût pas le droit, institua héritier de la principauté d'Orange, Guillaume de Nassau, entièrement étranger à la dernière dynastie. Toutefois, comme ces princes de Nassau, devenus stathouders, se montrèrent long-temps les alliés intimes de la France, leurs droits furent long-temps reconnus bons; mais, après la mort de Guillaume III, roi d'Angleterre, dernier prince d'Orange de sa branche, plusieurs maisons prétendirent à la succession de cette principauté, entre autres celle de Conti, représentant celle de Longueville; celle de Mailly-Nesle, celle de Brandebourg, celle de Nassau. Ce dossier contient deux lettres autographes d'Émanuel de Nassau à M. de Mailly, l'une du 11, l'autre du 22 février 1711, où il dit qu'il va partir *pour aller recevoir les graces que la maison de Mailly veut bien lui faire.* Plus loin il le prie de lui conserver les graces de mademoiselle de Nesle, de madame la marquise de Mailly, de monseigneur de Rheims, ce qui, pour un prince protestant, est fort poli ; et tout cela pour obtenir la renonciation de leurs droits à la principauté d'Orange. Une troisième lettre autographe de l'archevêque de Rheims, du nom de Mailly, datée 7 septembre 1707, dit qu'il se refuse à toute association, car les droits de sa mère sont contraires à ceux des prétendants, même à ceux de *monsieur de Brandebourg* ; c'est avec cette leste et bourgeoise qualification qu'on traite l'aïeul du grand Frédéric, presque dans le temps où l'Empereur d'Allemagne lui conférait le titre de roi. Je ne suis pas au bout du dossier. Entre diverses autres pièces, il y a un mémoire sur l'origine et l'ancienneté de la cité d'Orange, où l'agent domanial prétend que la principauté appartient au roi, et comme comte de Provence et comme dauphin de Viennois. Qui avait tort, qui avait raison ? Qui n'était pas, qui était fondé à posséder cette belle principauté, cette belle ville où il y avait un parlement, une université ? Je ne sais. Aujourd'hui je lis dans le dictionnaire géographique de Vosgien : Orange, chef-lieu de canton, département de Vaucluse.

Histoire des ducs de Bourgogne, manuscrit autographe du XVIIIe *siecle*. Un vol. petit in-fol., basane, racine verte, dentelles. . . . . . . 80 fr.

Ce manuscrit commence à l'année 1361, avec la seconde dynastie des ducs de Bourgogne. Je vais en donner une sommaire notice. Installation du fils du roi Jean, comme duc de Bourgogne; son serment de conserver les libertés de la province. Dissertation, si la Bourgogne est un démembrement de l'Empire. Levées de troupes; noms des chevaliers, des écuyers. Dans une des revues faites par le maréchal du duché je lis : « Estienne Girard, sieur de la Guiche, « avec quatre chevaliers bacheliers... deux trompettes « et deux menestriers. » Mention de l'ancienne musique militaire; ce n'est pas la première fois que je fais cette remarque. Par intervalle il est parlé dans ce manuscrit des états de Bourgogne et de Flandre. On y trouve aussi le dénombrement du parlement de Dijon, composé de conseillers d'église et de conseillers d'épée. Assassinat du duc d'Orléans par les agents de Jean-sans-Peur : les neuf propositions du cordelier Petit, pour justifier ce crime, déférées par Gerson à la Sorbonne et ensuite au concile de Bâle. La scène change; le duc de Bourgogne marie sa fille et lui donne cent mille livres, avec lesquelles on aurait eu en ce temps tout ce qu'on peut avoir aujourd'hui pour quatre millions.

Là où ce manuscrit n'est pas le tableau de la vieille Bourgogne, il est le tableau de la Flandre, et alors il semble pour ainsi dire dégoutter d'or et de pierreries : « Le duc avoit envoyé à Gand trois grands « coffres pleins de vaisselle d'or, d'argent, de per- « les, diamants, balays... » Suit le détail des dons faits par le duc; et à l'année 1409 on lit : « Le « duc fit présent au roi de Navarre d'un tableau « d'or... pezant deux marcs, garni de gros saphirs, « de grosses perles, rubis... » ; et à l'année 1417, on peut lire, comme monument de l'habileté des ouvriers flamands : « Le duc fit présent au duc de « Brighe de deux tentes (tentures) de tapisseries, « l'une de cinquante aulnes de fil d'Arras, rehaussé « de Chypre (or de Chypre), représentant une chasse « de dames et de seigneurs... » Aux marges de ce précieux manuscrit sont notés les titres d'où ses différentes parties sont prises : compte de telle, de telle année; telle, telle layette. Les histoires faites au milieu des archives sont aussi rares que sûres; c'est surtout aux archivistes, aux bibliothécaires qu'appartient la plume de l'histoire.

Détails de la révolution de Corse, commencée en 1729, manuscrit du XVIIIe siècle. Un vol. in-fol., cartonné. . . . . 10 fr.

Cette histoire ne va que jusqu'à l'année 1749, que

jusqu'à la moitié de la durée de cette révolution qui ne fut terminée qu'en 1769, par l'incorporation de la Corse à la France. On trouvera, je crois, quelques nouveaux faits sur Théodore, ce beau roi d'opéra dont l'auteur montre avec beaucoup de sagacité les différentes fautes. Je suis fâché qu'il n'ait pas dit ce que devinrent ces bons colons grecs qui, partagés entre le sentiment du danger d'encourir la haine des habitants du pays et celui de la reconnaissance envers les Génois, auxquels ils devaient d'avoir été reçus dans l'Ile, cédèrent au plus noble sentiment. La Corse, au fort de la révolution, en 1735, voulut se constituer en royaume-république; véritablement il y a eu à Sparte des rois de république. Il y en a eu aussi en Pologne, et Danton et Robespierre furent successivement accusés de vouloir être rois de la république française. Il me semble qu'aujourd'hui, ni la raison ni la langue ne permettraient une pareille association d'idées et de mots.

HISTOIRE DE FRANCE.

Les six thoysons, manuscrit du XVe siècle, sur vélin, lettres initiales or et couleur, échappé à l'incendie de Westminster. Un vol. in-fol., basane rouge à flammes. . . . . 100 fr.

Ce manuscrit a été composé et écrit du temps de Charles, dernier duc de Bourgogne, connu sous le nom de Charles-le-Téméraire; il lui est dédié, ainsi qu'on le voit à la fin de la préface, après laquelle on lit : Chapitre 1er. « S'ensuient la déclara-« tion des six thoysons. » C'est le titre du chapitre. « Pour les six thoysons dont nous avons à parler, « nous deviserons ceste œuvre en six livres, pour « les grands et saints mystères que elles signifient; « et en chacun livre sera par la grace de Dieu la « matière deduite qui y affiert, et sera à chacune « des diz thoysons appliquée une vertu appartenant « à l'estat de noblesse, consonant au mystère de la-« dite thoyson; desquels VI livres le premier sera de « la thoyson d'or... le second la thoyson de Jacob... « le tiers sera de Gédéon... le IIII sera du roi de « Moab, lequel payoit chacun an au roi d'Israël pour « tribut C.M. moutons avec leurs thoysons... le ve « sera la thoyson de Job... le VIe et derrenier livre « si est de la thoyson dont prophétisa le roi David... « et pour ce peuvent les dites thoysons raisonnable-« ment estre attribuées à l'ordre de la thoyson d'or; « et soubz le nom de la thoyson, peut avoir esté « meu ce très dévot et très relysant et très catho-« lique Prince monseigneur le duc vostre bon père, « à qui Dieu soit misericors, de avoir institué ceste « très sainte et dévote ordre... » Viennent ensuite les histoires des héros et des rois aux vertus desquels l'auteur lie, que bien que mal, les vertus des thoysons. Et d'abord Jason, Alexandre, Titus, Sénèque, Diogène, Théri, roi des Goths. A ces histoires succèdent celles des rois de France, de leurs guerres, surtout de leurs guerres avec les Anglais. Suivent les histoires des ducs de Bourgogne, de leurs guerres contre les Turcs, contre leurs voisins, et en grand détail contre les Liégeois leurs sujets. Il est probable qu'en lisant bien attentivement les derniers chapitres, qui appartiennent à l'Histoire de France, on y découvrirait des faits peu connus et peut-être même inconnus. Ce manuscrit, qui ne forme qu'un des six livres ou volumes de l'ouvrage, s'est pour ainsi dire échappé à demi rôti de l'incendie de Westminster. Il m'est venu en feuilles mêlées et brouillées pa r o us les vents de la Tamise et de la Seine. Je ne savais qu'en faire, lorsque mon élève et mon ami, M. Frédéric de Fontannois, le bailleul ou chirurgien des manuscrits estropiés, déchirés, qui les raccommode si bien, qui en ferme si bien les blessures, est accouru. Il s'est volontiers chargé de la difficile tâche de reclasser les feuilles et d'écrire le titre de l'ouvrage, de même que plusieurs autres titres de chapitres. Il a aussitôt tiré de son écritoire sa plume du quinzième siècle, de laquelle sont pour ainsi dire magiquement sortis les mots dont il avait besoin ; en sorte que si la bibliothèque de Westminster a conservé les cinq autres tomes ou livres, celui-ci peut aller les joindre comme un frère qui, après avoir quitté la famille, y revient clopin clopant et avec une jambe de bois.

Enqueste sur la profession religieuse de noble homme Jehan de Montruillon, escuyer, conseiller du roy, maistre des eaues et forestz, Grurie de Montargis, année 1570. Un vol. in-fol., cartonné. 10 fr.

Heureux le XVIIe siècle de n'avoir vu ni Marat, ni Robespierre, ni les échafauds du XVIIIe ! Heureux le XVe de n'avoir vu ni Catherine, ni Guise, ni les massacres du XVIe ! De même qu'on avait toujours peur, au XVIIIe, de ne pas être assez républicain, on avait de même toujours peur, au XVIe, de ne pas être assez catholique ; cette peur était plus grande quand on avait été, comme Jehan de Montruillon, quelque peu huguenot par curiosité, comme il le dit. Aussi ne se contente-t-il pas d'un certificat de catholicité du curé ; il lui faut celui du vicaire, celui des marguilliers, des sacristains. Il lui faut celui du bailliage, des juges, des avocats, des procureurs, des huissiers. Il lui faut celui de ses voisins. Il lui faut un certificat qu'il va à la messe ; non-seulement qu'il va à la messe, mais qu'il se confesse ; non-seulement qu'il se confesse, mais qu'il communie, qu'on l'a vu communier. Il lui faut des certificats non-seulement qu'il s'est marié à l'église, mais qu'il y a fait baptiser ses enfants. Ah! ah! messieurs, ne nous moquons pas de Jehan de Montruillon, car on ne badinait pas plus dans les temps de la Saint-Barthélemy que dans notre an deux. Aussi ne croyez pas que ce fussent là toutes les preuves que fit Jehan. Jehan prouva encore qu'il avait servi dans la garde nationale à cheval de ces temps, c'est-à-dire dans une compagnie de chevau-légers, composée de bons bourgeois, de bons catholiques comme lui, se montant, s'équipant, s'armant, guerroyant à leurs frais. J'ai lu dans un des actes de cette enquête que l'armée française portait, ainsi que l'armée des siècles précédents, des croix blanches sur les habits. Je voudrais pouvoir dire si elle continuait à les porter, ou si elle les avait reprises.

Vie du cardinal Richelieu. — Vie du cardinal Mazarin. — Introduction à l'histoire de France. — Chronologia regum francorum, ab anno 628 *ad annum* 1754. — *Les annales des Machabées*, Manuscrits de la fin du XVIIe siècle de différentes années et de différentes écritures. Un vol. in-fol., veau brun, filets. . . . . 20 fr.

Ces manuscrits, reliés depuis plus de cent ans,

ont été mal disposés. Je vais en parler tout ainsi que s'ils l'avaient été par ordre chronologique. Les annales des Machabées, avec les antiques ères synchroniques, peuvent être un savant ouvrage; mais parce qu'elles sont ici étrangères à l'objet spécial de ce chapitre, je passe. L'introduction à l'histoire de France n'est pas non plus d'une érudition commune; il n'y a guère d'histoire ou de document historique du temps qui ne s'y trouve. L'auteur cite entr'autres un chant triomphal de l'empereur Aurélien, année CCLXX de l'ère chrétienne, où est mentionné notre nom de Français; mais il nous ôte notre premier roi Pharamon, comme étant inconnu aux historiens contemporains et n'étant nommé pour la première fois que par l'auteur anonyme des *Gesta Francorum* qui écrivait au temps de Charles Martel, au VIIIe siècle. Voilà ce que c'est que d'écrire la vieille histoire sans notes, sans preuves; notre chronologie de rois s'écroule; nous sommes obligés d'appeler premier celui que nous avions appelé second, second celui que nous avions appelé troisième, et cela jusqu'à aujourd'hui, jusqu'à Louis-Philippe. Cette introduction, excepté dans le commencement, procède par années, et, sous un autre nom, est une vraie chronique. Sous un autre nom aussi la chronologie latine, *Chronologia regum francorum*, est de même une vraie et savante chronique, composée au XVIIe siècle avec d'autres chroniques toutes citées. Ces deux différents documents, l'un français, l'autre latin, paraissent fort précieux pour l'histoire de la première race; ils font suite l'un à l'autre. La vie de la France a long-temps été celle des rois, et souvent la vie des rois n'a été que la vie de leurs ministres. Cela est surtout vrai de Richelieu et de Mazarin. Dans leurs biographies, d'ailleurs assez bien faites, on voit que le cardinal de Richelieu fut d'abord ministre de la guerre, quand il parvint au gouvernement, au ministère absolu, et que le cardinal Mazarin avait été capitaine d'infanterie avant d'y parvenir.

Mémoires de monsieur La Rochefoucauld, servant à l'histoire de Louis XIV, manuscrit du temps. Un vol. in-8°, veau bronzé vert. . . . . . 8 fr.

Je viens de donner le titre qui est écrit sur le premier feuillet, et qui me paraît d'une écriture un peu plus moderne que celle du corps du manuscrit commençant par ce titre : Mouvement de 1648. Au-dessous on lit : Siége de Paris, jusqu'au retour du roy en 1649. Suit le texte. « Il est quasi impossible « d'écrire au vrai, une relation bien juste des mou- « vements passez parceque ceux qui les ont causez, « ayant agi par de mauvais principes... » Je crois que ce manuscrit conféré avec celui ou avec ceux sur lesquels on a imprimé les deux ou trois éditions de ces mémoires, offre d'importantes variantes, et sous ce rapport il peut avoir une certaine valeur bibliographique, car pour la valeur historique, elle est ou elle sera dans la suite à peu près nulle. Pense-t-on que les âges à venir voudront savoir que le jeune prince de Condé trouvait ou ne trouvait pas belle telle ou telle duchesse ; que les grandes dames mettaient les armes à la main des gens de guerre ; que les plus ou moins beaux teints, les plus ou moins heureuses toilettes, décidaient des partis de la guerre civile où s'engageaient sans exception les plus hauts personnages de l'État ; qu'ils voudront savoir qu'il y eut une dame de Montbazon, factieuse par coquetterie, un intrigant et militaire prélat, tribun adoré du peuple, et que de nos jours le peuple lapiderait avec les pierres de son palais ? Non ! non ! ils demanderont à l'histoire du XVIIe siècle ce qu'on fit pour les progrès de l'agriculture, du commerce, de la législation ; où en étaient les idées sur la constitution politique de la société ; comment cette société où vivaient Bossuet, Fénélon, le Port-Royal, Molière, Corneille, Racine, Lamoignon, Pussort, Domat, se laissait pacifiquement enlever les représentations provinciales, la représentation nationale. Je m'arrête là ; mais les questions des âges à venir, ni même les questions des âges présents ne s'arrêteront pas là. Oui, c'en est maintenant fait pour le lecteur; à cette heure, sa pensée, pleine des souvenirs de ces divers matériaux manuscrits qui sont les éléments nécessaires de l'histoire des diverses parties de l'ordre social, lui fera, bon gré mal gré, chercher des éléments analogues dans tout ouvrage qui portera le titre d'Histoire d'une nation, ou de Mémoires pour servir à l'histoire d'une nation; ce sera pour toujours un besoin de son esprit.

[1] *Réflexions sur l'histoire de France, par le comte de Boulainvilliers*, manuscrit de la fin du XVIIe siècle. Un volume in-folio, veau brun, filets. . . . . 30 fr.

Les copies de cet ouvrage non encore imprimé sont assez rares; l'auteur y traite d'abord des points lointains et difficiles de notre histoire. La hardiesse d'un brave guerrier, qui à la tête de sa colonne attaque une redoute, m'a toujours rempli d'admiration et de respect; mais la hardiesse d'un historien qui, sans preuves, ne cesse dans les temps les plus reculés d'avoir des faits et des dates au bout de sa plume, m'a toujours fait rire; je ne croirai jamais un auteur d'une histoire des siècles anciens quand il n'aura pas de notes, et Boulainvilliers pas plus qu'un autre. Boulainvilliers se plaint du peu de goût des Français pour l'histoire de France; tant mieux! je vois avec plaisir que la nation avait le bon sens de s'ennuyer d'une narration chronologique, divisée par médaillons de rois, où l'on ne trouve qu'avénements au trône, minorités, ambition des grands, guerre civile, guerre étrangère, batailles, siéges, difficultés des finances, fléaux, famine, peste, stagnation de commerce, misère publique, luxe des riches, paix, retour des guerres, des batailles, des siéges, de la paix, enfin mort du roi; et de la nation, pas un mot. Faites le sommaire de la vieille histoire de France, et vous n'y verrez autre chose. Je me trompe; vous y verrez encore les querelles avec les papes, les guerres de religion, les révoltes des grands, des parlements, le règne des ministres, des maîtresses; et, je le répète, de la nation, des diverses parties de l'ordre social, pas un mot. J'ai le premier affranchi, allons! qu'on ne se fâche pas; nous, Français du XIXe siècle, avons, depuis l'*Histoire des Français des divers états*, les premiers affranchi les peuples de ce servage des historiographes. Nous avons, même avant les Anglais, brisé ces fers littéraires; nous avons divisé l'histoire par siècles, par périodes égales, et non par règnes, par périodes inégales; et nous avons rempli ces périodes du mouvement de la civilisation, considéré dans chacune des diverses parties de l'ordre social, des divers états. De cette analyse, de cette division est aussitôt née l'histoire nationale. Boulainvilliers qui, s'il vivait, serait bien loin d'adopter ces principes et cette manière, commence aux premiers temps de notre monarchie et finit au règne de Louis XI.

Ce savant comte, il faut en convenir, se passe volontiers de batailles et de siéges. Son principal objet est l'histoire des variations de la forme du gouvernement. Que n'intitule-t-il son ouvrage : Réflexions sur l'histoire du gouvernement? Il compte un à un tous les empiètements de la royauté. Son langage courroucé est celui d'un homme du XIXe siècle, de l'opposition; et ses raisonnements, ses vœux sont ceux d'un homme du XIIe siècle. Il veut une échelle sociale où le roi soit au haut comme chef seigneur, et où les serfs des campagnes, les bourgeois des villes soient au bas; et dans les échelons intermédiaires de la hiérarchie, il veut les seigneurs. On trouve dans ce touvrage de bons documents sur les anciens parlements, les anciens pairs, sur les parlements, les pairs modernes. C'est dommage que l'auteur n'ait pas cherché ou n'ait pas découvert les filiations de leur successive existence. Boulainvilliers a cru échapper à la monotonie de la vieille forme historique en prenant la forme des lettres; mais il n'y a pas gagné grand'chose, car au lieu de narrer au lecteur, il narre à un de ses amis. Une des bonnes formes historiques, c'est la mise en action, j'entends la narration variée, animée, passionnée des acteurs, forme très périlleuse, très difficile, même à l'aide de longues études et de longues années. Je n'aurais pas entièrement fait connaître ce manuscrit si je ne disais que le comte de Boulainvilliers a figuré les rois de France en ami de leurs ennemis, en ami des grands vassaux. Sous sa plume, la belle face de notre grand roi saint Louis n'est pas belle. Je demande, je ne cesserai de demander des notes, des preuves. Je le demande pour que, dans les jugements des historiens, il y ait *moins d'arbitraire et de caprice*. Est-ce tout? non! Mézerai, Brussel, Boulainvilliers, Montesquieu ont beaucoup parlé de la féodalité; j'en ai parlé beaucoup aussi, après avoir lu des milliers de parchemins. Je propose en ce moment aux savants de l'Europe de conférer ce que, chez les diverses nations, la féodalité a eu de commun, ce qu'elle a eu de différent; ils feront l'histoire de la féodalité européenne, histoire neuve, à laquelle on n'a jamais pensé. Est-il encore bien éloigné, dans l'espace des années, le temps où chaque nation aura fait la conférence successive des diverses histoires, des diverses parties de son ordre social, c'est-à-dire sa vraie histoire nationale? Est-il encore plus éloigné, dans l'espace des siècles, le temps où l'univers aura fait la conférence successive des diverses histoires nationales, c'est-à-dire la vraie histoire universelle? Ah! je me le dis avec une émotion profonde! quel vaste, quel moral tableau des vices et des vertus des peuples. Combien les avantages, pour la civilisation, la perfection, le bonheur du genre humain, en seraient grands, immenses!

Je ne les montrerai pas; ils se montrent eux-mêmes.

Discours sur l'histoire de France, manuscrit autographe de Delisle. Un volume in-folio, cartonné. . . . . 8 fr.

Assurément Delisle était un grand géographe, mais assurément il n'était pas un grand historien; son manuscrit le prouve. Il est composé de vingt-deux feuillets, dont treize pour le clergé, un pour les parlements, un pour les justices royales, trois pour les états-généraux ; les autres sont en blanc. Vous riez : toutefois il a, le premier, porté l'ordre judiciaire dans l'histoire de France. Que n'est-il venu cent ans plus tard, il y aurait peut-être porté plusieurs autres parties de l'ordre social. Peut-être les y eût-il portées toutes, et il tiendrait l'étendard de l'histoire nationale, dont le nouveau nom, qu'on ne trouve pas encore dans les dictionnaires, constate les progrès de la science et assure leur perpétuité. En effet, il sera demain impossible, s'il ne l'est déjà aujourd'hui, de faire une histoire de France, d'Angleterre, d'Allemagne, sans qu'elle s'approche de plus en plus de l'*Histoire des Français des divers états*, sans que de plus en plus elle se complète de toutes les diverses parties de l'histoire de la société. Le constituant Sieyès croit qu'il a changé la nature des états-généraux en les appelant représentation nationale.

Rien n'est plus vrai ; j'ai dit quelle est, à cet égard, l'influence des mots. Il est, du reste, bien difficile de faire le titre d'une science sans la posséder à fond. Voltaire ne possédait pas à fond, il s'en fallait bien, celle de l'histoire ; et son titre d'*Essai sur l'histoire générale et sur les mœurs et l'esprit des nations* le prouve : il est mal fait, en ce qu'il met hors de l'histoire les mœurs et l'esprit des nations qui en sont des parties, mais qui n'en sont que des parties. Si vous dites Essai sur l'histoire générale, et sur l'agriculture et le commerce, vous mettez de même hors de l'histoire l'agriculture et le commerce, qui en sont aussi des parties, mais qui n'en sont aussi que des parties. *Essai sur l'histoire générale*, suffisait à Voltaire et devait lui suffire. Je respecte beaucoup les grands écrivains ; qu'on me permette de respecter un peu la raison.

Table alphabétique des registres du parlement, manuscrit du milieu du XVIIIe siècle. Trois vol. in-fol., basane fauve, dentelles. . . . . 90 fr.

Le lecteur doute s'il est au chapitre de l'histoire ; il se demande s'il n'est pas plutôt au chapitre de la magistrature. Il croit se tromper ; non, lecteur, vous ne vous trompez pas ; vous êtes au chapitre de l'histoire, car rien n'est plus historique, rien ne contient de plus variés et de plus riches matériaux de l'histoire de toutes les parties de la société. Je prie M. le marquis de Pastoret, dernier chancelier de France, de me permettre de citer à cet égard l'autorité de son opinion. J'avais instantanément besoin de certains registres du parlement, qui étaient entre ses mains; je me présentai chez lui : Vous voulez, me dit-il après quelques moments de conversation, écrire l'histoire; vous cherchez de bons matériaux; vous avez raison d'étudier ces registres; l'histoire est là! Elle est là! répéta-t-il avec un ton solennel que, depuis plus de trente ans, j'entends encore. Ces paroles furent pour moi comme la voix d'un homme du pays qui raffermit les pas incertains du voyageur. Puissent-elles profiter de même à d'autres! Qu'on ne croie cependant pas que le recueil de ces registres soit peu considérable; il est de vingt-six mille gros volumes, grand in-4°, dont plusieurs sont épais comme des cubes. Les archives judiciaires où ils sont conservés, et où sont conservés aussi les registres des anciennes juridictions de Paris, au nombre de vingt-sept autres mille, sont vraisemblablement les plus grandes archives de l'univers. Elles forment une des sections des archives du royaume. Et puisque je suis à parler de ces archives, je dirai que je ne cesse de désirer que toutes les sections en soient réunies, c'est-à-dire qu'on transporte au palais de justice, où est la section judiciaire, les autres sections qui sont à l'hôtel de Soubise. Et où siégeraient les cours de justice? Les cours de justice civile siégeraient à l'Hôtel-Dieu, dont on ferait quatre hospices placés à quatre divers points des extrémités de Paris, ainsi que le projet en fut arrêté en 1786, à l'époque de l'incendie d'une partie des bâtiments. Les cours de justice criminelle, la Conciergerie, seraient transférées dans les noires, fortes murailles de l'hôtel Soubise. Et maintenant, voyez la capitale purgée dans son centre des deux foyers de fièvres d'hôpital et de fièvres de prisons; voyez le palais de justice devenu le palais des archives du royaume, des archives de l'histoire nationale, fermé sous une seule clé, tenue par l'illustre législateur qui de l'autre main tient la lampe des sciences. Je fais un traité sur l'utilité et la conservation des manuscrits; je suis, comme on dit aux chambres, dans mon droit; je ne sors pas de la question; elle s'étend à la classification des manuscrits qui dépend d'un local et d'un emplacement convenables. Je reviens cependant au manuscrit dont le titre est en tête de cet article, et je dis que ces grandes masses de vieux registres, qui forment comme une seconde muraille de parchemins de la haute et vaste Sainte-Chapelle, qui débordent dans les immenses régions des combles du palais et qui les remplissent, dormiraient inaccessibles et inutiles sans les répertoires, sans les tables alphabétiques, telles que celles-ci où tout n'est pas, mais où il y a un peu de tout.

Extraits des registres du parlement de Paris, XVIe *siècle*, manuscrit du temps. Un vol. petit in-fol., parchemin blanc. . . . . 12 fr.

Il y est parlé de bancs à replacer, de maîtrises de boucher, de la prise du roi François Ier, des lits de justice, d'impôts sur le vin, d'usure, d'appels comme d'abus, de discussions entre sergens, des marguilliers de la Madelaine de Paris, de rentes en *blé*, en argent, de forme de procédure, dont le lecteur n'a peut-être pas maintenant autant de peur. Il y est parlé de bien d'autres objets. *Legendum!*

Tables chronologiques d'ordonnances des rois de France, au XVIIe *siècle*, manuscrit du XVIIIe siècle. Un vol. in-fol., parchemin jaspé. . . 20 fr.

On n'a pas de sitôt oublié ce que je viens de dire sur les registres du parlement : les ordonnances de nos rois en font partie, et elles en forment la partie la plus précieuse.

Registres du parlement, contenant les ordonnances de la fin du règne de Louis XIII et celles du commencement du règne de Louis XIV, depuis l'année 1639 *jusqu'à l'année* 1652, manuscrit du XVIIIe siècle. Un volume in-folio, basane noire, filets. . . . . 20 fr.

En voici la preuve. Année 1639 : construction de la porte Dauphine ; ses dimensions ; nous sommes au bas du Pont-Neuf, entre l'ancienne porte de Nesle et l'ancienne porte de Bussy. Même année : établissement des Ursulines à Clermont de Beauvoisis. Même année : brevet d'imprimeur de musique vocale et instrumentale, passant de Pierre Ballard à son fils Robert, continuateur de l'ancienne dynastie de ces joyeux artistes, dont la succession vient d'être recueillie, agrandie, perfectionnée par d'ingénieuses presses dont je ne puis nommer l'inventeur sans m'exposer à un carton. Même année : desséchement des marais de Xaintonge; villages, églises bâtis sur les nouvelles terres. Même année : ordonnance de réformation des habits qui, pour ainsi dire, dégalonne, dédore les jardins du Luxembourg et des Tuileries ; elle s'exprime ainsi : « Dé- « fense de porter broderies, emboutissements, cha- « marrures, houppes, chesnettes, cannetilles, pail- « lettes, nœuds de soye, d'or ou d'argent, fin ou « faux... de faire appliquer aux habits, pierreries, « perles, émail... velours, satin, taffetas... Permis « de porter quatre rangs de boutons au plus... dé-

« fense de porter collets, dentelles, manchettes...
« Pages, laquais, cochers, ne peuvent porter, au lieu
« d'habits de soie que des habits de laine, avec
« deux galons sur les tailles... » Le parlement trouve que le roi n'est pas assez sévère, et de son autorité interdit : « ... les fraises, découpures de toille, pa-
« pier ou vélin avec peintures... les linseuls ou draps
« de lits ornés de passements, dentelles ou points
« couppez. » Même année : union des colléges de Boncour, de Tournay à celui de Navarre, pour l'établissement d'une seconde Sorbonne. Même année : annoblissement de la maison Nourry, près Chaumont en Bassigny, ainsi que des prés, vignes et terres en dépendant, pour être tenue par Jean Paillot, maire de Chaumont, et ses héritiers, en franc-aleu noble. Même année : don fait par le roi à Jean Perdreau, apothicaire du cardinal de Richelieu, de cent arpents dans la forêt de Beaufort. Les années suivantes sont également riches. Année 1642 : brevet d'invention à Jean Collier et Louis Deschamps, de Grenoble, pour de nouvelles lampes en forme de chandelles, avec privilége exclusif de vente pour cinq ans. Ce serait une grande obligation que m'aurait l'histoire nationale si je pouvais persuader les gens de lettres de fouiller les registres du parlement de Paris, des parlemens des provinces, des juridictions de Paris, des juridictions des provinces, de les fouiller

comme les plus riches mines de matériaux de tous les genres d'histoire.

Histoire de France, depuis la fin du règne de Louis XII jusqu'au commencement du règne de Louis XV, manuscrit du temps. Un vol. in-4°, veau brun, filets. . . . . 25 fr.

Le côté intérieur de la couverture porte, gravées sur papier, les armes et le nom du président Hainault; on lit au-dessus une ligne d'une assez ancienne écriture: « Le président n'a fait usage de ce manus« crit que par extrait. » Pour moi je n'en ai fait usage d'aucune manière; je n'aime pas qu'on appelle histoire de France, l'histoire des rois de France, de leurs ministres; que l'on appelle histoire du régiment, l'histoire du colonel et du major; histoire de la paroisse, l'histoire du curé et du sacristain. Dans une histoire de France, j'aime bien à voir le roi et le gouvernement, mais c'est à la tête de la nation et non sans la nation. Du reste le titre de cet ouvrage, qui n'est pas dans le manuscrit, qui n'est que sur la vieille reliure, devrait être *Des intérêts et des affaires de la France*, depuis le règne de Louis XII jusqu'au règne de Louis XV. Alors, le livre deviendrait bon, car les événements y sont bien dégagés, bien classés; ils courent, volent, dans ce grand espace de deux siècles.

Lecteur! ce sont là tous mes manuscrits, et, pour

les différents développements des différentes parties de ce traité, c'en est au moins assez : je le déclare, dans cette seconde édition, fort que je suis de l'assentiment qu'à cet égard on a généralement donné à la première.

Vous croyiez trouver peut-être, dans ce chapitre, l'annonce d'un manuscrit de Grégoire de Tours, avec des *addimenta* vérifiés par le savant antiquaire, M. Guérard, ou bien des chroniques *monachi turonensis*, du moins *conquensis* ou *fijacensis*, inconnues même au savant et ingénieux M. Champollion-Figeac. Je n'ai pas de ce genre de manuscrits; j'en ai eu; ils sont maintenant en Angleterre, dans la bibliothèque de M. le chevalier Philipps; mais je n'en ai jamais fait grand usage. Que trouvez-vous, en effet, dans ces anciennes histoires ecclésiastiques, royales, militaires, pour l'histoire des différentes parties de l'ordre social? rien ou presque rien. Aussi voyez les nouveaux historiens qui ont voulu s'y attacher; ils ont fait en phrases du jour la vieille histoire. Peut-être me demande-t-on maintenant, où donc trouver les matériaux de l'histoire de France? Où? où ils sont. Feuilletez une bibliothèque encyclopédique de livres imprimés, une bibliothèque encyclopédique de livres manuscrits, dans laquelle, comme ici, tout aura été conservé, rien n'aura été rejeté. Peut-être me demande-t-on encore : et ensuite que faire? que faire? Ce que j'ai fait : triez, classez ces matériaux encyclopédiques, ou, si ce mot vous déplaît, ces matériaux de toutes les parties du système social. Et ensuite? vous isoler ; et, au milieu du mouvement du monde, seul, sans vous permettre aucune distraction, poursuivre votre œuvre à travers les âges successifs de votre vie. Mais je vous préviens que, lorsque votre œuvre sera en lumière, on vous dira que ce n'est pas l'histoire nationale. Attendez-vous aussi qu'après vous avoir querellé sur le fond on vous querellera encore plus vivement sur la forme. On vous accusera de ne pas avoir suivi les grands écrivains, d'avoir au contraire haché par chapitres l'histoire dans ses périodes séculaires, comme si on pouvait parler autrement d'agriculture, de fabriques, de commerce, de lois, de gouvernement, de guerre, de marine, de beaux-arts, et des diverses parties de la civilisation ; comme si notre nature nous permettait de rien apprendre autrement que par parties distinctes ; comme si la nouvelle histoire était l'ancienne, où il n'y avait presque toujours qu'un seul chapitre, celui de la guerre et de la royauté qui la faisait. Vous aurez parlé plusieurs langues, la langue de l'agriculture, la langue des arts, la langue du commerce, la langue des lois ; vous vous serez continuellement fait entendre, c'est-à-dire que vous les aurez enseignées ;

vous aurez versé dans la société une variété de connaissances dont elle avait besoin, et cela au moyen de votre forme ou plutôt de vos formes; eh bien! ce sera cette forme ou plutôt ces formes qui auront le plus d'ennemis, parce qu'elles émaneront visiblement de vous. Eh! quels seront ces ennemis? Des hommes d'un grand talent, à qui tout ce qui paraît bien fait et qu'ils n'ont pas fait déplaît, à qui l'opposition, le blâme plaisent et conviennent par le besoin de mouvement qu'ont leur esprit et leur plume. Cependant ne vous découragez pas. Les hommes désintéressés et indépendants, qui, lorsqu'ils lisent un ouvrage, mettent les doigts sur le nom de l'auteur quel qu'il soit, vous rendront votre place et récompenseront de leur assentiment vos longs efforts. Ne vous imaginez pas d'ailleurs que les vérités les plus incontestables n'aient pas d'abord été contestées. Quant à moi, je cherche depuis longtemps, et je ne désespère pas de trouver, un vieux manuscrit de Diophante, d'Euclide, où on lira que, lorsque la numération et la géométrie furent découvertes, on nia que le carré de six fut trente-six, que les trois angles d'un triangle fussent égaux à deux angles droits, et où on lira aussi que, plus souvent on examinait ces deux propositions, plus souvent on était obligé de reconnaître et de répéter que le carré de six est trente-six, et que les trois angles d'un triangle sont égaux à deux angles droits.

O Français, mes contemporains ! ne dites pas que, lorsque je prétends avoir, le premier, fait l'histoire nationale, j'insulte l'esprit humain, que j'insulte Hérodote, Thucydide, Tite-Live, Tacite, ainsi que les grands historiens modernes, car vous ne me prouvez pas que je ne l'ai pas faite. Examinez plutôt, avec l'instrument qui nous sert à acquérir toutes nos connaissances, avec l'analyse, en quoi consiste l'histoire nationale, et voyez si, jusqu'à *l'Histoire des Français des divers états*, les historiens ont usé de l'analyse, s'ils ont fait l'histoire de toutes les parties de la nation. O Français, mes contemporains! ne dites pas que je vous assourdis, que je vous fatigue de la théorie de l'histoire nationale, que vous n'en avez pas besoin, que vous l'entendez de reste; ne le dites pas, car si vous n'en aviez pas besoin, si vous l'entendiez, je ne vous assourdirais pas, je ne vous fatiguerais pas, je plairais au contraire à votre attention et à votre réflexion; si vous n'en aviez pas besoin, si vous l'entendiez, vous auriez déjà donné aux autres nations, si confiantes en votre raison et en votre goût, ce bienfait de la rénovation de leurs annales.

Mais non, les vieilles idées sur l'histoire qui dominent encore les autres nations vous dominent encore. Les statues, que je vois tous les jours en passant sur le pont Louis XV, me représentent, à cet égard, l'opinion encore vivante; il n'y a que les statues des grands hommes de deux ou trois états. Je n'y vois pas celles des grands agriculteurs, des grands fabricants, des grands commerçants, des grands jurisconsultes, des grands médecins, des grands savants, des grands écrivains, des grands artistes.

Aussitôt que l'histoire nationale, l'histoire des divers états, sera la vraie, la seule histoire de France, aussitôt on les y verra.

Et aussitôt, et en tous lieux, on cherchera, on découvrira, on conservera, on étudiera les manuscrits de différents genres qu'aujourd'hui on abandonne, on détruit, avec la bonne foi, la sécurité de l'ignorance.

FIN DU SECOND ET DERNIER TOME.

Pour les raisons qu'on vient de voir, pour faire conserver les manuscrits de tous les genres, je mets ici, comme appendice, je dirai même comme partie du traité qu'on vient de lire, le prospectus suivant :

LES OUI ET LES NON.

L'histoire de France est-elle l'histoire nationale?

Oui.

L'histoire des campements, des batailles, des siéges, des naissances, des mariages, des morts des rois, des révoltes des grands vassaux, des querelles religieuses, des luttes parlementaires, de la succession des ministres est-elle l'histoire nationale

Non.

Cette histoire n'est-elle pas plutôt l'histoire militaire, royale, féodale, religieuse, parlementaire, ministérielle?

Oui.

Est-elle appelée l'histoire militaire, royale, féodale, religieuse, parlementaire, ministérielle?

Non.

Est-elle appelée l'Histoire de France?

Oui.

Les Français doivent-ils occuper une grande place dans l'histoire de France?

Oui.

L'occupent-ils?

Non.

Occupent-ils les trois quarts de la place?

Non.

En occupent-ils la moitié?

Non.

Le quart, le demi-quart?

Non.

En occupent-ils une partie quelconque?

Non.

Dans l'histoire de France, est-il jamais parlé des agriculteurs?

Non.

Des artisans?

Non.

Des commerçants?

Non.

Des magistrats?

Non.

Des avocats, des procureurs, des notaires?

Non.

Des médecins, des chirurgiens, des pharmaciens ?

Non.

Des financiers ?

Non.

Des peintres, des sculpteurs, des graveurs, des musiciens, des artistes ?

Non.

Des valets, des serviteurs ?

Non.

Les Françaises sont-elles la moitié de la nation ?

Oui.

L'histoire nationale doit-elle en parler ?

Oui.

L'histoire appelée Histoire de France en parle-t-elle ?

Non.

Dans l'histoire d'Angleterre, y a-t-il l'histoire de l'agriculture, des arts mécaniques ?

Non.

Dans l'histoire d'Italie, d'Allemagne, y a-t-il l'histoire du commerce, des finances, des lois ?

Non.

Dans l'histoire des autres nations de l'Europe, y a-t-il l'histoire du gouvernement, de la représentation nationale?

Non.

Du bas clergé, c'est-à-dire du clergé, de la petite noblesse, c'est-à-dire de la noblesse?

Non.

Y a-t-il l'histoire des administrations, de la police, des prisons, des hôpitaux, des messageries, des chemins, des canaux, de l'art militaire, de la marine, de l'instruction publique, de l'imprimerie, des sciences, des lettres, de la langue?

Non.

Des fêtes, des spectacles, des plaisirs de la nation?

Non.

Le XIXe siècle passera-t-il sans qu'il y ait enfin en Europe au moins une histoire nationale?

Non.

Y en a-t-il déjà une?

Oui.

A-t-elle été faite en France?

Oui.

Est-ce l'*Histoire des Français des divers états*, l'histoire des diverses parties du système social des Français, la vraie histoire de France?

Oui.

Ce livre, où les Français se sont, pour la première fois, vus dans l'histoire de France?

Oui.

Ce livre qui, au lieu de trois ou quatre états exclusivement historiques, a rendu tous les états historiques?

Oui.

Qui, en rendant tous les états historiques, a attiré sur tous l'attention?

Oui.

Qui, en attirant sur tous l'attention, a attiré sur tous une plus équitable répartition de biens politiques?

Oui.

Ce livre coûte-t-il plus cher que les autres?

Non.

Est-il à la centième édition?

Non

A la cinquantième ?

Non.

A la deuxième ?

Oui.

Cette édition de la seule histoire du peuple, des diverses parties du peuple, des divers états, se vendra-t-elle d'une manière populaire ? à la feuille ?

Oui.

A un prix populaire, à dix sous la livraison composée de trois feuilles ?

Oui.

Chaque nouvelle livraison paraîtra-t-elle le jour du repos du peuple, le dimanche ?

Oui.

Les autres livraisons suivront-elles jusqu'à la fin des cinq derniers siècles, jusqu'à *la fin finale de l'ouvrage* ?

Oui.

Sans interruption, sans intervalle, sans lacune ?

Oui.

L'auteur en a-t-il donné sa parole ?

Oui.

L'auteur a-t-il jamais manqué de parole ?

Non.

TABLE DES CHAPITRES

CONTENUS DANS LE SECOND VOLUME

DU TRAITÉ DES MATÉRIAUX MANUSCRITS

DES DIVERS GENRES D'HISTOIRE.

FIN DE LA TABLE DU SECOND ET DERNIER VOLUME.

www.ingramcontent.com/pod-product-compliance
Ingram Content Group UK Ltd.
Pitfield, Milton Keynes, MK11 3LW, UK
UKHW021103290826
14628UKWH00014B/316